Cristóbal Gómez Mayorga

Sintiendo la infancia

Universidad de Málaga
2026

© UMA Editorial. Universidad de Málaga
  Bulevar Louis Pasteur, 30 (Campus de Teatinos)
  29071 Málaga
  www.umaeditorial.uma.es

Diseño de colección y maquetación: Aurora Álvarez. UMA Editorial

ISBN: 978-84-1335-472-9
Depósito: MA 359-2026

Impresión: Podiprint
Impreso en España - Printed in Spain

Esta obra también está disponible en formato electrónico

Esta editorial es miembro de la UNE, lo que garantiza la difusión y comercialización de sus publicaciones a nivel nacional.

A «los nadies: los hijos de nadie, los dueños de nada. Los nadies: los ningunos, los ninguneados...»

Eduardo Galeano

Índice

Prólogo
Lo que la primavera hace con los cerezos

Al comenzar un curso de doctorado en la Universidad de Málaga, el primer día de clase, pregunté a los alumnos y a las alumnas por qué querían cursar esos estudios. Cada persona fue formulando sus motivos: quiero seguir aprendiendo, me gustaría hacer la tesis, deseo aprender a investigar, necesito mejorar mi práctica docente...

Hubo alguien que dijo:

—Es que yo quiero dejar de ser una simple maestra de infantil.

—¿Por qué dices «simple» para referirte a la tarea que realizas en esa etapa del sistema educativo?, le pregunté.

Hablé de la enorme plasticidad que tiene una persona a esa edad, de la poderosa auctoritas que posee una maestra sobre el grupo (la maestra es infalible para sus niños y las niñas), del largo tiempo de estrecha convivencia, de la intensa relación afectiva que se establece entre niños-niñas-maestra, de lo cuidados que están los espacios, del clima emocional que reina en el aula, de la calidad de los profesionales de la etapa, de la permanente innovación que se realiza en ella, de la intensa colaboración de las familias...

Expliqué que en la antigua Roma, auctoritas no era simplemente autoridad, sino una influencia moral y social basada en el prestigio, la reputación y la capacidad de ejercer una influencia en los demás. Era la capacidad de ganar la confianza y el respeto, la cual se distinguía de la potestas, que era la autoridad legal y el poder oficial. La auctoritas se manifestaba en la capacidad de influir en las decisiones y el comportamiento de los demás, no por mandato, sino por la admiración y la confianza que inspiraba. Etimológicamente, la palabra autoridad proviene del verbo latino auctor, augere, que significa hacer crecer.

Conté que, cuando mi hija Carla estaba en esa etapa, no había discrepancia que no se saldase en favor de su maestra, aunque estuviese defendiendo que dos más dos son cinco:

Papá, lo ha dicho la seño... (Es decir, palabra de Dios, te alabamos, Señor).

¿Qué valor tenía para ella la tesis de su padre, por muy catedrático de Universidad que fuese, comparada con la sabiduría que atesoraba su maestra que, además, era guapa y la quería con locura?

Hablé de los aprendizajes que brinda la espontaneidad, el ingenio y la frescura de los niños y de las niñas en esa etapa (Santos Guerra, 2020). Me acababa de contar una maestra de Santiago de Compostela que el primer día de clase les había colocado a los niños y a las niñas una pegatina en la espalda para que, en caso de verles por detrás, les pudiese llamar por su nombre. A uno de los niños se le despegó la pegatina, cayó al suelo, el niño la recogió y acudió a su maestra con ella en la mano. Y le dijo mientras se la entregaba:

—Seño, se me ha caído el precio.

El libro que tienes en las manos, querido lector, querida lectora es el mejor alegato para hacer trizas el adjetivo que aquella maestra de infantil le puso a su complejísimo e importante oficio.

Hay personas que identificamos con una tarea, una causa, un proyecto. Para mí, decir Cristóbal Gómez Mayorga es igual que decir Educación Infantil. No cualquier tipo de Educación Infantil, claro, sino una Educación Infantil de altísima calidad, de intensa cercanía emocional, de perspicacia en el diagnóstico y de eficacia en la intervención... Cristóbal Gómez Mayorga, maestro de Infantil.

Hace ya muchos años (hablo de 1980) cuando me hice cargo de la dirección de un colegio en Madrid, nos planteamos por qué había solo maestras en Preescolar. Todas las explicaciones se desvanecían como nieve al sol: siempre se ha hecho así, las mujeres son más sensibles, las familias lo desean, los niños y las niñas lo prefieren... Hicimos un proyecto coeducativo que plasmamos en un libro (Santos Guerra, 1984) y decidimos que la mitad de los maestros de la etapa de Preescolar fuesen varones. La experiencia fue fantástica, según nos dijo la evaluación que realizamos de la experiencia. Y aquí tenemos en Cristóbal un argumento irrebatible.

Este es un caso palmario en el que se puede constatar que un alumno acaba siendo mejor que su maestro. Estoy convencido de que si Cristóbal entra en un aula de Infantil, capta de un vistazo, atrae con una sonrisa y se lleva de calle a todo el grupo en unos segundos. Y, lo que es más importante, sabría cómo intervenir de manera eficaz con el grupo y con cada uno mil veces mejor de lo que pudiera hacer yo por mucho empeño que pusiese. Y esa es una fuente de enorme satisfacción y alegría: que tus alumnos te superen.

Cristóbal escribió hace algunos años un libro titulado «Pensando en la infancia». Ahora, después de jubilarse, nos regala la otra cara de la moneda: «Sintiendo la infancia». Una moneda de altísimo valor. Ya sé que en el primer libro había mucha emoción y en este hay también mucha y buena teoría. Porque en los dos maneja una excelente simbiosis de teoría y de práctica. Su pensamiento se articula en la práctica de las aulas y su emoción nace, se desarrolla y se derrama (como a él le gusta decir) en las aulas. Cristóbal transita con soltura por el puente de esa simbiosis.

Es preciso decir que las obras de Cristóbal salen de la práctica y vuelven a ella iluminándola y enriqueciéndola. Resulta delicioso ver cómo elige el caso de un niño o de una niña, con qué rigor lo analiza, con qué sentimiento y respeto lo trata y cómo nos hace partícipes de ese pequeño milagro que es la educación. Ese milagro, mezcla de ciencia, de arte y de amor que hace con los niños y las niñas lo que la primavera hace con los cerezos.

La estructura del libro tiene siete partes. En cada una de ellas el autor incluye un número desigual de relatos (9 el que menos y 22 el que más). La inclusión de cada uno en el correspondiente epígrafe se hace con criterios muy flexibles, pienso yo. Es decir, que algunos podrían situarse en varios epígrafes. Todos ellos recogen hechos vividos por el autor. Y, en cada uno, presenta, disecciona e interviene en la realidad no sé si con más emoción que rigor o con más rigor que emoción, haciéndonos partícipes a los lectores y lectoras, de la experiencia que ha vivido. Esa es otra cualidad de Cristóbal: que sabe contar con elegancia y ternura. Insisto muchas veces a los maestros y maestras en la necesidad de escribir. Porque ese pensamiento caótico y errático que muchas veces tenemos sobre nuestras prácticas, cuando nos ponemos a escribir nos vemos obligamos a estructurarlo, a ordenarlo, a argumentarlo. Y nos hace comprender. Y luego ayuda a comprender a quienes leen esos textos.

Por eso es de agradecer esta tarea que acomete después de haberse jubilado. Cristóbal nos sigue haciendo partícipes de su práctica, de su teoría y de su emoción. Todo lo que escribe nace en el aula, nace en la escuela y, después de pasar por el alambique de la escritura vuelve al aula para comprender con más rigor y para mejorar con buen criterio.

Me gusta el hecho de que ponga en cuestión un diagnóstico de expertos, dando más valor a las personas que a las pruebas, dando más importancia a la persona que a la etiqueta. Y siempre acierta, no para su satisfacción sino para bien del niño o de la niña.

Cristóbal no solo es un maestro en la plenitud de todo lo que abarca este profundo concepto, es también un experto en Pedagogía Terapéutica. Y sabe muy bien que es más importante prevenir que curar. Por oficio, por sensibilidad y por convicción le preocupan más aquellos niños y niñas que necesitan una mirada más perspicaz, un oído más fino y una mano pedagógica más hábil. Cristóbal tiene un acusado tacto pedagógico para los más necesitados.

Estoy seguro de que este libro que tienes en las manos te cautivará, seas o no un maestro o una maestra de infantil. Lo disfrutarán también los padres y las madres que son partícipes esenciales del proceso educativo que tiene lugar en la escuela. Les emocionará comprobar en qué excelentes manos dejan a sus hijos y a sus hijas. Y les animará a participar en la tarea que se realiza en las aulas. Los padres y las madres tienen que saber que todas las piedras que arrojen al tejado de la escuela caen sobre las cabezas de sus hijos y de sus hijas.

En el capítulo presenta algunos relatos sobre la pandemia. Relatos que fueron escritos en su momento y que hace bien en presentarnos porque recordar es volver a pasar la experiencia por el corazón. En el último capítulo recuerda Cristóbal a las personas que han influido en su pensamiento y en su forma de entender y vivir la profesión. Hay sinceridad, gratitud y emoción en sus palabras. Pero creo que quienes han ido configurando su condición de maestro han sido los niños y las niñas en las aulas, en los patios y en los pasillos de las escuelas. Lo confiesa abiertamente en la introducción. Ellos y ellas fueron su verdadera Universidad. Porque ha practicado con los niños y las niñas el arte de la escucha activa, de la magia de la mirada atenta, de los silencios profundos y de la palabra cargada de inteligencia y de afecto.

No me sorprende su visión crítica de la Administración Educativa, obsesionada muchas veces por la burocracia que absorbe un tiempo precioso en tareas aburridas y poco fecundas. Pero sí me sorprende que haya dejado para después de la jubilación la denuncia de algunas situaciones abiertamente condenables. Lo digo porque, dada su condición de funcionario, no era fácil objeto de represalias como sucedía en el caso de aquel empresario que les decía a sus trabajadores:

A mí me gusta que mis trabajadores me digan la verdad, aunque eso les cueste el puesto.

O el de aquel otro que, en una cena de empresa, cuenta un chiste a la hora de los postres y ve que todos los trabajadores se ríen a carcajadas menos uno que se queda impasible. El empresario le pregunta:

¿A usted no le ha hecho gracia?

A mí me ha hecho la misma gracia que a todos los demás, pero es que yo me jubilo mañana, contesta sin inmutarse el interpelado.

Tengo que confesar que el libro de Cristóbal es adictivo. Al menos lo ha sido para mí. Lo he leído de pe a pa. En casa, en aviones, en hoteles... Y he de confesar que tenía curiosidad por conocer nuevos episodios de este apasionado romance de Cristóbal con la infancia. Hasta que llegué a su fin. Por cierto, un final feliz. Como corresponde a una experiencia educativa, que es intrínsecamente optimista porque parte de un presupuesto inexorable: el ser humano puede aprender, puede mejorar. La educabilidad se rompe cuando pensamos que el otro no puede aprender y que nosotros no podemos ayudarle a conseguirlo. Es tan consustancial el optimismo a la educación como mojarse para el que va a nadar. Sin optimismo podemos ser buenos domadores pero no buenos educadores. Y Cristóbal es un magnífico educador. Por eso es optimista. O a la inversa, que también puede ser.

Miguel Ángel Santos Guerra

Catedrático Emérito de la Universidad de Málaga.
Doctor Honoris Causa por la Universidad de Oviedo
y por la Universidad Nacional de Villa Mercedes

Introducción
No me voy del todo

Me jubilé. Tengo tiempo para hacerme a la idea, para ir soltando lastres y amores. Aunque no creo que deje de ser maestro de escuela, se me clavó en el alma esta *profesión-pasión*. Esto no es una despedida, porque quisiera conservar ese poquito que me queda de maestro, para no irme del todo del mundo educativo, que fue y sigue siendo una buena parte de mi vida, una bonita forma de ser.

Hace algunos años dejé la Educación Infantil. Esos fueron mis mejores tiempos de docente. Di todo lo que pude, y no dejé de aprender para seguir dando. En esos más de 20 años aprendí todo lo que sé de la infancia, porque esas niñas y niños de 3, 4 y 5 años son la mayor universidad para quien desea educar. Siempre tuve los oídos abiertos de par en par para aprender, y dicen por ahí que fui alumno aventajado. La verdad es que me derramé en cuerpo y alma. Todo lo que aprendí lo fui dando a quienes quisieron abrir sus mentes inquietas. No quise nunca quedarme nada para mí. Me encantó compartir experiencias. Eso me llenó de satisfacción. Ya se sabe que quien más da es quien más recibe. Quizás, por eso aprendí tanto y sigo aprendiendo.

Luego vino el gran reto de acabar mis años profesionales como especialista en Pedagogía Terapéutica, intentando ayudar a la infancia más necesitada. Siempre me dediqué a ella como tutor del aula, pero ahora trabajaría todo el tiempo con esas criaturas que fracasan en una escuela no preparada para albergar la diversidad de la sociedad.

Este libro es continuación y complemento de mi anterior publicación, **Pensando en la infancia**[1]. En la presentación de mi primera obra, mi amigo, Emilio Andrés, me sugirió que el título debería haber sido *Sintiendo la infancia*, porque hay mucho de emoción en él. Pues esta segunda entrega no podría titularse de otra manera que con la sugerencia de quien tanto me ayudó a pensar sobre educación en nuestros paseos junto al mar.

Sintiendo la infancia es un compendio de las reflexiones realizadas después de mi jubilación, escritos desde lo vivido en mi etapa como educador. Reúne textos a partir de recuerdos sentidos en mi práctica; textos, por tanto, ya repo-

---

1   Gómez Mayorga, C. (2022): *Pensando en la infancia.* Ed. UMA.

sados, con cierta distancia, con más reflexión y con dosis de emociones sentidas en los muchos momentos que viví en el aula.

Se vive disperso, pero se debe narrar con coherencia, para dar sentido a la vida. Por eso estructuro el libro por categorías. Porque, quizás, escribir sea juntar nuestros pedazos, como dijo Eduardo Galeano; y con esta obra intento juntar mis desvaríos con algo de congruencia, por si pudiera servir al profesorado en su práctica educativa tanto como a mí me sirvió el escribirla.

Estos escritos no surgieron según lo presento, sino a borbotones emocionales. El libro se organiza en capítulos no previstos, no diseñados en un principio. Yo solo fui escribiendo lo que me iba soliviantando por dentro. Fueron reflexiones posteriores las que crearon categorías. Así fui haciendo analogías que conformaron los capítulos. Fue interesante para mí descubrir que escribo sobre determinados temas esenciales que marcaron mi práctica educativa: la diversidad, la inclusión, el poder, lo que educa, la conexión entre las personas y, especialmente, sobre lo que nos hace humano.

Gracias a mi amigo Emilio Andrés porque, paseando mis experiencias por sus reflexiones, ha provocado que afloren mis más profundos pensamientos sobre la infancia.

Gracias a mis compañeras de investigación Encarna Soto, María José Serván, Rosa Caparrós, Noemí Trapero, profesoras de la Universidad de Málaga, y mis compañeras maestras, Ana Laura, Gema Atencia, Ana Gallego, Carmen Guernica, Sole, Javi y Maribel. La interacción entre profesorado de la escuela y de la universidad genera una riqueza reflexiva única, y propicia la imprescindible relación entre teoría y práctica. Gracias a mis referentes pedagógicos por haberme enseñado tanto: Ángel Pérez, Miguel Ángel Santos, Miguel López Melero, Nacho Calderón, Nacho Rivas... Gracias a mi querida compañera y amiga, maestra siempre, Mari Carmen Díez. Gracias a tantas personitas que me han enseñado tanto: mi alumnado. Por último, reivindicar el valor de todas las personas que gastan su tiempo en la educación de la infancia, porque de ellas depende el futuro de este complejo e incierto mundo.

1. Sobre lo humano

La construcción de un ser humano

A un sabio camarero (toda persona sabe que quien está detrás de la barra de un mostrador ha escuchado lo suficiente como para ser un filósofo de la vida) le preguntaron que de dónde era su hijo adoptado. El veterano camarero respondió: *no sabemos, aún no habla. Cuando hable ya sabremos el idioma y de dónde proviene.*

El camarero hizo un chiste, pero la ingenua clientela se sintió complacida; tenía la creencia errónea de que somos seres biológicamente determinados. No sabía que el lenguaje, como la identidad, es una construcción social.

Cuenta Umberto Eco que Federico II de Sicilia, en el siglo III, quiso saber si el idioma primigenio de la humanidad era el hebreo, como indicaban sus asesores religiosos[1]. Para ello, encerró a unos infantes con sus nodrizas con la consigna de que los cuidaran, los amamantaran y los lavaran, pero que no tuvieran comunicación con ellos. El caso es que, al cabo de un tiempo, los infantes *conversaron con Dios*. No, no hablaron en el idioma hebreo que pronosticaron sus asesores, sino que murieron. Porque el ser humano vive gracias a la palabra, al afecto y la conexión emocional, y esos bebés no lo tuvieron.

En la construcción de un ser humano hay algo más que el cuidado y el alimento. Es necesario que haya personas que den sentido y humanicen los movimientos, aleteos, llantos y risas que los bebés expresan por simple estímulo interno. Existe un halo mágico que humaniza cuando una persona hace algo con lo que el bebé emite.

No podemos negar la base biológica que nos determina como especie pero, para ser un ser humano, no es suficiente. Somos los únicos mamíferos que nacemos sin terminar, que nos completamos fuera de la madre. Quizás la posición bípeda del *Homo erectus* fue la causa. Nos lo cuenta Juan Luis *Arsuaga* en sus descubrimientos de *Atapuerca*[2]. Al adquirir una posición erguida y estrechar las

---

1   Eco, Umberto (1994): *La búsqueda de la lengua perfecta*. Editorial Crítica, Barcelona.
2   Arsuaga, J. L. y Martínez, I. (1998): *La especie elegida*. Capítulo 10: El desarrollo. Editorial Booket. Barcelona.

caderas, la mujer parió un ser sin acabar para que pudiera salir por sus entrañas. Por eso el ser humano nace inmaduro y se completa después de haber nacido.

Dicen los científicos que una criatura humana nace incompleta, que viene al mundo solo con un tercio de su cerebro desarrollado. En los primeros tres años, completa el ochenta por ciento de sus posibilidades[3]. Así que ya sabemos lo determinante de los primeros años de vida y las posibilidades educativas de la primera infancia.

Debemos, por tanto, dar importancia a la crianza en los primeros años de vida en las familias, en la calle, en los centros educativos, en los parques…, o con las pantallas. Cada contexto tendrá sus consecuencias.

Aprendemos a andar sobre el primer año; a hablar, a partir de los dos, y a pensar… Algunas personas no lo consiguen en toda su vida. Fuera de broma, los humanos somos irremediablemente seres sociales. Nos hacemos humanos en la interacción de los demás y con el contexto social y cultural en el que nos desenvolvemos.

El lenguaje es una construcción social. Esto supone cariño, escucha, miradas, mimos y música emocional. La inteligencia artificial nunca podrá educar ni enseñar una lengua a una criatura. Porque no es cuestión de algoritmos, sino de piel, de risas, de emociones compartidas, de inteligencia humana, de mirada a los ojos, de escucha, de dar sentido a la otra persona, de digerir los estímulos deseantes y convertirlos en complicidad sentida. Solo así construimos personas humanas.

Por eso, además de aprender didácticas y pedagogía, las maestras y maestros, debemos ser personas reflexivas, *sintientes y molientes,* con capacidad de conexión, personas que den sentido a las dificultades de nuestro alumnado. Solo así construiremos ciudadanos reflexivos y sensibles, seres humanos saludables.

---

3   Arsuaga, J. L. (2012): *El primer viaje de nuestra vida.* Editorial Temas de Hoy, Barcelona.

Construyendo humanidad

La primera comunicación es sensitiva, luego motriz y por último simbólica. Eso nos dice la ciencia hasta ahora. Una personita sin lenguaje verbal abre la boca para pedirnos que abra un cajón y salta para decirnos que lo cojamos en brazos. Piensa y se comunica con el cuerpo. Es demasiado complejo el lenguaje simbólico. Antes debe desarrollar los primeros soportes mentales para, a partir de ahí, construir, con base firme, las altas torres del pensamiento que, por último, será reflexivo.

Las sensaciones del cuerpo es lo primero, luego, en lo motriz está el incipiente pensamiento. Mucho después viene la palabra. El lenguaje se articula con conexión emocional; solo entonces es posible la verdadera comunicación. Lo último es la escritura. Porque para escribir, antes hay que sentir, actuar, pensar y tener intención comunicativa. Solo así, lo escrito llevará un mensaje dentro. Porque escribir no es hacer garabatos, ni pintar sonidos, sino transmitir mensajes a los seres queridos, es dibujar emociones que lleguen a otros corazones.

Pero hay gente y escuelas que creen que hay que aprender a escribir mientras antes mejor, saltándose etapas imprescindibles en el desarrollo. Y no. Es necesario comenzar por los cimientos y con paciencia, para que no se nos hunda el castillo de naipes del desarrollo. Primero, lo sensorial; luego, lo motriz, la imitación, la conexión emocional, el dar sentido a los traumas del cachorro, para que comience a digerir la complejidad de la existencia; y así, poco a poco, se conquista la cumbre de lo humano: lo simbólico, el pensamiento, la construcción de la subjetividad y la consciencia. Y por último la escritura pensada. Porque escribir sin conciencia ni es escritura ni nada. La escritura requiere conciencia, funcionalidad y sentido.

Todo esto es una obviedad, investigada y publicada, pero es necesario recordarlo hoy día; porque dicen que hay inteligencia artificial, que es *el no va más*. Debemos estar alerta del peligro que nos viene. Será divertido jugar con artilugios considerados inteligentes, pero artificiales, seguro que aportará valor añadido al mercado; pero la educación de la infancia necesita personas sintientes que construyan a otras personas. Solo pasito a pasito y con amor se construye un ser humano. Es necesario sospechar de la tecnología que nos quiere suplantar.

Igual que solo es posible injertar plantas del mismo género y de la misma especie, la humanidad deberá hacer brotar futuras generaciones si se conecta con yemas de humanidad. La construcción humana se hace posible desde lo humano. Lo demás es inteligencia deshumanizada. No existe, por tanto, inteligencia artificial. Si hay inteligencia siempre será humana. Lo demás es algoritmo deshumanizado.

Se dice en *Wikipedia* que *algoritmo es una secuencia de pasos finitos bien definidos que resuelven un problema. Por lo que* los algoritmos ni sufren, ni padecen, ni son humanos y mucho menos inteligentes. Son producciones mecánicas. Serán resolutivas, eficaces y productivas, pero ni inteligentes ni humanas.

Para construir a un ser humano es imprescindible que alguien de la misma especie interprete, dé significado y metabolice los desvaríos amorosos de un alguien biológico que fue imaginado y deseado.

Una infancia anestesiada

Me cuenta una amiga enfermera, que trabaja en un hospital infantil, que los llantos habituales, que antes eran la banda sonora de su trabajo, han desaparecido. Resulta que las niñas y niños enfermos, que mostraban su dolor mediante el llanto, ahora están anestesiados con las pantallas y ya no gritan. Las madres que antes calmaban, con caricias, ronroneos, miradas, canciones y mecidas sus demandas, ahora, utilizan el móvil para consolarlos. Es el chupete digital, y funciona. Lo que no sabemos son las secuelas. Eso lo veremos en el futuro. Aunque ya lo estamos viendo en los centros educativos, porque, cada vez más, nos llega a la escuela, chiquillada sin lenguaje, ensimismada, sin atención apenas, poco sociable y con inquietudes desbordantes. Y comenzamos a diagnosticar con las etiquetas de moda, sin tener en cuenta las causas que provocan tales dificultades.

Recordemos que un bebé se hace humano cuando un ser querido interviene en su dolor; cuando otra persona responde con un acto de amor la demanda de su vástago. Pero resulta que, ahora, quien aplaca el desasosiego es una máquina infernal, con sus vídeos deslumbrantes, sus sonidos embaucadores y sus movimientos hipnóticos. Muchos dirán: pero funciona. En estos tiempos, suele ocurrir que la razón de la eficacia se impone sobre la conveniencia de lo humano. La solución a nuestro dolor no puede ser tan simple e inmediata, a corto plazo, sin tener en cuenta sus consecuencias. La cuestión está en los efectos que esta suplantación de las pantallas sobre lo humano pueda producir en el desarrollo de la infancia y su vida futura.

Resulta que las endorfinas de nuestro cerebro se derraman cuando conectamos con un sinfín de emociones producidas por este pequeño aparato endiablado. Y es entonces cuando la pantalla ya es parte de nuestro cerebro y nos domina.

Y llegamos a la escuela infantil y las clases son presididas por una gran pantalla a modo de crucifijo de otros tiempos: un nuevo dios. Y dictan las canciones y los cuentos, entretienen en el desayuno y apaciguan las emociones inquietas. Todo lo que hacía un ser humano ahora lo hace una gran pantalla.

Pero debemos recordar que somos humanos cuando alguien nos mira, nos escucha, nos narra, nos consuela, nos interpela...; cuando alguien nos ayuda a digerir nuestro deseo insatisfecho y nuestro dolor. Así que no sabemos lo que nos deparará el futuro, que ya es presente, con el mal uso de las pantallas.

Todo empezó con la televisión, ese artefacto que convocaba a toda la familia a compartir un idilio placentero. Tuvo críticas en su tiempo, pero fue digerido gustosamente porque unió a todo un país ante el primer espejo que reflejaba, en esos tiempos en blanco y negro y mediocridad manifiesta, lo que no éramos pero ansiábamos ser.

El problema comenzó con las siguientes pantallas. Primero vinieron esos ordenadores gruesos, con sus grandes columnas ruidosas, que presidían, como en un altar, nuestros escritorios. Luego fueron adelgazando y aumentando su capacidad de almacenamiento y de seducción. Y vinieron los portátiles, las *tablets* y, por último, los móviles de última generación. Hoy día, la adolescencia tiene en el bolsillo un artilugio que concentra treinta años de desarrollo tecnológico y la mayor fábrica de narcisismo y de sueños que nunca existió. El teléfono móvil ha pasado de ser un instrumento de comunicación personal a un ente que mediatiza nuestras vidas.

Se ha producido un cambio de paradigma: los ordenadores ya no están fuera sino dentro de nuestro cerebro. Y están sustituyendo a las familias en su labor de sostén, amor y consuelo, y al profesorado en su la tarea de educar, convirtiéndose en *objetos de apego*. ¿Qué diría hoy día Winnicott[4], el teórico de los *objetos transicionales*? Hemos subvertido las relaciones humanas; ya no tenemos objetos amorosos que nos acompañen en nuestro existir, sino máquinas que hemos integrado como parte de nuestra subjetividad.

Es necesario que los poderes públicos, los centros educativos, las familias y los especialistas en educación tengan amplitud de miras, y diagnostiquen a las pantallas como responsables de tantas dificultades en el alumnado. Porque la responsabilidad no está en la infancia, el eslabón más débil de la cadena, sino en las más altas instancias del poder y la tecnología.

---

4   Winnicott, D. W. (1971): *Realidad y juego.* Editorial Gedisa, Barcelona.

Escuelas saludables

Vivimos en un mundo vertiginoso y virtual, en el que nos enfrentamos a dificultades personales sin percatarnos de que los desajustes emocionales tienen una gran carga social y, por tanto, una responsabilidad política, económica y educativa. La solución no puede ser solo, aunque necesaria, la terapia individual. Quizás la educación tenga algo que aportar en la prevención de una vida más saludable.

Los centros educativos soportan el deterioro de la salud mental de la infancia en estos tiempos convulsos, y el profesorado se muestra desbordado. Para cambiar *el statu quo* primero hay que hacer un buen diagnóstico del problema. Es necesario indagar en la multitud de causas sociales, culturales, económicas, familiares... que alumbren la compleja realidad, para poder intervenir de manera adecuada.

Veo en las noticias, ya sea en radio, televisión, periódicos de todas las tendencias o redes sociales, que la problemática de la salud mental se simplifica. Siempre se trata de forma individual: persona emocionalmente inestable, estadísticas sobre enfermos mentales, diagnósticos varios, terapias individuales, especialista en salud mental, etc.

Es necesario el abordaje individual de los problemas en situaciones de emergencia, pero necesitamos comprender los problemas desde una visión más global. Es imprescindible analizar la sociedad actual, los conflictos sociales existentes, la cultura imperante, las crisis económicas, los nuevos valores, el ritmo de vida, la incidencia de las redes sociales...

Desde la educación debemos intervenir, de alguna manera, ante tanto desajuste. En los centros educativos se manifiestan todos los conflictos sociales aunque sus causas estén fuera, porque la escuela obliga a permanecer de 5 a 6 horas diarias a toda la población menor de 16 años. Los centros educativos acogen, durante ese tiempo, a toda la población infantil y juvenil; por tanto, algo deberíamos poder hacer con la salud mental de nuestros jóvenes.

Según el Instituto Nacional de Estadística, *en 2021 se suicidaron en España 338 menores de edad. 22 de esos fallecidos tenían menos de 15 años. Por cada suicidio consumado hay más de cien intentos*[5]. Los jóvenes que se quitan la vida, o pasan por periodos de conflictos emocionales, viven durante muchas horas diarias en instituciones educativas. Por tanto, algo debemos hacer para pre-

---

5   https://www.ine.es/jaxiT3/Datos.htm?t=7947

venir este problema tan acuciante. Al menos podríamos educar de forma más saludable para contribuir a contener tanto fracaso social.

Está de moda la enseñanza de las emociones a raíz de los problemas de salud mental, tan demandada por la sociedad. Pero, a veces, se programan actividades para el desarrollo emocional de forma específica, descontextualizada, sin tener en cuenta el funcionamiento de los centros educativos, las necesidades de la infancia y las problemáticas sociales. Creemos que la salud emocional hay que trabajarla de forma transversal: en las metodologías, en las actividades, en los contenidos, en el apoyo a las familias y en toda la vida de del aula y de la comunidad educativa.

Hace años que en Educación Infantil trabajábamos la salud mental de forma integral. Lo dejé reflejado en un artículo publicado en la revista *Cuadernos de Pedagogía* titulado *Libros que hablan del cuerpo y del alma. Una alternativa al libro de texto en Educación Infantil.*[6]

En este escrito se describe cómo trabajábamos en el aula actividades saludables que tienen en cuenta *la educación sentimental, las relaciones afectivas, la expresión de emociones y demás materias del alma.* Sin saberlo, estábamos incidiendo en la prevención de la salud mental, hoy día tan demandada.

El artículo recoge la construcción de cuatro libros realizados por el alumnado a partir de experiencias vividas en el aula: *El libro de mi cuerpo, El libro de los juegos, El libro de mi vida y El libro de mis fantasías.* Comenzaban con actividades con el cuerpo en movimiento, buscando aflorar emociones y sentimientos; continuaban con actividades de relaciones sociales: bailes, canciones cuentos, poesías y juegos, en donde se creaban conexiones amorosas; luego planteaban espacios para la expresión de lenguaje emocional en grupo, acabando con la materialización de un libro individual con dibujos y texto escrito en donde se plasmaba lo trabajado. Después de vivir mil experiencias, solo entonces, pasábamos al papel para dejar reflejado lo sentido, compartido y disfrutado cada día. Así, a lo largo de semanas, íbamos construyendo textos con experiencias vividas, libros que hablaban del cuerpo y del alma.

La necesidad de actuar desde la escuela para mejorar la salud mental de la ciudadanía y prevenir futuras *locuras* es indiscutible. Pero, como todo lo que se aprende bien, debemos hacerlo en contextos emocionales, con actividades funcionales y metodologías inclusivas, aceptando la diversidad y provocando conexiones amorosas.

---

6   Gómez Mayorga, C. (1999): *Libros que hablan del cuerpo y del alma.* Cuadernos de pedagogía, n.º 281, junio, págs. 15-20.

Es necesario actuar en todo el contexto educativo, crear una cultura saludable en todas las liturgias de la escuela. La salud mental se genera en las entradas y salidas al cole, en los patios de recreo, en las metodologías, con profesorado competente, con familias colaborativas, con direcciones vigilantes y *personal no docente* de visión educadora. Para mejorar la salud mental del alumnado debería arrimar el hombro toda la tribu. Para ello, el profesorado necesita formación en estos temas.

Porque una escuela saludable es la que alberga risas, bailes, canciones y complicidad. La que establece conexiones amorosas, con actividades del cuerpo, con la mirada y la escucha siempre presente; estableciendo múltiples vías de comunicación, creando debates, encuentros, reflexiones, análisis, valoraciones, reconocimientos y abrazos; la que tiene huerto y flores, y sale de excursión al barrio y a la naturaleza...

En definitiva, una escuela es saludable si enseña la diversidad del mundo en que vivimos e indaga sobre lo que somos, transmitiendo los conocimientos necesarios para asumir los sufrimientos y placeres que nos brinda la vida.

La teta de mamá

Es difícil comprender el sufrimiento que generan los celos en la infancia. Para explicarlo, siempre pongo el mismo ejemplo: que tu pareja se enamore de otra persona.

Imagina que eres madre, eres feliz, estás repleta de amor y caricias y, de pronto, descubres a tu pareja agarrada a una teta que no es la tuya. Esos labios que saborearon tus pechos ahora habitan otra ambrosía.

Imagina que eres padre, eres feliz, estás repleto de amor y caricias y, de pronto, encuentras a otra persona saboreando el néctar del pecho de tu pareja.

Pues imagina a una personita pequeña que mamaba de la teta de su mamá y ahora esa teta es para otra personita. Piensa que dormía en la cama de sus padres y, ahora, un bebé ocupa ese lugar placentero. Solo entonces, comprenderás el sufrimiento que genera ese desplazamiento.

Si los adultos sufrimos con una infidelidad, pensemos en una niña de tres años o en un niño de cuatro o cinco que viven esa realidad. Pues eso les pasa a las criaturas que tienen una hermanita o un hermanito, que poseían una madre en exclusiva y ahora tienen que compartir amores.

A los seis o siete años ya están en otra situación. Ya soltaron el pecho, ya son mayores, ya soportan a un *inútil bebé,* que solo llora, duerme, mama y se hace caca encima; que no sabe comer y tiene que chupar la teta de su mamá. Cuando somos mayores nos identificamos con la mamá o el papá que cuidan al bebé. A edades más maduras ya no hay celos, hay comprensión, cuidado, identificación y empatía, porque salimos del egocentrismo infantil. Nos situamos en otra posición y es entonces cuando crecemos.

Si nos viene una hermana o un hermano pequeño tenemos que acostumbrarnos, primero, a la reciente situación y, después, reubicarnos en la nueva estructura familiar. Ya no somos en exclusiva, ahora somos alguien más. Nos han robado lo que creíamos nuestro, lo que éramos. Tenemos que salir del egocentrismo infantil por fuerza mayor, pero, a veces, no se tiene madurez suficiente.

Y es que la edad de los críos es muy importante. No es lo mismo tener dos años, tres o siete. No es igual tener la capacidad de comprender una nueva situación a que se dispare la emoción incontrolada de quien aún no tiene conciencia ni pensamiento lógico. Por ello hay que tener paciencia y comprensión para elaborar las nuevas situaciones que encontramos en la infancia.

Hace muchos años, por eso lo cuento, una maestra de infantil me pidió ayuda para que le acompañara en una tutoría con familia. Un niño de cuatro años se mostraba en clase desafiante, dominador, tirano, prepotente, controlador... Le dije que citara tanto al padre como a la madre. Es necesario, siempre, trabajar en la estructura familiar. Le pregunté a la madre que donde dormía el hijo. Es imprescindible analizar los momentos importantes de la vida: dormir, comer, ir al baño, deseos y necesidades.

Después de un ratito de charla, se establece un buen «rapport», me cuenta la madre que su hijo se acuesta con ella, apretado. Y no se duerme si no es tocándole el pecho con la mano. Miro al padre y le digo: esa teta ya no es del niño, ya creció demasiado. A los pocos días ese padre, que antes estaba angustiado, me da un abrazo de los que se ponen los corazones a latir al mismo ritmo. Algo importante tuvo que ocurrir en el lecho familiar gracias a mis palabras certeras.

Es evidente que la entrevista dio sus frutos. Tomaron conciencia de que había llegado el momento de una reubicación familiar. Ya no podía sostenerse la diada madre-hijo, sino que tendría que cambiar a una estructura triangular donde padre y madre estén arriba y el hijo en el vértice de abajo.

El caso es que ese padre y esa madre, después de la entrevista, reestructuraron su familia, y el hijo aprendió cuál era su sitio en la configuración familiar y, como consecuencia, en el colegio desaparecieron las conductas desafiantes, sin castigos ni medicamentos. Y es que, a veces, las palabras, si son certeras, curan.

Es importante saber siempre el lugar que ocupan las niñas y niños en la familia, si son únicos, parejas o familia numerosa, y en qué posición están los descendentes en la estructura familiar. También es imprescindible vislumbrar cómo se comportan en la escuela; y, sobre todo, es imprescindible saber la función que tiene la teta de mamá en esa estructura social.

Cada cual es especial

Me llegan a clase, madres y padres, argumentando que educaron a sus hijos de la misma manera, y que cada uno ha salido a su forma y manera. A veces, buscan justificación fuera de la familia y culpan a la escuela de las dificultades de algunos de sus miembros.

No somos individuos aislados. Somos un sistema complejo que vivimos en contextos. Si queremos conocer a nuestro alumnado debemos tener una visión holística de la realidad.

Es necesario abrir los ojos de par en par: mirar lo que somos cuando actuamos en interacción dentro de una relación. Somos diferentes en función de miles de circunstancias. Nos mostramos como personas distintas dependiendo de distintas situaciones: si estamos solos, en el trabajo, con amistades o frente al mar. Porque nos construimos como personas en un medio complejo: natural, social, cultural y emocional. Somos más que lo que aparentamos individualmente. Somos en la interacción de muchos elementos: cultura, ambiente, naturaleza, historia, percepción y mil cosas más, y siempre con la mirada distorsionada que tenemos. Somos lo que somos capaces de ver en el espejo que la compleja realidad nos muestra.

Pues eso: somos dentro de un contexto. Pero, sobre todo, es importante analizar la estructura familiar.

No es lo mismo ser primer hijo, que segundo, que tercero, en el linaje familiar. Ser primogénito nos determina. Se parece más el carácter de los primeros hijos de familias diferentes que hijos de la misma familia. Y ser hijas, no digamos. El orden en la dinastía y el género nos marca más que las condiciones sociales. También nos condiciona la religión, la ideología, el tipo de familia o el lugar del mundo en el que nos ha tocado vivir.

Ser el primer hijo o hija de una familia es muy determinante en la construcción de la identidad. Nuestra madre puso todo en su deseo de ser madre en su primera criatura y nuestro padre puso todo su deseo de trascender. Los miedos de cómo cuidar y educar a la primera criatura que engendramos se materializan en la crianza de ese primer vástago. Nos construimos como seres únicos y permanentes en función de las expectativas de quienes nos engendró. Cuando llega un segundo hijo o hija ya nada es igual. Madres y padres ya no son lo mismo. No es igual tener una hija, un hijo, ser primero, segundo o tercero, porque ya no somos la misma persona después de haber tenido un descendiente.

Las personitas cuando nacen se construyen desde un lugar. Entre verse como primer deseo o como alguien más, hay una gran diferencia. Nos determina demasiado el lugar que ocupamos en nuestra familia. Ser el hijo de en medio, el emparedado, marca una gran diferencia en la construcción de nuestra identidad. Ser segundo de tres es casi como ser nadie. Quizás sea mejor ser el pequeño, el que se llevará todos los mimos y las complacencias. Ser primero siempre es una carga porque asume toda la responsabilidad de ser un buen hijo, una buena hija, para no defraudar a su madre y a su padre, que pusieron todas sus expectativas y sus mejores deseos. Por supuesto, que existen multitud de posibilidades diferentes en función de otras variables. Pero la posición familiar es determinante, y el sexo también.

Así que nunca digamos que hemos educado a nuestras hijas o hijos de la misma manera. El contexto es muy diferente. Cada hija, cada hijo, es un ser especial en la familia. Y en la escuela no digamos. Un nuevo reto para el profesorado a la hora de analizar el comportamiento del alumnado. ¡Uf, qué complejidad!

Somos, irremediablemente, seres sociales

Somos seres sociales. Es una obviedad, pero se nos olvida con facilidad. Nos convertimos en seres sociales hace miles de años, cuando nos afectó la herida o la muerte de un ser querido. Somos personas cuando empatizamos con los demás, cuando sentimos las emociones de las personas que nos rodean.

Vivimos en un mundo egocéntrico, en donde impera el individualismo, y se nos vende la idea de que podemos ser los mejores sin necesidad de nadie, que todo depende de nuestro esfuerzo. Lo dice cierta psicología de autoayuda en las redes sociales: *eres lo que quieras ser, puedes alcanzar lo que desees, todo depende de ti, está en tu mente, en tus manos*, etc. Estos mensajes niegan las clases sociales, los privilegios, el linaje, los derechos adquiridos, los poderes fácticos, el control de los medios de comunicación, las prebendas, la supremacía cultural, la diversidad social y la historia. Estamos en la cultura del esfuerzo a secas, negando cualquier otra influencia. Cuando el verdadero esfuerzo lo realizan las personas con más necesidades. Es cierto que el esfuerzo es necesario, pero es mentira que quien triunfa lo ha conseguido solo con su esfuerzo.

El *liberalismo*, imperante en nuestra sociedad, busca la libertad individual. Se basa en que nadie debe meterse en mis derechos porque altera mi libertad. Es un contrasentido. No saben lo que están diciendo. Es puro narcisismo creerse individualidades y no aceptar las influencias de otras personas. Insisto, irremediablemente, somos seres sociales.

No seríamos nada sin las personas queridas que nos influyeron. Necesitamos de conexiones amorosas que nos construyan para poder ser lo que somos. Debemos conocer las influencias que nos conformaron y que nos obligan a ser futuros solidarios. Estamos hechos de retazos de ancestros amorosos. Si no analizamos nuestra procedencia no sabremos quiénes somos, de dónde venimos ni a dónde vamos.

Para construirnos como personas necesitamos aprender lo que somos, asumiendo los límites que nos dicta la sociedad. Somos dependientes de la cultura en que vivimos y la historia que, irremediablemente, nos ha determinado.

Educar es desarrollar nuestra identidad, quiénes somos, dónde terminamos y dónde empiezan los demás. Derechos y responsabilidades deberían ir de la mano. Pero el límite no es disciplina, es autoconocimiento y autocontención responsable. Cuando se producen deseos desorbitados y somos capaces de contenerlos, por respeto a las demás personas, tomamos conciencia de que vivimos en sociedad. Es entonces cuando comenzamos a construir nuestra identidad. Porque alguien se convierte en ciudadano cuando asume los límites necesarios:

las normas, las reglas sociales, la educación para la convivencia, la modestia imprescindible de saber que nadie es sin las demás personas. Solo así surgen las tres palabras mágicas: *gracias, perdón y por favor*.

Pero también debemos ser críticos con las normas sociales imperantes. Poco a poco, debemos ir rompiendo las ataduras morales que nos atenazaron irremediablemente, para así vislumbrar lo que somos, mientras vamos comprendiendo la necesidad de ciertos límites. Esto requiere del desarrollo de la autoconciencia. Difícil reto es aceptar normas sociales a la vez que buscamos nuestra libertad. Ardua tarea la de educar.

Debemos tomar conciencia de las limitaciones que la sociedad nos impone por nuestro bien, deshacer el ovillo enmarañado de emociones derramadas que se produjo en la niñez, ante tanta norma incomprensible cuando éramos solo deseo, para asumir las inhibiciones necesarias para una vida social. Esa es nuestra misión en la escuela: bregar entre la disciplina y la libertad, entre mis deseos y los deseos de los demás.

Solo seremos libres dentro de un contexto, no puede existir una libertad asocial. Necesitamos tener empatía: ponernos en el lugar del resto de la humanidad, aceptar que las leyes son necesarias para crear una sociedad que nos construya como personas.

No debemos *matar al padre*, a la norma, si queremos seguir viviendo en sociedad. Tampoco el poder despótico de un padre omnipresente construye personas autónomas. No existe autoridad que tenga las verdades absolutas (ni dioses, ni líderes políticos…). Debemos, por tanto, crear consensos, entre todas las personas, con fecha de caducidad, con revisión permanente, que nos permitan vivir en la diversidad de opiniones contrapuestas, en la complejidad de este mundo cambiante, en la incertidumbre de un mundo incierto e inestable.

Por tanto, en mi aula, educamos para el desarrollo de la identidad teniendo en cuenta a las demás personas, construyéndonos en la complejidad del mundo que hemos heredado. Por eso trabajamos por ambientes respetuosos con la diversidad. Y aprendemos de la vida a través de proyectos vivenciales. Y cada día hacemos asambleas de aula para construir conocimientos compartidos, para investigar, para discutir, para enfrentar opiniones, para construirnos como personas sociales.

En el aula trabajamos para crear identidades respetando diversidad y construyendo imprescindibles normas sociales. Por ejemplo, trabajamos el proyecto *Las cajas de los tesoros*. Una caja de cartón albergaba toda nuestra historia pasada, y nos ayudó a construir la identidad. Porque somos nuestras historias narradas.

De eso va la educación, de eso debería ir la escuela, y la vida.

Ruido blanco

El título ya me inquieta, por sinestésico y poético: el color blanco comulgando con ruidos biológicos que llegan al oído de un bebé desde el vientre de una madre. Es un creativo invento de emprendedores audaces, que maridaron el ruido de la sangre con la pureza y ternura del blanco inmaculado de un bebé recién nacido. Nunca expertos en márquetin estuvieron tan precisos y fueron tan audaces. Parece que quisieran vender algo.

Cuando conocí el concepto de *ruido blanco* indagué. Suelo dudar, por principio, de las nuevas teorías sobre la crianza de la infancia, porque suelen ser una moda pasajera. Y es que he visto muchos *esnobismos* sobre la crianza. Primero el «*Duérmete niño*»[7], ese libro que se convirtió en «*best seller*» incitando a maltratar a las criaturas dejándolas llorar hasta reventar. Este método fue ideado en 1985 por el pediatra estadounidense *Richard Ferber*, y en España fue popularizado por doctor *Eduard Estivill*.

Luego vino el «Baby Einstein», con el que la productora de *Walt Disney* descubrió que los miedos de las familias sobre la crianza eran un nicho de mercado prometedor. Vendieron millones de discos con simplificaciones de la grandiosa obra de Mozart y la promesa de crear generaciones de superdotados. He aprendido que toda nueva ocurrencia para mejorar el desarrollo de la infancia debemos ponerla en entredicho porque, detrás, siempre se esconde el mercado.

Y eso hice con la moda del «*ruido blanco*», ponerlo en «*stand by*». Tuve una intuición: quizás el mercado actual esté detrás de esta ocurrencia. Así que busqué en internet el concepto en una conocida multinacional de reparto a domicilio por si sabían algo al respecto. Resulta que ofrecen cientos de artefactos que emiten *ruido blanco* por un módico precio, prometiendo la seguridad y la tranquilidad ante un vástago que nos solivante cada noche con su llanto. Es la panacea, un sonido de secadora que promete dormir al infante en *un «pispás»*.

Lo siguiente que hice es indagar en publicaciones científicas sobre el tema, y no encontré investigación concluyente sobre las bondades de ese sonido tan de moda para dormir a bebés.

No es baladí que el creador del concepto fue un vendedor ambulante que en 1962, buscando una solución para el insomnio de su esposa, descubrió que el sonido del aire acondicionado ayudaba a dormir a su mujer. Y en su garaje construyó una máquina que replicaba ese sonido, convirtiéndose hoy en número uno en ventas bajo la firma de «*Marpaz*».

---

7   Eduard Estivill (1999): *Duérmete niño*. Ed. Planeta, Barcelona.

Reflexiono sobre el tema y me pregunto: ¿Puede una máquina suplantar la crianza? ¿Debe un artefacto tranquilizar a un ser humano? Y en caso de que funcione, ¿estaremos creando un condicionamiento con ese sonido para poder dormir durante toda la vida? ¿Puede el mercado sustituir al arrullo de un ser humano? ¿Debemos delegar nuestra responsabilidad de crianza a un artefacto?...

Concluyo que todo lo que el mercado nos ofrece debemos ponerlo en cuarentena, porque nadie da duros a cuatro pesetas. En esta época de economía liberal, hay que estar muy atentos, porque conocen nuestras emociones, nuestros sentimientos, nuestros miedos, nuestras necesidades, nuestras incertidumbres, nuestros deseos. Y están al acecho para vendernos humo por mucho dinero.

La creación de un ser humano solo es posible gracias a otro ser humano, con deseo y emoción, sin artefactos que mediaticen, que metabolice, interprete y dé sentido a las demandas deseantes de bebés que fueron biología, pero que demandan interacciones sensibles para convertirse en personas. Así que para dormir a nuestros bebés deberíamos de hacer lo que siempre hicieron nuestras abuelas: acunarles, abrazarles, contarles cuentos y susurrar canciones de cuna. Nunca debería el mercado sustituir el arrullo de un humano.

¿Inteligencia artificial?

El *coeficiente intelectual (CI)* fue un hito en la historia educativa, pero se ha quedado anticuado, pasado de moda y cuestionado por la comunidad científica desde hace tiempo; aunque su simplicidad hace que siga vigente por ciertos especialistas, que también los hay, y una burocracia educativa que aún no ha renovado sus amarillentos formularios.

Alfred Binet inventó el primer *test de inteligencia* para ayudar a la infancia necesitada; pero, como toda técnica, se puede emplear para bien o para mal. Y el *CI* se ha utilizado en muchas ocasiones para etiquetar, clasificar y marginar, incidiendo negativamente en el desarrollo y las expectativas del alumnado.

Luego vinieron las *inteligencias múltiples* de Gardner: lingüística-verbal, lógica-matemática, visual-espacial, musical-auditiva, corporal-kinestésica, interpersonal, intrapersonal, naturalista, emocional, existencial, creativa, colaborativa. Es un avance, no hay duda. Pero seguimos con el término inteligencia como *Sancta Sanctorum*.

En los últimos tiempos, hemos sufrido una avalancha de *inteligencia emocional,* hasta el punto de que hemos dejado de emocionarnos por saturación. Y no digo que existiera su necesidad en tiempos de racionalidad y usura, sino que el sistema lo ha asumido y se venden emociones hasta en supermercados.

El caso es que la inteligencia posee un halo de santidad, quiero decir de cientificidad. Solo nombrar el concepto damos por válido cualquier apellido que lleve asociado. Pero deberíamos preguntarnos: ¿qué entendemos por inteligencia?, ¿en qué somos inteligentes? Y, sobre todo, ¿para qué somos inteligentes?

Ahora nos invade *la inteligencia artificial*, una inteligencia propiciada por los nuevos tiempos. Al concepto inteligencia siempre le faltó una pisca de ética y, a la inteligencia artificial, no digamos.

Nunca lo más lógico, lo más certero, lo racional... es lo más ético, lo más moral. Ya se sabe que fueron científicos eficaces quienes idearon las cámaras de gas, la más alta tecnología para hacer el mal. Hoy sabemos que faltó ética y moral; y quizás sigue faltando, hoy día, en la llamada *inteligencia artificial*. Porque una cosa es la eficacia y otra, muy distinta, la humanidad: mirar el bienestar de todas las personas.

¿Dios en la escuela?

Dios debería de existir en las iglesias y en el cielo. Es lógico y evidente, pero ¿en las escuelas? Es difícil explicar cómo un estado aconfesional, según *La Constitución y el* sentido común, puede dedicar tiempo, dinero y recursos para hablar en las escuelas de un dios de dudosa existencia, nunca demostrado por la ciencia. Quien crea, total respeto; pero el supuesto dios no tiene derecho a inmiscuirse en la vida de los agnósticos, en los centros educativos y, menos aún, en la ciencia y el conocimiento.

Que es posible que exista, es una creencia. En la escuela vamos a aprender sobre evidencias, comprender el mundo en que vivimos y a convivir con la diferencia. Es verdad que la realidad religiosa es un fenómeno digno de estudio, pero solo eso. Debemos aprender sobre las creencias, pero no enseñar a creer en ellas.

Recomiendo el libro de *Juan Eslava Galán*[8]. Destaco unas palabras de su obra:

Sin embargo, seguimos creyendo en la Anunciación, en la Concepción virginal, en el pesebre, en la matanza de los Santos Inocentes, en la huida a Egipto y en todo el pack navideño. Los hipercríticos y los descreídos creen tener la respuesta: os parece verdad porque vuestra mamá, la catequesis y el colegio de curas os han impreso indeleblemente esa patraña en el disco duro del cerebro para que, cuando alcancéis la madurez del sentido común, ni os planteéis si es verdad o mentira. Por eso lo aceptáis, por absurdo que parezca, sin cuestionarlo bajo el escrutinio de la razón. Incluso lo creen personas instruidas que siguen siendo católicas y se creen las pamemas evangélicas que les lee el cura en el sermón dominical.

Quizás, como dijo alguien, la religión es un delirio colectivo. Parece una definición más elocuente que el consabido *opio del pueblo*. El diccionario dice que el delirio es un pensamiento confuso y falto de consciencia del entorno. Por tanto, una cosa es estudiar el hecho religioso y otra muy distinta es dar credibilidad en la escuela a una creencia no científica.

Es necesario saber por qué los seres humanos necesitaron de dioses y desde cuándo existen en la historia; es interesante conocer las creencias de dioses en cada cultura y su necesidad, a qué obedecen, cómo cada religión cree que su dios es verdadero, cómo a lo largo de la historia cada pueblo ha utilizado sus religiones para justificar sus conquistas y guerras...

Que muchas personas creen en la divinidad, que han existido miles de dioses a lo largo de la historia, a quienes supuestamente debemos la vida, que hay

---

8   Eslava Galán, J. (2009): *El catolicismo explicado a las ovejas*. Editorial Planeta.

cientos de religiones cada cual con sus liturgias y dioses…, es un contenido a estudiar. Pero creer que el dios de cada cual es el único verdadero, eso no se lo cree ni Dios. Y vemos cómo miles de escuelas enseñan a un dios como único y verdadero, en todos los países, en todas las culturas, en todas las religiones. Aunque es necesario respetar las creencias de cada cual, deberíamos dar prioridad en las escuelas al conocimiento científico, a la filosofía y a la reflexión sobre la vida.

Recuerdo un dicho de mi pueblo sobre el tema que reza así: ¡No creo ni en mi religión, que es la verdadera, voy a creer en la tuya!

¿Qué pasa con los delirios que agrupan a muchas personas? ¿Acaso la existencia de un dios depende de la mayoría? He aquí la contradicción y la esencia de muchos conflictos hoy día. Cada pueblo cree que su religión es la única y verdadera, y cuando chocan dos pueblos con credos diferentes la cosa se lía.

Si no sabemos la verdad, entonces, deberíamos aprender de las investigaciones, las reflexiones y discusiones de la gente que piensa. Esto es lo que hemos llamado ciencia. En política, llamamos democracia a la convicción provisional de que no sabemos la verdad absoluta y, por tanto, nos guiamos por verdades provisionales compartidas por la mayoría de la comunidad. Pero las creencias son algo personal y no debería inmiscuirse en la vida social. Por supuesto que desde diferentes religiones hay gente que aporta a la sociedad, me consta. Solo quiero resaltar que el tema de la fe no debería estar en las escuelas.

Quizás, deberíamos enseñar en la escuela a pensar; a comprender el hecho religioso, a estudiar las religiones que en el mundo han sido y a escudriñar las necesidades espirituales que tenemos los seres humanos. Pero también debemos indagar en la historia, e investigar cómo el poder de cada época se ha servido de un dios para justificar conquistas, guerras, atrocidades y desmanes. La mayoría de las guerras y matanzas de este mundo tienen como justificación a un dios que las ampara. Mal dios es el que soluciona los conflictos con la muerte de quienes piensan diferente. También podríamos estudiar todo lo que han hecho comunidades religiosas por el bien de la humanidad. Son acontecimientos históricos dignos de estudiar. La cuestión es sacar de las escuelas el hecho religioso porque es contradictorio con la esencia de la educación.

Ahí anda la ciencia y la filosofía, desde hace milenios, intentando evitar muertes injustificadas, buscando verdades provisionales para evitar la extinción de la diversidad existente en el mundo. Lo fácil es crear un dios que nos exima de la culpa de tantas atrocidades ejercidas en la historia, que nos diga que somos los elegidos, que nos mitiguen de tanta culpa, que nos sitúe en la verdad absoluta.

Si no existiera ningún dios, ¿los seres humanos seríamos libres y responsables? Quizás creamos divinidades para librándonos de las estúpidas consecuencias de nuestras acciones. Quizás, por eso, deberíamos enseñar en la escuela a ser responsables.

Es posible que, los poderes de cada tiempo, inventaran y utilizaran a un dios para mitigar sus culpas. Quizás, consecuentemente, el mundo va como va. Por eso, hay que quitar a los dioses de la escuela, para que los futuros ciudadanos aprendan que son responsables del mundo en el que viven y dejan a sus descendientes.

Creo que sacar la religión de la escuela es una manera de hacer responsables a las generaciones futuras del mundo en el que viven. Porque la educación debería crear espacios para pensar, dudar, reflexionar, compartir conocimientos y buscar un mundo mejor para todas las personas, sin dioses ni creencias absurdas. Quizás, debemos, como educadores, hacer pensar al alumnado. Y, para ello, debemos sacar la religión de las escuelas. Porque la fe es algo personal que debería estar en las iglesias y en el supuesto cielo. Pero los centros educativos deberían ser espacios de pensamiento, reflexión, duda y conocimiento.

Lo que se puede medir

Lo esencial de la vida es difícil de medir. El concepto de felicidad es la prueba. No hay metro que nos permita discernir cuándo bienestar sentimos. Los números tienen sus limitaciones. Ya se sabe que la estadística muestra, con un mínimo de tortura, cualquier conclusión que queramos demostrar.

Se puede medir la velocidad lectora, pero es difícil discernir la comprensión, y mucho menos si lo que leemos nos sirve para ser mejores personas.

Topé con una alumna que hace años pasó por mi cole con diagnóstico indeterminado. Era tímida, poco lenguaje, dificultades en la lectura y escritura, supuesta dislexia, etc. Pues resulta que después de un tiempo me la encuentro y, aunque sigue mostrando cierta timidez, es la mar de educada. Percibo a una chica que puede hacer una vida autónoma y normalizada, a pesar de todos los diagnósticos que, imagino, fueron mermando su autoestima.

Se puede medir con ciertos tests de inteligencia y pruebas estandarizadas las habilidades para resolver pruebas seleccionadas y supuestamente contrastadas. Pero inferir que eso es la inteligencia es un salto muy atrevido. ¡Cuidado con el concepto de inteligencia que nos acecha *la inteligencia artificial*! He visto personitas que no pasaron las pruebas del C.I. (coeficiente intelectual) pero eran hábiles para vivir en sociedad. Y lo contrario, gente que obtenía el beneplácito de los tests y notas de sobresaliente, pero mostraban muchas dificultades para desenvolverse en la vida.

Recuerdo a un chico que en las evaluaciones de C.I. raspaba *la normalidad*, (lo que suelen llamar *inteligencia límite*). Esta prueba se suele contrastar, si haces una buena evaluación educativa, con entrevistas con el alumnado. Pues resulta que este chico no daba ni una en el test, pero sabía de la vida más que muchos de sus congéneres. Discernía entre lo que está bien y está mal, era ávido en resolver conflictos sociales, se mostraba muy educado en todo momento, diferenciaba entre lo que es justo o injusto en la vida y controlaba sus emociones, a pesar de vivir en la pobreza y con dificultades familiares importantes.

Por eso, el orientador estaba hecho un lío en el diagnóstico. Porque este chico no parecía inteligente, aunque era más listo que el hambre. Ya sé que esto no es científico, pero el lenguaje de mi pueblo, a veces, funciona. En los pueblos se sabe que hay gente que no es cultivada, pero es resolutiva. Creo que el sobrevalorado C.I. (Coeficiente Intelectual) tiene mucho de cultura urbana y burguesa; pero también hay inteligencia en el mundo rural, quizás, no cultivado. Bueno, en cultivar, sí que son expertos. Ya me gustaría ver a un listo de mi pueblo si hubiera estudiado y a un inteligente de ciudad intentando sembrar patatas y ordeñar a una vaca.

Popkewitz[9] denomina «la conquista del alma infantil» al conocimiento que se transforma en protocolos que certifican, al más puro estilo comercial–neoliberal, la calidad del producto. Porque medir la calidad es una entelequia. Medir la comprensión lectora con pruebas de velocidad es una aberración, porque la lectura comprensiva requiere de lentitud y reflexión. Los más veloces pueden que lleguen antes a ningún sitio. La rapidez es medible, la lentitud es compresiva. Porque una comida a fuego lento siempre es el más sabroso manjar.

La cuestión es que lo medible depende del instrumento de medir. Pero ya se sabe que la felicidad no se sostiene en ningún instrumento, sino que es una emoción sentida difícil de cuantificar.

---

9   Popkewitz, Thomas (2021): *La impracticabilidad de la investigación práctica*. Editorial Octaedro, Barcelona.

Conjugando el verbo abrazar

Yo te abrazo, tú me abrazas… No es lo mismo abrazar, que te abracen o que nos abracemos. Cuando somos adultos, compartimos sentimientos en igualdad de condiciones, pero cuando bregamos con la infancia estamos en distinto plano.

Surge el tema en una charla que di en la Universidad de Málaga, en una clase de estudiantes de profesorado de Educación Infantil. Una chica de magisterio expresó con gran orgullo que ella daba mucho amor cuando estuvo de prácticas en la escuela. Siempre abrazaba fuerte a todo el alumnado.

Yo le dije: ¡cuidado! Una cosa es dar los abrazos que tú deseas y otra cosa es sostener el abrazo que el alumnado necesita. Y es que a la escuela, el profesorado debe ir abrazado de casa, repleto de amor, para poder regalar, a quien requiere, abrazos que los sostengan, pero nunca abrazar porque estemos necesitados.

Se creó un momento de estupor en el aula, un estado de incertidumbre, una contrariedad, una emoción derramada sin comprensión…; y a la vez, una posibilidad de aprender sobre los vínculos, las emociones, los sentimientos, las necesidades, los límites y el amor desinteresado.

Me metí en un jardín del que me costó salir. Por eso ahora, en la distancia, reflexiono y comparto sentires y pensamientos. Es difícil de explicar al incipiente profesorado el poder que tenemos sobre nuestro alumnado, carentes de conocimiento sobre sus emociones. Pero creo que quienes educamos debemos reflexionar sobre el verbo abrazar y sus repercusiones educativas.

Recuerdo: no es lo mismo que te abracen que abrazar, no es igual dar que recibir, no debemos equiparar satisfacer nuestros deseos inconscientes a sostener los de nuestro alumnado. Porque quienes educamos somos quienes debemos dar, consolar, soportar, relajar, sostener, abrir los brazos a quienes necesitan cariño. Y para eso debemos estar llenos de amor traído de casa. Nunca podemos demandar amor a nuestro alumnado, ni buscar satisfacción en sus abrazos. Siempre debemos estar dispuestos a dar sin recibir nada a cambio.

Ya sé que el límite es una delgada línea inconsciente, por eso pongo luz en la frontera. He visto demasiadas veces cómo se coge en brazos a un chico con síndrome Down porque es muy gracioso y posee un tierno abrazo, o se besa en demasía a una chica que nos hace mucha gracia. También he visto abrazos de lástima a chicos desvalidos, y apretones excesivos a futuros hombretones. Pero a la escuela vamos a poner el hombro por si alguien lo requiere, pero nunca a satisfacer nuestras carencias.

En nuestras clases de infantil debemos tener siempre los brazos abiertos, por si se necesita. Y, si nos vienen demandas, nunca apretar demasiado. Debemos dar siempre la posibilidad de que sean libres en el encuentro.

Ya sé que es un tema delicado, pero, quien quiera ver, que aprenda.

Quienes educamos debemos ser docentes, que donan, que dan, que regalan emociones. Nuestro alumnado es, siempre, demandante incesante. Es necesario estar lleno para dar siempre. Y los huequitos que todas personas tenemos, llenarlos en otros lugares que no sean las escuelas. Y solo derramar amor si hay demanda.

2. Supercapaces

Diagnosticando la escuela

Hoy día, la escuela diagnostica con demasiada generosidad y con multitud de etiquetas a un alumnado cada vez más diverso e indefenso. Pero puede que cada diagnóstico que realiza vislumbre una de sus carencias. Quizás, deberíamos evaluar a la escuela: poner sus diagnósticos como espejo, para que así refleje sus dificultades.

Una escuela que obliga a estar quietos es lógico que diagnostique a quien se mueve, y lo etiquete como hiperactivo. Tengo constancia de un profesor que cronometra la velocidad en que su alumnado de Educación Infantil hace la tarea, y deriva a salud mental a quienes tardan demasiado. Una locura. Habría que diagnosticar a ese profesor obsesivo, que no respeta los ritmos del desarrollo de cada cual, y está dañando a una infancia irremediablemente diversa. Habría que diagnosticar a una Administración Educativa que permite ejercer a un maestro con evidente discapacidad.

Una escuela que requiere silencio suele castigar a quienes hablan demasiado. Debería mirárselo. Porque no es normal que recrimine a quienes se construyen con lenguaje. Lo ideal es alentar, en esas edades, toda expresión del alumnado. Lo normal, en los primeros años de vida, es que las niñas y niños se comuniquen entre ellos, para desarrollar la socialización, el lenguaje y sus identidades. Es necesario crear espacios y ambientes donde se aliente la comunicación. La escuela que no soporta el ruido natural de la infancia debería ir a salud mental y mirárselo.

Una escuela que, diariamente, manda deberes para casa, responsabilizando a las familias del aprendizaje, debería ser diagnosticada de inoperante. Se supone que es la escuela la que enseña y, por tanto, es responsable de la educación. Bastante tienen las familias con dar alimento, vestido, salud, alegrías, educación y amor, y todo ello, conciliando con sus obligaciones laborales.

Una escuela que hace filas, en la entrada del colegio, para corregir las tareas, después del recreo, para las excursiones, para entrar al comedor... para cualquier actividad, como única forma organizativa, tiene poca confianza en su alumnado. Se debería evaluar su eficacia como centro educativo. Tanto control es un síntoma obsesivo y de poca confianza. Deberíamos diagnosticar esta obsesión por el control.

Una escuela que evita y margina a ciertas chicas y chicos con discapacidad está impidiendo aprender a convivir con lo diverso. Está discapacitando, irremediablemente, a su alumnado. Amén de no aceptar el derecho de toda persona a la educación en igualdad aceptando sus peculiaridades. Deberíamos diagnosticarla como escuela castradora y poco respetuosa con los *Derechos Humanos*.

Una escuela que pone libros de texto, todos iguales para cada curso, no educa en la diversidad cultural ni respeta las características diferentes del alumnado. Porque hay tantos libros en el mundo, tantas niñas y niños diferentes, y tantas posibilidades de aprender que, el mismo libro para todas las personas es un insulto a la inteligencia. Habría que diagnosticar a esa escuela como homogeneizadora y castradora.

La escuela meritocrática, que hace multitud de rituales para celebrar conquistas y otorgar diplomas, mientras margina a quienes tienen dificultades, es narcisista. Porque solo se mira en su alumnado brillante; en vez de ensalzar a quienes se esfuerzan, aunque no lleguen a lo exigido. Quizás, no debería poner metas a donde llegar, sino desarrollar las máximas capacidades de todas las personas que aprenden en ella. La escuela meritocrática rechaza a quienes muestran dificultades. Se tendría que mirar el rechazo a las personas que son tan brillantes como ella espera. Ya se sabe que el narcisismo es una de las peores discapacidades. El mito de narciso tiene más de dos mil años: Narciso se ahoga en el lago porque no mira la realidad, sino la imagen distorsionada de su propio rostro reflejado.

La escuela exigente diagnostica, a cal y canto, a toda persona que se queda atrás, cuando su misión es alentar a quienes tienen más dificultades. Quienes *van sobrados* no necesitan beneplácitos. La buena escuela es la que ayuda a todas las personas con sus peculiaridades. Una escuela que premia a quienes tienen buenos resultados debería ser diagnosticada, porque está castigando a quienes no pueden llegar a la excelencia. Hay colegios que no aceptan al alumnado con dificultades y luego presumen de *calidad*. Algún diagnóstico habrá para estos centros elitistas que se dicen educativos y tienen tanta discapacidad.

La escuela que no se recicla, que no aprende, que no investiga, que no se pregunta cada día por los cambios que la sociedad experimenta, está anclada en el pasado, vive en un *sistema operativo desfasado*. Tendría que ponerse al día.

Una escuela que no pone medios para que aprendan los invidentes es que está ciega. Una escuela que no pone recursos para quienes no escuchan es que está sorda. Una escuela que no comprende el autismo es que está aislada del mundo. Una escuela que no acoge a todo el alumnado hay que diagnosticarla, y tratarla, y mejorarla.

Es necesario tener una administración sensible, un ejército de orientación educativa competente y un profesorado comprometido para diagnosticar y tratar a una escuela con tantas necesidades. Porque ya está bien de solo diagnosticar a los más débiles del sistema.

Nadie es normal[1]

Procusto es un personaje de la mitología griega que ataba a sus invitados a una cama; si la cama les quedaba pequeña, les serraba las piernas para que cupieran exactamente; si la cama era demasiado grande, les estiraba las extremidades hasta conseguir que ocuparan todo el lecho.

Dice la RAE que «*El adjetivo procústico puede aludir al hecho de que se espera que las personas se adapten a un sistema u objeto y no al revés…*»

Procústico es lo contrario de *ergonómico*. El primer concepto es adaptativo, pretende modificar a los individuos para que se adapten a una situación determinada; el segundo es transformador, propone adaptar los contextos a la diversidad de las personas. *Procusto* siempre acertaba con su idea de tener una cama de hierro perfecta, aunque para ello tuviera que amputar a los viandantes que no se adaptaban a su lecho. Así funciona, a veces, el sistema educativo, como en el mito griego:

Que una personita no llega a comprender las matemáticas, la estiramos hasta que las comprendan. El objetivo académico se antepone a la felicidad de las personas, aunque sufran y se destruyan. Muy al contrario, lo ergonómico buscaría mil estrategias amorosas para que las escuelas acepten las peculiaridades del alumnado y afiancen sus proezas.

Que una chica es demasiado inteligente y se aburre en la escuela, le cortamos media cabeza, para que se ajuste al sistema (un sistema que siempre busca la mediocre homogeneidad). Se parte de que *la cama* es perfecta y lo que falla son las personas que no se adaptan a ella. Lo ergonómico, por el contrario, implicaría diversificar el currículum, crear metodologías colaborativas para permitir el máximo desarrollo de cada persona.

Que un chico se muestra tímido y no habla, le estiramos hasta que brote algo de su boca, aunque sea un grito desesperado. La cuestión es que se ajuste a la cama perfecta de *Procusto*. Por el contrario, lo ergonómico trataría de crear espacios seguros de comunicación multiplicando las posibilidades expresivas.

Que una chica tiene autismo, desde la mirada de Procusto debería adaptarse al ruido, a la complejidad del aula, a las normas establecida…, y cortaríamos sus peculiaridades porque no encajan en el sistema. En cambio, lo ergonómico sugiere mejorar todos los elementos organizativos necesarios para que esta alumna pueda educarse en la escuela con las demás personas.

---

1   Gómez Mayorga, C. (2024): «Nadie es normal». *Márgenes*. Revista de Educación de la Universidad de Málaga, 5(2), 193-195.

El mito de *Procusto* pretende eliminar las diferencias personales y las circunstancias especiales provocando intolerancia a la diversidad. Es una creencia simplista que piensa de forma adversa y perversa.

Recuerdo cuando en mi aula había un chico con tetraplejia, muy inteligente, aunque, obviamente, con dificultades de movilidad. En mi clase de Educación Infantil se integró perfectamente. Le conseguimos un ordenador para escribir, trabajaba de forma adecuada y toda la clase lo quería. Sus compañeros llegaron a jugar al futbol de rodillas para estar a su altura, tal era la camaradería que reinaba en el aula. Pero cuando llegó a Primero de Educación Primaria le pusieron su aula en el primer piso del edificio. Es decir, en vez de adaptar la organización escolar al individuo, *le cortaron las piernas*. Era obvio que no podía subir escaleras. Según un maestro, de cuyo nombre no quiero acordarme, era complicado pasar la clase de primero a la planta baja, porque siempre estuvo en el primer piso (profundo argumento pedagógico).

Así funcionan las organizaciones educativas en muchos casos, en modo *procústeo*. La ergonomía, por el contrario, promueve que la diferencia es un valor y una ocasión única para mejorar los contextos y adaptarlos a la diversidad de los seres humanos. Y es que las mujeres y los hombres de este mundo somos complejos, diferentes, únicos, especiales: cada cual es a su forma y manera. Son las organizaciones las que deben adaptarse a la diversidad humana. Porque, como canta Caetano Veloso, *«visto de cerca, nadie es normal»*.

Esperemos que *Teseo* nos salve del burdo mecanismo igualitario del mito griego de *Procusto*. Bailemos, mientras tanto, la canción de Caetano Veloso, porque nadie es normal de cerca, ni de lejos.

Conductas, síntomas y desvarios en educación

Una persona que se ve diferente frente a una sociedad normalizada sufre, lo vemos a menudo en la escuela, y despliega un sinfín de comportamientos inadecuados que las administraciones educativas cosifican y diagnostican de forma rígida. Sin embargo, un conjunto de síntomas no es una enfermedad biológica, sino que, a veces, es una interpelación. Es necesario analizar los comportamientos de la infancia con una visión lúcida. Necesitamos amplitud de miras para comprender la construcción de la subjetividad en cada persona.

Recuerdo a un alumno de cuarto de primaria que llegó a nuestro colegio con un diagnóstico contundente, supuestamente con base biológica, y necesitado de medicación. Venía de un colegio concertado, diagnosticado, medicado; y con una autoestima por los suelos, lógicamente provocada. En cambio, yo solo vi a un chico con una demanda desesperada de amor: inquieto, nervioso, asustado, receloso, lógicamente desatento..., aunque también deseante, algo que siempre salva de la locura. Cuando le mostré confianza, me mostró todo lo que le soliviantaba y se relajó. Tenía inquietudes familiares y un sinfín de sufrimientos. La escuela de donde venía no supo interpretar sus síntomas y le etiquetó con un diagnóstico paralizante, provocándole más conductas inapropiadas, enredando su desasosiego y pronosticándole un síndrome de moda en estos tiempos.

Toda persona quiere ser alguien, alguien reconocido, mirado, escuchado y querido, y despliega un sinfín de comportamientos para ser aceptado como persona. A veces, percibimos los comportamientos de la infancia de forma simplista, como *una llamada de atención*. ¡Por supuesto que nos interpela! Toda persona necesita ser querida y considerada. Pero su demanda no es solo una conducta inapropiada, a veces, es un grito de desesperación.

La infancia siempre busca un vínculo donde aferrarse para construirse. Y ese sostén, que soporta, sostiene y soluciona, somos las familias, las amistades y el profesorado. No hay otra alternativa. Estamos ahí, intentando educar, pero siempre nos topamos con los procesos de desarrollo personal que se están produciendo, y no podemos ni debemos eludirlos.

Si nos fijamos solamente en los síntomas veremos enfermedad, entonces la solución es evidente: medicar, derivar, curar..., intentar eliminar todo atisbo de disrupción, inadaptación y desorden, deseando que el sujeto sane a toda costa. Es un pensamiento acorde con la lógica biológica, que elude toda circunstancia familiar, contextual, histórica, social, coyuntural o del lógico desarrollo.

Ante síntomas disruptivos existen dos opciones contrapuestas: diagnosticamos en función de la conducta, desatendiendo qué le pasa y siente esa persona, y etiquetamos y medicamos, o buscamos una interpretación de su comportamiento indagando en su historia personal y actuamos en consecuencia en todo el contexto en el que vive y sufre. Pues, antes de actuar, es necesario un diagnóstico adecuado atendiendo la subjetividad del sujeto.

Escuché una vez decir, a la prestigiosa psicoanalista argentina Beatriz Janín, que un diagnóstico no puede resumirse en unas palabras, debe tener al menos tres folios. Pues las etiquetas cosifican, estereotipan y despersonalizan, y para comprender qué le pasa a una persona debemos narrar toda una historia.

Un desajuste educativo es una oportunidad para aprender qué le pasa a la infancia, y una posibilidad para comprender qué nos pasa a quienes educamos. La demanda se genera en una familia, en una cultura, en una sociedad… Por lo que es una oportunidad para evaluar el contexto: familiar, educativo, cultural y social.

La función educativa consiste, además de las tareas docentes, en ser receptivo a la demanda de quienes se están construyendo como personas. Los síntomas, a menudo, son llamadas de auxilio que debemos soportar, comprender y dar respuesta. Si cosificamos las conductas con etiquetas no daremos solución a las desesperadas demandas. Si calificamos de vago, hiperactivo o apático a un chico hemos puesto un tapón en la llamada de auxilio. Si etiquetamos como pasiva, torpe o espabilada, a una chica, encubriremos la causa de su sufrimiento.

Los docentes debemos descifrar el mensaje que nos muestra el alumnado. Para ello es imprescindible conectar con su sufrir: investigar, interpretar, empatizar, comprender…, todo menos permitir que nos afecten los retos identitarios como una amenaza personal. Para ello, quienes educamos, debemos estar suficientemente sanos en lo emocional. Solo así comprenderemos qué le pasa a nuestro alumnado, solo así podremos ayudarles.

Porque, a veces, el problema lo tenemos quienes intentamos educar: las instituciones educativas homogeneizadoras, los poderes públicos insensibles, las familias demasiado ocupadas…; Y proyectamos, en seres que aún se están construyendo, todos los desajustes del sistema.

Es necesario indagar en las conductas y síntomas de nuestro alumnado, pero también en las variables organizativas de los centros educativos, en nuestro estado de ánimo, en las circunstancias familiares y las realidades sociales en las que vivimos. Así sabremos qué le pasa a la infancia y, de camino, cómo mejorar los desvaríos del sistema educativo.

Igualdad de oportunidades

La educación pública es el único resquicio que nos queda para compensar la galopante desigualdad que este mundo genera.

Wordl Inequality [2], el último trabajo sobre desigualdad, ha puesto de relieve una situación injusta e insostenible: *el 50 % de la población mundial más pobre solo posee el 2 % de la riqueza global, mientras que el 10% más rico detenta el 76 %* [3]

Además de la lucha política, necesaria para aminorar esta injusta situación, desde la escuela, en los primeros años de vida, podemos ir construyendo un mundo más igualitario. Para ello, debemos crear una escuela pública y de calidad que aporte nuestro granito de arena para la mejora del mundo en que vivimos.

La infancia no entiende de clases sociales, por lo que es fácil que se quieran, convivan y crezcan en igualdad. Recuerdo la simbiosis que se produjo entre una chica pobre y gitana con el chico más listo de la clase con dificultades de sociabilidad. Los juegos de luchas en la alfombra limaron sus diferencias y dificultades. Y es que el roce hace el cariño. Creo que ambos contribuyeron a crear un mundo más humano.

Que en la escuela convivan niñas y niños de todo el mundo repercutirá en la paz mundial, no tengo la menor duda. Que exista gente de muchos países en la escuela es una riqueza que debemos aprovechar. Recuerdo cuando trabajamos el proyecto *Nuestros países*, en el que aprendimos sobre las culturas de Polonia, Argentina, Francia, Paraguay, Alemania y España, las nacionalidades de nuestro alumnado. El aula parecía la ONU en pequeño. Aprendimos a decir buenos días en todos los idiomas, escuchamos música, cuentos y leyendas de todas las identidades, degustamos comidas y bebidas venidas allende los mares...; y la empatía entre personas de otros países nos convirtió en ciudadanos del mundo. Por eso creo que la convivencia en la escuela de alumnado de distinta procedencia siempre es un enriquecimiento, si somos capaces de aprender, aprendernos y convivir en paz a pesar de las sutiles diferencias. [4]

También es necesario trabajar sobre pueblos que nos quedan lejos, para enseñar que hay culturas y miradas diferentes a las nuestras: otras religiones, creencias, costumbres y formas de ser. Recuerdo cuando hicimos el proyecto

---

2   Lucas Chancel, Emmanuel Saez, Piketty y Zucman Wordl (2022) Wordl Inequality: Summary_WorldInequalityReport2022_Spanish.pdf (wid.world)

3   Andreu Missé (2023) "Explosión de la riqueza de papel". *El País*. 5-6-2023. Pág. 46

4   Gómez Mayorga, C. (2007) *Nuestros países, una geografía sentimental*. Cooperación Educativa. Kikirikí.

sobre Perú. Fue el mayor aprendizaje de vida: aprender otra cultura, sentirla, vivirla y comunicar con ella. No hay mayor aprendizaje.[5]

Mi aula siempre acogió la diversidad como un regalo que nos hizo mejores personas. Recuerdo aquel chico con tetraplejia que consiguió que sus compañeros jugaran al fútbol de rodillas, como él. A cambio, este chico les prestaba el ordenador en el que escribía porque tenía dificultades en coger el lápiz. Otro alumno, con síndrome de Down, ayudó al resto del alumnado a mejorar la flexibilidad, en la que él era aventajado, dirigiendo las sesiones de educación física. Aprender a dar abrazos a una chica con autismo fue el reto más difícil de superar para el alumnado de mi aula. Y es que había que hacerlo con mucho tiento, mirándola a los ojos, sin alterarla. Así aprendimos en mi aula a tener empatía y aceptar la diversidad.

En la escuela es necesario educar sobre situaciones reales, para que de mayores no pensemos a partir de narraciones inventadas y falaces, y así mejorar el mundo en que vivimos. Trabajar a partir de un periódico y de las noticias locales o hacer salidas al entorno desarrolla en el alumnado conciencia sobre el mundo en el que vivimos. Recuerdo las visitas que hicimos a nuestro pueblo: al parque, al castillo, al museo, al polideportivo, al mercado, a la biblioteca, a la radio, a otros colegios y a la casa de cada personita del aula. Esas actividades sobre el entorno nos enseñaron a mirar el mundo real, fuera de los libros de texto, a impregnarnos de vida, de aprendizajes significativos.

La escuela pública es el último baluarte para mejorar nuestras vidas, creando conocimiento sobre el mundo en que vivimos y prodigando la igualdad de oportunidades. Por eso debemos mimarla, apoyarla, subvencionarla, generalizarla y mejorarla. Porque una sociedad desigual genera violencia estructural, pobreza, maltrato, racismo, discriminación, guerras, terrorismo y mil cosas más. Parece una exageración, pero creo que los problemas sociales debemos solucionarlos en la infancia, para que en la adultez tengamos personas sensatas. Por eso debemos apostar por una educación pública de calidad. No me refiero a la titularidad de los centros educativos sino al ideario real de los mismos. Una escuela es pública y de calidad si admite a todo el alumnado y le enseña a convivir en la diversidad, independientemente de su procedencia social, económica o cultural y de su capacidad o peculiaridad identitaria. Porque es en convivencia con la diversidad donde construimos la futura paz social en el colegio y, quizás, también en el mundo.

---

5   Gómez Mayorga, C. (2014): «Un aula abierta al mundo». *Revista: Didáctica*. Uruguay. Año 1, n.º 4. Págs. 28-33: Un aula abierta al mundo.pdf - Google Drive

Es un campeón

La labor del maestro especialista en Pedagogía Terapéutica en la escuela no es, solamente, atender al alumnado con discapacidad. La mayor parte del tiempo, nos dedicamos a cambiar la percepción del profesorado, que lidia cada día con una clase compleja, y de las familias, que no suelen reconocer las posibilidades educativas de un aula diversa. Calculo que la mitad de mi trabajo se produce en los pasillos, en las charlas informales, en la sala de profesorado, en los recreos, en las entradas y salidas, en las comidas y celebraciones. Porque lo esencial de nuestra labor es cambiar las concepciones sobre el alumnado con discapacidad; y esto se produce, la mayor parte de las veces, en espacios informales.

Recuerdo a un chico que con unos siete años ya arrastraba un diagnóstico de dislexia y cierto déficit de atención e impulsividad. Eso rezaba su diagnóstico. Eso justificaba sus dificultades en el aula. Eso pensaba su tutora cada vez que lo miraba. Yo siempre lo vi de otra manera. Este chico era como era: impulsivo, cinético, nervioso, en continuo movimiento, *«sinquieto»* dicen en mi pueblo; aunque también era avispado, inteligente y listo como él solo. Pero la escuela requiere de gente tranquila, sumisa, receptiva… y que esté muy quieta. Pero este chico en otro contexto es un campeón. Os cuento.

Resulta que indago en su historia y me entero de que corre y hace *triatlón*. Ya ganó algunas carreras por Andalucía. Y es muy valorado y querido cuando se requiere de él que no esté quieto, sino que *corra que se las pele*. Pues eso le dije mil veces a su tutora: este chico se mueve porque es un corredor. Menos mal que era receptiva y me escuchó. Y fue entonces cuando, en vez de ver a un chico con dificultades, vio a un triunfador. Y desde ese momento fue comprensiva con sus movimientos, con su letra nerviosa, con su *no estarse quieto*. Ya no veía a un chico incapacitado sino a un auténtico campeón. Y, entonces, comenzó a comprenderlo, a aceptarlo y a valorarlo por su extraordinaria capacidad, y no por sus dificultades en la escuela.

A partir de entonces, este chico mejoró en el colegio. En un año se puso al nivel de los demás y comenzó a aprobar y a suplir sus dificultades. Y es que la nueva mirada de su tutora mejoró su rendimiento en la escuela. Ya no alteraba el funcionamiento del aula, sino que la maestra comprendió que los atletas necesitan moverse, y lo dejaba ir al baño o a beber cuando lo veía inquieto. Ya no percibía una disgrafía, sino que comprendía que un corredor es rápido hasta escribiendo… Cambiar una concepción de déficit por una visión de posibilidades es la esencia de la educación. Eso me enseñó este chico que se mueve en la escuela como un verdadero campeón.

La lantana

Recuerdo a un alumno que nos llegó, con ocho años de edad y varios fracasos a cuesta, de diferentes colegios. Era un chico algo áspero, con espinas, poco sociable, difícil de tratar, como la *lantana* (esa planta que tengo en mi jardín, leñosa, con espina y un olor poco agraciado, pero con unas florecillas diminutas que forman inflorescencias maravillosas, que solo aprecias si te acercas).

Vislumbré, desde el primer día, sus colores especiales y sus peculiaridades creativas por desarrollar que ya apuntaban maneras. Me dijo que nadie lo quería en los colegios que había estado, y por eso había inventado una pócima para hacerse invisible. Le puse oído y me interesé por sus pesquisas para poder sobrevivir en este mundo tan cruel. Me contó cómo conseguía sus poderes y quedé prendado de una imaginación descomunal, y por las estrategias del ser humano para sobrevivir a la adversidad.

En clase no hacía nada de las rutinas cotidianas. En vez de eso se dedicaba a inventar. Con folios y un rollo de cinta adhesiva era capaz de montar mil historias. Un día construyó una mano articulada con papel. Inmortalicé con mi móvil aquel invento digno de un intrépido arquitecto. Otro día construyó, plegando folios, un muñeco tridimensional. Eso me dijo: *es Doraemon en 3D*. También hacía comic, cambiando perspectivas y alternando distintos planos. Me dejaban alucinando. Lo dicho, una persona peculiar, un artista. Pero fue objeto de diagnósticos varios y de reprimendas por parte de la Institución Escolar.

Mi trabajo como especialista en Pedagogía Terapéutica fue tratar de convencer al resto de profesorado de sus capacidades especiales y de que no se fijaran en el diagnóstico y en sus dificultades para hacer las tareas de clase. En tres años en nuestro colegio comenzó a ser valorado por su trabajo y comenzó a realizar las actividades de clase de manera minuciosa. Solo había que valorar su inventiva para que aceptara trabajar. Guardo dibujos de él para cuando sea famoso, porque no me cabe la menor duda de que algún día lo será. O quizás acabe siendo un loco, o las dos cosas, que también se da. Todo depende del medio en que habite, de cómo lo miren. Solo de gente diferente podemos esperar algo nuevo en este mundo de mediocridad. Ya lo dijo Vincent Van Gogh: *La normalidad es una ruta pavimentada: se camina cómodamente, pero ahí no crecen las flores.*

Nuestro trabajo en educación es cultivar todas las plantas, sabiendo que hay flores suaves y ásperas, bellas y fructíferas, amables y difíciles de cultivar. Pero siempre debemos evitar los caminos de asfalto fáciles de transitar.

Recuerdo a menudo una chica de mi colegio con problemas graves de conducta, según su diagnóstico escolar. Intuí que su peculiaridad era ser una «*Pippi*

Calzaslargas». Cuando su clase se desplazaba en el colegio en fila, ella era la última, y siempre iba dando volteretas. O como ella decía: *maestro, es que estoy haciendo la rueda*. Pues eso, siempre con las bragas al aire, mostrando sus destrezas, intentando ser alguien especial. En clase se pasaba el día haciendo dibujos, manualidades, creando cuentos y mil historias. Todo el día imaginando, pero sin hacer nada de lo que le mandaban. Así se muestra la *lantana* en mi jardín, como una planta especial, lidiando con las demás plantas y arañando a quienes osen tocarlas, luchado por su identidad.

También me viene a la memoria, mientras riego la *lantana* de mi jardín, un chico que venía de otro colegio con un diagnóstico invalidante, de esos que se te queda pegado para toda la vida y te forja un carácter congruente con la etiqueta que te asignaron. Pero siempre lo vi como alguien peculiar. Parecía un científico. Como no hacía las tareas de clase el profesorado nunca se enteró de sus cualidades. Supe que era experto en dinosaurios, en volcanes, en animales, en astrología y mil cosas más. Cada día me venía con una historia que había descubierto y de la que yo no tenía ni la más mínima idea, pero siempre le ponía oído. Era un chico *lantana*, de eso, no había duda.

Las personas, como las plantas, somos todas diferentes. Y esas diferencias son las que nos hacen singulares. La visión homogeneizadora nos empobrece. La diversidad de la naturaleza es un valor que debemos celebrar. Por eso, ahora, cuido cada planta de mi jardín con alguna peculiaridad, como la *lantana*; y aprendo que, gracias a las diferencias, el mundo es más amable y más humano.

La teoría del esfuerzo

Qué duro es sentir el fracaso a lo largo de la vida. Qué cruel es pensar que no vales nada, que eres un cero a la izquierda, que, día a día, examen a examen, curso a curso, durante años, fracasas en el sistema educativo. Pues eso les pasa a muchas personitas de nuestras escuelas, más veces de las que creemos. Sufren en silencio, mientras la vida les va haciendo mella, poco a poco, en sus almas inexpertas. Lo sé por experiencia.

Suelen pasar inadvertidas, estas personitas fracasadas, que todo lo que hacen lo tienen subrayado en rojo sangrante en sus libretas, entre tantas buenas notas, premios a la excelencia, exámenes aprobados, felicitaciones, virtuosismos, menciones especiales, *estoy orgulloso de ti*, *enhorabuena*... Y se esconden, metiendo la cabeza bajo tierra; o, en el mejor de los casos, volviéndose payasos, apáticos o desafiantes. Todo sea por ser alguien en una organización ¿educativa?, en la que solo se valora el triunfo disfrazado de esfuerzo.

Es difícil asumir, cuando somos niñas o niños, que no entiendes lo que te explican, que las letras se te cruzan y no comprendes lo que lees, que los números te aparecen como complejos garabatos sin sentido..., que no llegas. Es difícil soportar, cada día, cada evaluación, cada año, cómo tus compañeras y compañeros salen airosos de los retos de la escuela y sacan buenas notas, son felicitados, triunfan... Qué difícil es soportar tales vivencias, tirando de paciencia, de capacidad de frustración, soportando emociones de ira, evitando sentir tanto pesar, hasta que el corazón se va volviendo de piedra.

Pues, viene la pedagogía liberal con la solución perfecta: «*La teoría del esfuerzo*». Y pone *las carretas delante de los bueyes*. Lo que es consecuencia lo sitúan como causa. La narrativa del *esfuerzo* está haciendo mucho daño a estas personitas que fracasan en la escuela. Porque las carencias de una organización educativa anquilosada, que no tiene respuesta educativa para la gente con necesidades y que no atiende a la diversidad de los seres humanos, quedan invisibilizadas; y meten, en el cuerpo de las personas con dificultades la incompetencia, sin tener en cuenta las variables biológicas, familiares, económicas, sociales e históricas que son las verdaderas causas de que mucha gente fracase en la escuela. Porque, como es lógico y sabido, quien no obtiene el beneplácito en una actividad académica acaba evitándola. Y así se forma el círculo vicioso del fracaso: si no obtengo resultados, no me esfuerzo, porque nunca llegaré a lo exigido. Y es entonces cuando el fracaso provoca la ausencia de motivación para el esfuerzo, y no al revés. Quienes tienen buenos resultados aumenta su autoestima y, lógicamente, siguen esforzándose para seguir aumentando su ego. Y quienes fracasaron, evitan un esfuerzo que siempre les trajo frustración y dolor.

Seamos honestos. Todos conocemos a personas que se esfuerzan en demasía y que no tienen resultados exigidos. También conocemos a niñas y niños que sacan buenas notas sin ningún esfuerzo. Entonces, ¿a qué viene decir que quien triunfa en la escuela es porque se esfuerza? ¿Cómo osamos aseverar que quienes fracasan en el sistema educativo es que no se han esforzado lo suficiente?

Hay un tufillo maloliente en todo esto. Porque, además, resulta que la gente que proclama *la teoría del esfuerzo* tiene vástagos que no se esfuerzan y los meten en universidades privadas sin pasar por selectividad; o entran en colegios concertados porque tienen notas bajas; o trabajan en el despacho de abogado de un amigo por enchufe. Todo esto queda camuflado con *la teoría del esfuerzo*; que viene a decir que quien llega es que se ha esforzado. ¡Mentira!

Las personas con discapacidades, con dificultades educativas, con carencias para la escuela, que provienen de ambientes desfavorecidos, que tienen mil problemas…, no pueden ser responsables de sus fracasos. Porque, aunque se esfuercen, aprenden que no llegan, y así, día tras días, acaban desmotivados; porque ¿para qué? Aprenden que en el sistema educativo siempre triunfan quienes tienen capacidad para, apenas sin esfuerzo, recibir cada día el beneplácito.

La teoría del esfuerzo es un ideario político sin ninguna base científica. Parece mentira que tengamos que argumentar. Es una burda simplicidad que está calando en nuestra sociedad y que convierte a las víctimas en culpables, y a las familias en responsables.

¿Es que, acaso, no vemos a diario el sufrimiento del alumnado que no llega, que no puede, que no tiene herramientas para navegar en este mundo complejo y competitivo, aunque se esfuerce?

Es necesario dejar de culpabilizar a las familias y al alumnado con dificultades. La mayor responsabilidad siempre es de quienes tienen poder y conocimiento. Así que quienes, se supone, sabemos de educación, tenemos el deber de mejorar la escuela, para que nadie sufra más de la cuenta. Debemos buscar un cambio de paradigma en el que todas las personas se esfuercen porque tienen recompensas. Porque una escuela que produce sufrimiento no es educativa, es un fracaso de escuela.

Quererla es crearla

Quererla es crearla[6] es el sugerente título del documental de la directora chilena *Cecilia Barriga*, estrenado en el Museo Reina Sofía de Madrid y distribuida ahora por todo el planeta sensible con la diversidad.

La película parte del proyecto de investigación de la Universidad de Málaga «*Narrativas emergentes sobre la escuela inclusiva desde el Modelo Social de la Discapacidad. Resistencia, resiliencia y cambio social*», dirigido por el profesor titular de la Universidad de Málaga y doctor en Pedagogía Nacho Calderón Almendro.

Las cosas no son lo que son, sino que terminan siendo como queremos que sean. No es solo una «profecía de autocumplimiento» sino que es la lucha por un deseo. Lo que queremos con fuerza, y luchamos para que se produzca, acabará siendo. No basta con querer, también hay que luchar. Ese es el significado del título del documental: querer una escuela inclusiva implica remangarnos para crearla. Porque nadie nos regala nada, todo cambio social se produjo, a lo largo de historia, después de muchas luchas y esfuerzos.

El documental narra, a través de historias entrecruzadas de varias familias españolas, situaciones de vidas reales que reivindican una escuela y una sociedad diversa e inclusiva.

Aunque los derechos de la infancia, se supone, debieran ser concedidos, no suele ser así. Hay familias que han tenido que luchar hasta llegar a la ONU para conseguir el derecho de su hijo a estar en la escuela ordinaria como las demás personas. Eso se cuenta en la película. También se cuenta cómo toda una ministra de Educación atiende a chicas y chicos que sufrieron rechazos y vejaciones de las instituciones y de la sociedad en nuestro país por ser «diferentes». Pero lo principal que narra el documental es lo fácil que es convivir entre personas diversas cuando hay voluntad, y cómo la diferencia nos abre la mente, cómo la normalidad no debiera ser más que aceptar la diversidad que somos, irremediablemente, los seres humanos.

«La educación inclusiva es un derecho fundamental, que habilita la posibilidad de participar en el mundo», afirma el investigador de la UMA Nacho Calderón, quien señala que, con este film, se demuestra que no es algo lejano e inalcanzable, sino una experiencia real que viven muchas personas diariamente.

El colectivo de las personas con discapacidad asegura que su lucha contra la segregación educativa y social «no surge de un idealismo infundado, sino que

---

6   Tráiler documental Quererla es Crearla - Creemos Educación Inclusiva (uma.es)

se asienta en el derecho internacional, y particularmente en el artículo 24 de la Convención de los Derechos de Personas con Discapacidad».

Parece difícil, pero el documental nos muestra que es más fácil de lo que pensamos. Solo hay que dejar que la vida fluya, escuchar a cada persona tal cual se expresa, dejarlas ser como son, atender sus necesidades…, y mucho cariño, empatía, respeto y amor.

Viendo el documental sentí emoción, entusiasmo, optimismo, ilusión…; y salí mejor persona que cuando entré en la sala; es lo que tiene una buena película: que nos solivianta, que nos interroga, que nos invita a hacer malabarismos con nuestras convicciones, que nos cambia por dentro.

Magnífico documental. Me ha encantado, me he emocionado, he aprendido, lo he disfrutado… Seguidle la pista. No os lo perdáis. La diversidad es la vida misma, por mucho que ciertas instituciones lo impidan. Es una película en la que la gente de cualquier condición se muestra tal como es, y nos revela lo que somos todas las personas: seres con emociones, deseos, sufrimientos, luchas, sentimientos y cariños.

Enhorabuena a Cecilia Barriga, la directora, porque ha sabido poner la cámara, sin que se note, en el corazón da cada persona. Mil gracias a las familias que luchan diariamente para que esta sociedad mejore aceptando la evidente diversidad. Gracias Nacho, por ser el hilo invisible que está siempre tejiendo historias de «nadies», visibilizándolos y dándoles voz. Gracias porque estas narraciones son imprescindibles para que la escuela cambie, para que esta sociedad sea cada día más humana y todas las personas seamos más felices.

Ha sido un placer compartir el documental. Es genial. Crea conciencia y nos solivianta el alma, porque está hecho con retazos de verdad.

Mi mejor amiga[7]

En este texto, a partir de una experiencia real, como maestro de Pedagogía Terapéutica, se constata la necesidad de trabajar sobre todo el contexto educativo y no solo con la individualidad. Porque una verdadera educación inclusiva es la que educa para mejorar a todas las personas de la comunidad.

En todo análisis de la realidad podemos centrarnos en un punto discordante o atender todo el contexto. Lo aprendí de mi profesor, Miguel Ángel Santos Guerra, en sus clases de Pedagogía. Nos mostraba un folio en blanco con un minúsculo puntito que había hecho con un bolígrafo, y nos preguntaba qué veíamos. Todos, al unísono, decíamos: un punto. Y él nos recriminaba: no, el punto es lo mínimo -eso nos decía- lo que hay es un folio blanco inmenso con un pequeñísimo puntito que apenas se ve.

Suele pasar, cuando observamos la realidad, que olvidamos el contexto y nos fijamos en cualquier nimiedad que altere nuestro cerebro. La sabiduría popular nos lo muestra en el famoso proverbio *«los árboles no dejan ver el bosque»*.

En mi trabajo, como maestro de Pedagogía Terapéutica, me dediqué en cuerpo y alma a todo el alumnado del aula, y no solo a quienes tenían diagnóstico, porque siempre vislumbré que la discapacidad no puede tratarse en una persona concreta sino en toda la comunidad. Siempre intuí que la concepción sobre la realidad depende de nuestra mirada, y yo siempre miré a todas las niñas y niños del aula, a sus familias, a la comunidad, a la sociedad, a la cultura imperante, a todo el contexto… al folio entero.

Después de varios años trabajando en un aula en donde había una alumna con autismo, me llega un texto escrito por un alumno de esa clase titulado: *«Mi mejor amiga»*. Era un trabajo en donde este chico confiesa que su mejor amiga es su compañera con discapacidad. El escrito comienza diciendo: «… es mi compañera desde hace cuatro años, es una niña muy especial. Ella me dice pocas cosas con palabras, pero me muestra todo lo que siente por mí».

Este alumno, de sexto de primaria, escribe una verdad sentida y experimentada que ya quisieran expresar muchas personas mayores. Para saber algo hay que vivirlo, y este alumno lo había experimentado en sus propias carnes.

---

7   Gómez Mayorga, C. (2023): «Mi mejor amiga». *Márgenes. Revista de educación de la Universidad de Málaga*, 4(1), 157-159.

En otro párrafo del texto contaba lo que sigue: «*Me da muchos abrazos. Se pone muy contenta cuando me ve. Cuando me acerco a ella, pone su frente junto a la mía. Tengo mucha suerte de que ella y yo estemos conectados. Ella se ríe mucho conmigo y eso me hace estar muy feliz*».

Me ha emocionado la lectura del texto de este chico que también siento como alumno mío. Administrativamente no me correspondía, porque yo solo debía atender a la alumna diagnosticada con discapacidad; pero yo siempre lo consideré, como al resto de la clase, parte de mi responsabilidad. Porque un árbol es parte del bosque en el que habita. Siempre trabajé el contexto, el folio entero.

He aprendido que lo esencial de la educación es vincular a todo el alumnado; y que, para ello, debemos trabajar el aula entera, y no solo el puntito discordante. Porque la verdadera educación se produce cuando, entre todo el alumnado, se crean vínculos amorosos. Con esta visión holística de la educación, todas las personas salimos ganando. El texto de mi alumno sigue diciendo: «*Yo he tenido la suerte de conocerla a ella. Es mi mejor amiga porque la quiero mucho y me da mucha felicidad*».

Es necesario resaltar que educar desde la aceptación de la diversidad desarrolla las principales competencias humanas, no solo valores sino también inteligencia. El alumnado que se enfrenta a la complejidad y dificultades de la vida está desarrollando capacidades para vivir en una sociedad diversa y compleja, amplía puntos de mira, domina los miedos, empatiza con las demás personas y desarrolla capacidades cognitivas divergentes. Tengo constancia de que el aula de esta chica con discapacidad es la más madura de todo el colegio. Vean, si no, el final del escrito de mi alumno: «*Según los especialistas hay problemas con la comunicación y la interacción social, pero mi amiga y yo nos comunicamos estupendamente. No necesitamos hablar*».

¡Aún sigo emocionado!

Expectativas

La madre de mi alumna más querida me envía fotografías del cumpleaños de un compañero de clase de su hija, al que ha asistido. En una, mi alumna más especial, está sentada junto al homenajeado, comiendo y mirando a cámara fijamente, como solo ella sabe mirar. En otra, aparece bañándose en la piscina, rodeada de chiquillada, disfrutando. Me comenta su mamá que ha podido comprobar el buen trabajo que hemos hecho con su hija en el colegio viéndola feliz con sus iguales. Y es entonces cuando me he puesto a pensar en la historia de esta chica que hoy disfruta con los demás.

La entrada al colegio de mi alumna comienza cuando las especialistas en autismo diagnostican que era un caso grado 1 con pocas posibilidades; que la chica no entendía nada, que no se podría comunicar, que tenía características para un centro específico, que sería difícil de integrar... Eso nos dijeron las máximas autoridades administrativas cuando la evaluaron y rellenaron un cuestionario con cruces, con las que tendría que cargar toda la vida.

Algunas personas del colegio le dijimos a las expertas que teníamos esperanzas; que miraba de soslayo como buscando, que entendía agua o pipí. Nos dijeron que eso eran conductas rutinarias aprendidas, que no comprendía nada. Nos trataron como ingenuos, y seguro que lo éramos, ¡menos mal!

Otros expertos nos invitaron a programar todo metódicamente. Nos dejaron muchos libros para que aprendiéramos cómo teníamos que actuar. No podíamos improvisar, ni aventurarnos a probar. Todo debía estar rutinizado, sin posibilidad de salirnos del guion que nos marcaron.

Nos dijeron, además, que las familias crean falsas expectativas sobre sus vástagos con discapacidad. Pero desoímos el consejo. Vimos tanto amor y esperanzas en las familias que compartimos sus deseos. Estábamos dispuestos a equivocarnos. No teníamos nada que perder y sí mucho que ganar. Preferimos lanzar expectativas posibles, aunque no fuesen, en ese momento, reales. Aventuramos esperanzadoras profecías por si acaso se cumpliesen.

Las personas que en el cole trabajamos con la chica fuimos observando, reflexionando y probando actuaciones. Y siempre, en coordinación con la familia, fuimos andando caminos inexplorados.

El primer curso, en infantil de tres años, evitaba el contacto, no se comunicaba, ni sabía señalar lo que quería. Pero enseñamos a sus compañeros a abrazarla con cuidado porque se agobiaba si la violentaban. La primera comunicación surgió saltando en la cama elástica, que tanto le gustaba. La paraba de pronto, me miraba a los ojos y me decía: más. La conexión y la comunicación ya apuntaban, y vimos que ese era el camino de un posible aprendizaje. Todo ser se desarrolla como humano cuando se le abre una ventana, cuando algo desde fuera le llega dentro y enciende su deseo. El segundo curso, observamos cómo se llevaba todo a la boca, para conocer las cosas de forma oral, como todo el mundo a cierta edad. Luego, la vimos mucho tiempo tirando chinos en el patio, y nos miraba buscando nuestra reacción. ¡Nueva comunicación! También pasó tiempo mirándose al espejo para juntar sus pedazos. Y así fue pasando por diferentes etapas, conquistando cada curso destrezas insospechadas, aunque a su tiempo y manera.

Esta alumna ya ha llegado a Tercero de Primaria, y escribe y lee de forma aceptable, conoce los números hasta el 100, te mira a los ojos como nadie, te abraza y te dice lo que quiere y lo que no. Disfruta en las fiestas del colegio, a pesar del bullicio, el ruido y descontrol. Trabaja en clase junto a sus iguales con material adaptado y es feliz jugando con los demás.

Y fue entonces cuando me acordé de aquellas especialistas y expertos que nos tomaron por ingenuos. Y di gracias a la familia por enseñarnos el camino de la utopía, esa que nunca se alcanza pero que nos permite andar hasta lugares insospechados. Y dimos gracias a esta niña tan especial que nos ha enseñado a dudar de los diagnósticos que limitan el camino, en vez de abrir horizontes.

El efecto Pigmalión

Cuenta Ovidio que Pigmalión, rey de Chipre, esculpió una estatua de mujer tan perfecta que se enamoró de ella. Fue tan grande su deseo y tantos los abrazos y besos que dio al mármol frío que aquella figura cobró vida. Más contemporáneo es el cuento de Pinocho, el famoso muñeco de madera que, por arte de magia y amor, se convirtió en un niño de verdad. En ambos casos, fue el amor y el deseo los que dieron vida. Sigue vigente, hoy día, esta historia. Los mitos siempre nos persiguen, hasta que aprendamos sus enseñanzas.

Recuerdo a una alumna diagnosticada con TEA que, a pesar del rechazo social que manifestaba (porque lo sentía como agresión, ya que no integraba tantas sensaciones de golpe), a base de besos cuidadosos, abrazos livianos, miradas de soslayo, juegos emotivos y gente cariñosa a su alrededor, se volvió de lo más sociable y se enamoró de un chico de su clase, y no dejaba de abrazarlo a todas horas.

Y es que esta chica tenía una familia que creía en las posibilidades de su hija a pesar de del diagnóstico. Porque una cosa es lo que es, que se aprende en las universidades, porque eso es lo que dice la ciencia, que sabe sobre lo que sus métodos les permiten, y otra, muy distinta, lo que puede llegar a ser. Y eso solo se siente desde el amor incondicional.

Otra madre de un alumno, que había sido diagnosticado como TEA a los dos años y, después de pasar los tres cursos de infantil en mi aula, le despojaron del diagnóstico, me dijo:

Y ahora, quién me quita a mí los viajes a Madrid, las noches en vela, y las lágrimas derramadas.

Y es que hay que tener paciencia antes de poner etiquetas a la infancia. Describamos dificultades y trabajemos en ellas. Pero no hay que lanzar juicios paralizantes antes de tiempo.

Tengo siempre presente a un chico de mi colegio con diagnosticado de Asperger que fue esculpido diariamente con el amor y el deseo de sus padres y su maestro; y la distante y fría relación que ese niño mostraba se convirtió, a causa de abrazos y caricias, en cálido amor y cariño para quienes le rodeaban.

También recuerdo a otro alumno de 3 años, muy impulsivo, que el abrazo diario era lo único que lo paraba. Porque no tenía un trastorno de hiperactividad, sino que estaba derramado y necesitaba abrazos que juntaran sus pedazos.

Y por eso hago caso, como maestro, a las escultoras de vida. A quienes tienen expectativas sobre sus vástagos, a quienes dan amor y esperanza: a las familias. Puede que no sepan de educación, puede que creen falsas expectativas, puede que estén equivocadas...; pero si tienen deseos y dan amor convertirán el frío mármol en cálidas personitas. Es el efecto Pigmalión. Hoy lo llaman expectativa o profecía autocumplida.

Así es como, gracias a compartir la visión de las familias, mis alumnas y mis alumnos llegaron a ser lo que son, y llegarán hasta donde nunca imaginemos.

He aprendido que las cosas no son siempre como creemos. Es verdad que tampoco son como queremos que sean. Pero existe un punto intermedio que podemos llamar espacio de expectativas educativas. Si lanzamos miradas positivas mejoran los resultados, pero si creamos expectativas negativas limitamos el desarrollo. Y es que los educadores no hacemos ciencia, sino que creamos futuro. Las maestras y los maestros somos como Pigmalión y Gepeto, escultores que junto a las familias, armados de palabras, caricias y amor, vamos tallando la personalidad de la infancia para un futuro esperanzador.

A veces, es miedo

Para dar una solución, lo primero es hacer un buen diagnóstico. Hay demasiada gente intentando sanar lo aparente, andando por las ramas, y pocas veces buscando raíces.

Mucho se ha escrito sobre los problemas de conductas en la infancia y, sobre todo, en la adolescencia. Se ofrecen miles de programas para corregirlos. Existen centros específicos para combatirlos. Son demasiadas las consultas psicológicas que dan soluciones a estos comportamientos que nos ponen al límite. Pero, a veces, el problema no es lo que salta a la vista, no siempre las cosas son lo que parecen. A veces, lo tratable no es la conducta observable. A veces, las causas que lo producen, lo esencial, se esconden en lo más profundo de nuestra alma. A veces, el problema es el miedo.

Nuestra alumna se pone arisca cuando nos acercamos a ella. Pensamos que no debe rechazarnos, porque queremos ayudarla en una actividad que se le resiste. Pero nos hace un desaire. Creemos que no nos merecemos tal reproche y nos enfadamos. Quizás no sea un tema de conducta. Quizás, alguna vez se le acercó a ella un hombre con otras intenciones. Quizás lo que siente es miedo. En mi caso, fui prudente y esperé a descubrir la causa de su sufrimiento y, poco a poco, fue tomando confianza y fueron aflorando sus sentimientos agazapados en lo más profundo de su alma: el miedo.

Nuestro hijo nos grita porque no conducimos adecuadamente cuando lo llevamos en coche. Parece una conducta de mala educación y que nos falta al respeto. Pero puede que esté sintiendo miedo en la carretera, porque tuvo un accidente o un susto en un vehículo hace años, y no sabe gestionar la emoción que le produce la velocidad, y por eso responda de mala manera. Es necesario indagar más allá de los comportamientos. Porque puede que su desaire se deba al miedo.

Puede que nuestra hija adolescente nos diga con exabruptos que no tiene nada que ponerse. Ya sé que le dimos la posibilidad de comprarse ropa en su momento. Pero nos grita y hace que nos sintamos mal. Y es que la educamos lo mejor que supimos, y no hay derecho... Pero, quizás no tenga mala educación al hablarnos así, aunque no debiera, sino que está aterrorizada por no ser aceptada entre sus iguales en una etapa adolescente en donde se pone en juego su identidad cambiante. Quizás no sea mala conducta, sino miedo a no ser aceptada, a no ser nadie, al fracaso, a la muerte en vida.

He visto, algunas veces, a niñas y niños que no hablan o que no miran lo suficiente. Los han tratado especialistas varios sin ningún resultado que solucione sus dificultades. Pero he descubierto que el problema no estaba en su boca, ni en su vista, ni en su comportamiento. La herida era más profunda. Anidaba en lo más íntimo de su mente. Creo que era miedo. Pues eso, que, a veces, no es la conducta sino el miedo, siempre agazapado bajo la apariencia de desconexión o de ira.

Ya lo dijo Jorge Bucay en el cuento La tristeza y la furia. Cuenta que ambas fueron a nadar a la playa y dejaron su ropa en la orilla. Salió del agua, primero, la furia, siempre tan ansiosa, y cogió sin querer, sin pensar, la ropa que encontró, que era de la tristeza. Cuando la tristeza salió del agua se vistió con la ropa que quedaba, que era de la furia. Así que si veis por ahí gente con mucha rabia pensad que, quizás, sea la tristeza vestida con la ropa inadecuada. Eso nos cuenta el cuento; quizás, eso nos pase en la vida. Llevamos ropa que nos protege, pero lo importante nunca está en la apariencia. Hay que indagar en lo más profundo del alma.

Y es que, cuando nos invade el miedo, nos ponemos tristes, o nos sale la furia, o nos volvemos irascibles, o nos metemos para dentro. Por eso hay que diagnosticar descartando lo visible y escudriñando en lo profundo. Porque, muchas veces, lo que hay en el alma es miedo.

El mayor de los abrazos

Hoy, me dieron el mayor de los abrazos. Ese pulpo enredado a mi alma era de una chica que fue mi alumna con tres, cuatro y cinco años. Ya es mayor de edad. Compartimos aula en Educación Infantil viviendo mil historias emocionantes. No importa que ya tenga mi estatura, siempre será mi querida alumna.

Fue un abrazo sentido y emocionado. Dentro de nuestros corazones enlazados, había un sinfín de sensaciones y vivencias compartidas. Es bonito sentir todo lo que cabe en un abrazo; en el nuestro, se fundió lo esencial de la existencia, las tres heridas que cuenta Miguel Hernández: *la del amor, la de la vida, la de la muerte.*

Resulta que, en mi clase de infantil, había veinte siete personitas y ya solo quedan veintiséis. Ocurrió que, ya estando en el instituto, el mejor amigo de mi alumna, va y se muere.

Compartían intereses musicales, y quién sabe si algo más. El caso es que mi alumna se quedó huérfana de su íntimo amigo. *Algo se muere en el alma cuando un amigo se va.* Y, a su edad, no podía comprender cómo la vida te desconcierta y te pone a prueba; o, simplemente, la vida es un caos y si te daña el alma, irremediablemente, te duele.

Evidentemente, esta chica quedó impactada. La muerte siempre nos destroza por dentro y, en plena adolescencia, nos mata estando vivos. Estas profundas emociones estaban en el abrazo que yo sentí con mi alumna.

Sí, se me murió un alumno en plena adolescencia. Sufrí su pérdida, y me hirió profundamente el dolor que sintió su amiga, (del dolor de sus padres aún no me salen palabras de consuelo). Sentí profundamente el amor y la muerte en la vida de mi aula que ahora abrazo, a moco tendido, en el cuerpo de mi alumna. Nunca un abrazo, con tanta historia, fue tan sentido.

Menos mal que, cuando compartimos vivencias en Educación Infantil, traté siempre el tema de muerte, del amor y de la vida. Ya intuía que les podrían hacer falta. Es un aprendizaje que nunca está de más. Lloramos cuando murió nuestro saltamontes o nuestro pez, compartimos emociones cuando la abuela de una compañera nos dejó, aprendimos que el abuelo de otro alumno *se quedó seco* cuando estábamos trabajando las hojas del otoño (nunca un concepto fue tan certero). El caso es que se hace necesario, siempre, tener presente la muerte, en el aula, para aprender sobre la vida.

Espero que esta alumna levante cabeza después de tanto sufrimiento y que, lo trabajado en Educación Infantil, le sirva para su duelo.

He aprendido que en la escuela hay que dejar de lado los libros de texto, las fotocopias, los rituales obsoletos, la silla de pensar, las filas para entrar y salir, los castigos absurdos, el rabito de la a, los boletines de notas, el coloreo, las actividades rutinarias..., y aprender sobre lo esencial de la vida.

Todo eso me vino a la cabeza, con emociones encontradas, en el abrazo que, sin mediar palabra, me dio mi alumna y prendió en mi alma para toda la vida. Espero que el abrazo que nos dimos nos dé aliento para curar las tres heridas: la de la muerte, la del amor, la de la vida.

La niña que no abrazaba

Después de jubilarme, fui a la fiesta fin de curso de mi colegio para sentir el eco, que aún pudiera perdurar, de mi labor como maestro de inclusión y aceptación de la diversidad. De pronto, una alumna de poca edad, que asistía a la graduación de su hermana, me vio y vino corriendo a darme un emotivo abrazo. Me alegró sobremanera porque esta chica no abrazaba.

En mi cometido como maestro de Pedagogía Terapéutica, tuve que atender a esa niña de primer curso de primaria con supuesta *discapacidad por inteligencia límite*, según ponía en su informe psicopedagógico, aunque nunca compartí este diagnóstico. Era tan solo una chica herida, como tantas personitas que vienen a la escuela. A veces, solo se diagnostica lo aparente, sin profundizar lo necesario.

En estas edades trabajo dentro del aula y ayudo a todo el alumnado que necesita un empujoncito, aunque siempre estuve atento a esta chica con evidentes dificultades. Cuando me siento junto a ella veo que me rechaza de forma abrupta. No me lo tomo a mal. Tengo paciencia y sigo atendiendo a sus compañeras y compañeros de clase sin dejar de atenderla de reojo. Es necesario no asumir un rechazo como cuestión personal. ¡Algo le pasa! Eso me digo mientras me pongo a indagar.

Después de muchos tanteos, veo que esta chica no soporta que invada su espacio personal. En cambio, sí acepta a su tutora y la especialista de Audición y Lenguaje, que son mujeres. Nunca me había pasado, suelo caer bien a todo el alumnado. Indago y descubro que sufrió abusos cuando pequeña. Ahora comprendo: tiene recelo a todos los hombres porque sufrió daño de algún varón. Así que la comprendo y guardo distancia, le ayudo lo que me deja, manteniendo su espacio, respetando sus miedos, siempre con cariño, con miradas tiernas, buscando confianza. Casi medio curso me costó acercarme a ella. Mientras tanto, le pusimos una compañera que le ayudara, y fuimos, desde la distancia, acompañándola en sus dificultades y sus recelos.

En la fiesta de graduación de su hermana me ve desde lejos y la veo correr, a cámara lenta, como en un anuncio de colonia. Me llama por mi nombre y me abraza con todo el alma. Después de un año, mi trabajo con esta chica, obró el milagro. Creo que aprendió a diferenciar quién le hacía daño y quién le hacía bien. Algo difícil de aprehender cuando la herida es profunda. ¡Es una campeona! Va superando su trauma. Es posible que nuestra comprensión, prudencia y respeto haya tenido influencia. Pero esa es la labor de quienes educamos: estar atentos, comprender, respetar, tener paciencia, saber intervenir justo lo necesario en el momento oportuno. Mientras tanto, no forzar, esperar que el tiempo nos diga dónde está la herida para poder intervenir de forma adecuada. A veces, queremos que nuestro trabajo educativo tenga frutos inmediatos. Pero hay que tener paciencia. La educación siempre tiene efecto a largo plazo.

Grano a grano, su corazón se fue llenando de confianza hasta rebosar en un fructífero gran abrazo. Pechos fundidos que interpreto como evaluación de mi trabajo. Porque un abrazo es, siempre, el más elocuente, preciso, eficiente y objetivo método de evaluación. Eso me enseñó mi alumna, a la que le costaba abrazar y que, ahora, se me pega como lapa, dándome las gracias por la paciencia y la comprensión.

«La vaca no da leche»

El filósofo chileno Mario Sergio Cortella estudió con Paulo Freire, representante de la *pedagogía del oprimido*, fue secretario de educación en la ciudad de São Paulo durante los años 90, y nos regaló esta historia, tantas veces repetida, de *«La vaca no da leche»*.

«Cuando tenga doce años, les contaré el secreto de la vida, decía un campesino a sus hijos cuando eran pequeños. Los niños, intrigados por la aseveración, esperaban pacientemente hasta que cumplían la edad acordada.

El día del decimosegundo aniversario de cada uno de los muchachos, el padre los apartaba y les hacía prometer que no revelarían el secreto a los demás hermanos. Los llevaba al establo, deteniéndose frente a la vaca de la familia, y susurraba en el oído del cumpleañero: El secreto de la vida es que la vaca no da leche.

- ¿Qué es lo que dices? -preguntaba el muchacho -si todas las mañanas vemos cómo llegas a la casa con un gran balde de leche después de estar con la vaca.

-Tal como lo escuchas, hijo -respondió el hombre mayor –la vaca no da leche. Tienes que levantarte a las cuatro de la mañana todos los días. Todos. Sales al campo, caminas por el corral lleno de excremento, te acercas a la vaca, le atas la cola y las patas. Luego te sientas en el banquito, colocas un balde y comienzas la ordeña. Ese es el secreto de la vida; la vaca, la cabra, la oveja no dan leche. O las ordeñas o no la dan.

Hay quienes piensan que, las vacas dan leche. Que las cosas son automáticas y gratuitas. No. La vida no es cuestión de desear, pedir y obtener. Las cosas que uno recibe son el esfuerzo de lo que uno hace. La ausencia de esfuerzo genera frustración»

Esta fábula es muy necesaria en nuestros tiempos, porque las nuevas generaciones viven en una época de bienestar sin haber aprendido que la vida exige esfuerzo; que el confort hay que ganárselo, que los deseos hay que lucharlos. Que la humanidad avanza gracias al trabajo de muchas personas que dieron todo para superar las limitaciones y las trabas que la vida exige.

A veces, se ha utilizado esta magnífica fábula como ideario de una concepción del esfuerzo como única causa del éxito. Nunca una única mirada dice verdad.

Es cierto, como argumenta esta narración, que el esfuerzo es necesario. Es verdadero que el trabajo, cuando consigues lo que deseas, produce bienestar. Es necesario esforzarse al máximo para devolver a la sociedad algo de lo que nos ha regalado...; pero hay gente que se esfuerza y no consiguen lo que desea. No toda persona que se esfuerza triunfa en esta sociedad que solo valora el éxito.

Es indudable que los objetivos exigen esfuerzo. ¡Pero cuidado!, no toda la gente parte de la misma situación. Porque hay clases sociales, hay desigualdades, existen personas con discapacidad, y hay atajos para la gente que está en situación de privilegio, que triunfan sin apenas esfuerzo. Hay quienes se esfuerzan y no consiguen lo que la sociedad les exige. Porque la sociedad actual no siempre gratifica el esfuerzo, sino el éxito final.

Lo que es irrebatible, y debemos pregonar a los cuatro vientos, es que las conquistas con esfuerzo producen satisfacción y orgullo personal. El esfuerzo suele llevarnos a cumbres insospechadas. Quienes se esfuerzan suelen conseguir más de lo que sus posibilidades le presagiaban, siempre llegan más allá de sus expectativas.

Debemos alabar el esfuerzo de quienes logran sus metas, pero también de quienes se sacrifican sobremanera para superar sus dificultades. Es necesario valorar al alumnado con discapacidad motórica que cada mañana llega al colegio sorteando mil obstáculos. Debemos alabar el esfuerzo de quienes, con inteligencia limitada, se machacan en su habitación para aprender la lección del día siguiente. Debemos dar un premio a la excelencia a quienes, con autismo, luchan cada día para soportar el ruido cotidiano, el lenguaje incomprensible, los estímulos excesivos y los cambios de rutinas. ¡Y qué decir de las personas invidentes, con hipoacusia o empobrecidas, que cada día nos dan una lección sobre el esfuerzo!

Deberíamos exaltar a todo el alumnado que se esfuerza, aunque no haya conseguido las expectativas exigidas por la escuela y la sociedad. Porque la vaca no da leche, hay que alimentarla, cuidarla y ordeñarla, pero hay mucha gente que se esfuerza en demasía y no recibe su ración de leche diaria.

Los nadies

Mi admirado Eduardo Galeano publicó en **El libro de los abrazos**[8] un poema titulado «*Los nadies*». Parece mentira, pero sigue vigente, también en la escuela.

> *Sueñan las pulgas con comprarse un perro*
> *y sueñan los nadies con salir de pobres,*

Llegó a infantil como cualquier niño; algo gordito, un poco juguetón, de aspecto tierno y con ojos temerosos, como muchos otros, un chico *del montón*.

Yo trabajaba entonces de maestro de Pedagogía Terapéutica. Pronto comencé, ya desde infantil, a verlo castigado: porque no hacía bien las fichas, porque no atendía, porque se salía de la pauta, porque jugaba a todas horas... (Algo que en la escuela es demasiado habitual, aunque no debiera). Muchas veces pasé por su clase y, al verlo contra la pared, como en otros tiempos (porque resulta que aún hay libertad de cátedra para estos menesteres inadmisibles), lo acogía en mis brazos y me abrazaba como si no hubiera un mañana. Una angustia inmensa me atravesaba el pecho. Ese chico de infantil no entendía nada. Quizás, tenía mala suerte.

> *...que algún mágico día*
> *llueva de pronto la buena suerte,*
> *que llueva a cántaros la buena suerte;*
> *pero la buena suerte no llueve ayer, ni hoy,*
> *ni mañana, ni nunca,*

Aún era pequeño y nadie intuyó sus dificultades. Y es que, a veces, el profesorado trata a todo el alumnado por igual y le exige hacer las mismas cosas. ¡Son tan defensores de la igualdad! (Maldita igualdad que no considera desde donde parte cada persona, y no tiene en cuenta la diversidad).

Pero este alumno no tuvo buena suerte en la vida, porque le tocó una familia pobre, no solo de dinero, también de estudios, de lenguaje, de cultura, de posibilidades, de relaciones sociales, de artefactos electrónicos, de juguetes, de comida sana... Y es que si no era *nadie* es normal que no tuviera nada.

> *...ni en lloviznita cae del cielo la buena suerte,*
> *por mucho que los nadies la llamen*

---

8   Galeano, Eduardo (1989): *El libro de los abrazos*. Siglo XXI Editores. Madrid.

y aunque les pique la mano izquierda,
o se levanten con el pie derecho,
o empiecen el año cambiando de escoba.

Su padre trabajaba todo el día en quehaceres físicos y pesados que la sociedad reserva a los más desfavorecidos (así llaman ahora a los pobres de toda la vida). Su madre, enferma, cada día era acogida en un centro para tratar su dolencia. Su hermano y él, desde pequeños, haciéndose cargo de sus casi vidas.

Los nadies: los hijos de nadie,
los dueños de nada.

Al entrar en la Educación Primaria ya venía con un diagnóstico de *discapacidad por inteligencia límite*. Fue entonces cuando cambió, por arte de magia, de niño malo a un alumno con *Necesidades Específicas de Apoyo Educativo (una nueva etiqueta)*. De un concepto moral pasó a una consideración científica. Algo habíamos avanzado. ¿O no?

En primaria tuvo algo de suerte y le ayudaron maestras que se desvivieron por él, que trabajaron con sus necesidades y posibilidades, que le tuvieron consideración (parece mentira que dependamos del profesorado que nos toque en las escuelas, como en la tómbola). ¡No hay derecho!

Pero en la educación formal no todo depende del profesorado. Hay un sistema complejo de contenidos, metodologías, horarios, asignaturas, organización de los espacios y exámenes, que margina, humilla y ninguea al alumnado con más dificultades.

Los nadies: los ningunos, los ninguneados,
corriendo la liebre, muriendo la vida, jodidos,
rejodidos:

Y es que el alumno en cuestión tenía dificultades para hablar. Aunque lo entendíamos, no cumplía con los estándares de calidad que la escuela actual demanda. Una institución educativa que exige éxitos, en vez de compensar inconvenientes sociales. ¡Lo nunca visto!

Él era consciente de sus dificultades, tenía un corazón muy grande, comprendía todas las situaciones que vivía, pero se expresaba a su manera.

Que no son, aunque sean.
Que no hablan idiomas, sino dialectos.
Que no profesan religiones,
sino supersticiones.

Es verdad que, a veces, se mostraba irascible con sus compañeros porque no lo incluían en los juegos, porque no sacaba buenas notas, porque era gordito, porque no sobresalía en nada.

Y, poco a poco, sin que nadie tuviera culpa, se fue forjando una baja autoestima porque fracasaba con todos los obstáculos que le ponían la vida y la escuela.

Pero este chico, que yo atendía como especialista en Pedagogía Terapéutica, cada día me daba las gracias cuando le ayudaba. Quizás, porque yo lo miraba como a *un alguien*, como a una persona, y él lo percibía.

Que no hacen arte, sino artesanía.
Que no practican cultura, sino folklore.
Que no son seres humanos,
sino recursos humanos.
Que no tienen cara, sino brazos.

Al acabar la Primaria, en la fiesta de despedida, nos abrazamos *como si no hubiera un mañana*. Me daba las gracias por tanto y yo agradecía su actitud de entrega. Pero a pesar de todo el esfuerzo, quizás, para *los nadies* no haya posibilidades de futuro.

Que no tienen nombre, sino número.
Que no figuran en la historia universal,
sino en la crónica roja de la prensa local.

Ya lo imagino en el Instituto, ensimismado y receloso. Espero que tenga suerte y *le toquen* educadores sensibles; pero lo tiene complicado, porque todo no depende de la escuela ni del profesorado. La marginación social es siempre una cuestión política y económica, muy difícil de cambiar.

Los nadies,
que cuestan menos
que la bala que los mata.

Ojos azules que miran, a veces

Tengo un alumno con los ojos más bonitos del mundo, pero le cuesta mirar (paradojas de la vida). No sabemos el porqué, pero tiene dificultades en conectar. Indagando e investigando fui descubriendo que había situaciones emocionales en las que se vinculaba: masajitos en la cabeza, sobre el suelo bocarriba, saltando en la cama elástica, con la canción *Un Elefante se balanceaba...* y jugando a *Los tres cerditos* con los muñecos del cuento dentro de una casita de cartón. Cada vez que me veía entrar a su clase me decía, mirándome a los ojos: ¡*Los tres cerditos, Cristóbal!* Y me regalaba una mirada azul cielo de esas que te atraviesan el alma. No hay placer más grande que una conexión visual de alguien a quien le cuesta mirar.

Es un alumno propenso a diagnósticos, informes psicopedagógicos, historial médico, dictamen de escolarización y no sé cuántas cosas más. Pero yo no me fijé en el color de sus ojos ni en las posibles etiquetas, sino en los momentos de conexión emocional, en su mirada azul cielo.

El caso es que nos íbamos de vacaciones de verano y le regalé esa casita de *Los tres cerditos* a su mamá, para que jugara con su hijo en verano. Y mira por dónde, esa madre me escribe diciendo que su hijo seguía desconectado, pero cuando le enseñaba la casita decía: ¡*Cristóbal!*, ¡*Los tres cerditos! Soplaré, soplaré y la casa derrumbaré.*

Y es que hay que buscar los momentos, actividades, juegos y relaciones donde se produzca ese milagro de conexión entre los seres humanos. Esos momentos mágicos que, no sabemos por qué, hacen vincular a la infancia con la realidad. Y, en la distancia, sigo conectado con el chico de ojos azules gracias a ese cuento en el que el lobo quiere comerse a quien no tiene conciencia sobre la realidad.

La capacidad de conectar del profesorado tiene que ver con el carácter y la actitud de cada persona, con la forma de ser, con la apertura sentimental, con el estado mental, con el equilibrio emocional, con la capacidad de introspección... En magisterio, no solo hay que estudiar las teorías introspectivas, de las que a veces carecen los planes de estudios, sino que habría que aprender sobre lo que nos pasa quienes nos dedicamos a educar cuando nos enfrentamos a un grupo de personas que empiezan a sentir la vida. Porque hay que aprenderse, hay que ponerse en juego y vincularse. Solo así podremos educar al alumnado.

Si no eres capaz de mirar a los ojos de alguien, cómo vas a educar. Las niñas y los niños te huelen. No hay posibilidad de engaño con las emociones de la infancia. Conectar tiene que ver con la consideración de la otra persona desde la verdad de lo que eres. Quizás, este sea el secreto: entrar en lo personal, escuchar, mirar, sentir, sostener y conectar. Y de eso va el vínculo para educar. No sirven, por tanto, los protocolos pseudopsicológicos de técnicas que se aprenden para enseñar. No se puede educar si no nos entregamos. Es imprescindible conectar, vincular afectivamente y darnos en cuerpo y alma. Eso me enseñó ese niño de ojos azules inquietantes a quien le cuesta mirar.

Sufrimos una Administración Educativa con unos ojos preciosos, pero nunca miran donde tienen que mirar. Pues resulta que, quienes educamos nos desvivimos por ayudar al niño de ojos azules; pero llevamos dos años, desde el Equipo de Orientación, pidiendo *un apoyo* para que le ayude a poder estar en el aula con los demás, porque no controla esfínteres y tiene ciertas necesidades. Pero esos ojos de la Administración Educativa que se muestran en los discursos políticos, especialmente cuando hay elecciones, miran para otro lado, no saben ver las necesidades de la escuela.

La familia de este chico lleva dos años viniendo al colegio, diariamente, a cambiar el pañal de su hijo: y, ya desesperada, desea poner un apoyo, llamado *sombra,* mediante la asociación de Autismo, que la Administración Educativa no paga. Y eso que las leyes se llenan la boca con palabras de inclusión, gratuidad y diversidad y educación gratuita.

Lástima de esos preciosos ojos azules que le cuesta mirar y tienen que mendigar la ayuda de una Administración insensible que, aunque muestre unos supuestos preciosos ojos, no sabe ver lo que es su responsabilidad.

No era TEA, ¿y ahora, qué?

Es la segunda vez que diagnostican a un alumno de mi colegio como TEA (trastorno del espectro autista) y luego resulta que no es. Si en cada colegio pasa esto, multiplica. Solo deseo prudencia. A los tres años es pronto para diagnosticar con una etiqueta tan contundente y determinante. He aprendido en mis largos años como maestro de Educación Infantil que primero hay que descartar todas las posibilidades biológicas, sensoriales o sociales que se puedan dar, aunque muestren síntomas evidentes. Ya sé que está en los manuales, pero se nos puede pasar por alto con mucha facilidad. Una cosa es la conducta que percibimos y otra el funcionamiento de la mente que, a esas edades, aún está en construcción. Y es que sobre las funciones cerebrales hay que ser muy precavido porque no sabemos casi nada. Eso no quiere decir que no trabajemos con ese alumnado que nos llega con ciertas dificultades. Siempre hay que dedicar la máxima atención a quienes entran en la escuela con alguna dificultad, porque es el momento crítico para solucionar cualquier contrariedad en el desarrollo que altere el aprendizaje y la vida posterior.

Tuve a un chico que, con tres años, varios especialistas le vieron comportamientos propios de autismo. Saltaron las alarmas y nos pusimos a observar y evaluar sus peculiaridades. Menos mal que el orientador del centro tenía una visión de equipo y nos puso a pensar: a la familia, al especialista en Pedagogía Terapéutica, a la especialista en audición y lenguaje, a la tutora y al profesorado que le daba clase. Así que nos desvivimos en compartir observaciones y conjeturas. Algunos siempre vieron autismo en el chaval. Otros, siempre vimos otras cosas. El caso es que comenzamos por el principio, por donde hay que empezar: derivarlo al médico de cabecera y pedir pruebas de todos sus sentidos. Resulta que le descubren una miopía magna (más de siete dioptrías en cada ojo). Como es lógico, este chico, que no veía casi nada, hacía síntomas de dificultades sensoriales muy típicos de las personas con autismo. Cuando se diagnosticó su dificultad de forma adecuada y se corrigió su problema de visión fue desarrollando todas sus capacidades y dejó de tener un comportamiento autista. Pero su familia ya se había leído todo lo que internet ofrece sobre este espectro tan desequilibrante y todo lo que su corazón fue capaz de soportar. Y después de mucho tiempo, muchos siguieron mirando a este chico desde la posibilidad de ser persona con TEA. Ese es el peligro de las etiquetas, que determinan la visión que tenemos sobre nuestro alumnado.

El otro caso fue con un alumno que tuve en infantil hace tiempo. Llegó con una etiqueta pegada a su espalda, a la de su madre, a la de su padre, a la de toda la familia. «E*s TEA y no hay nada que discutir*», dijo la orientadora. Yo, como maestro de infantil, siempre vi relaciones emocionales con su madre al recogerlo del cole y cierto apego conmigo, por lo que dudaba de un diagnóstico tan determinante. Pero con el *poder-saber* que ejercen los especialistas, a veces, es difícil dialogar. Resulta que al final de la Educación Infantil, con cinco años, le quitaron la etiqueta porque desaparecieron esos síntomas tan evidentes. Porque, a veces, no es TEA, «y *ahora quien me quita los años de sufrimientos y noches sin que el sueño aparezca*». Y, sobre todo, quién asegura que esa mirada descalificante no ha producido heridas irreparables en esa persona.

Ya sé que es complicado hacer un diagnóstico para el Equipo de Orientación de los colegios, pero creo que hay que actuar con cautela y esperanza. Hay que trabajar con ese alumnado en sus dificultades sin mirar a través de ninguna etiqueta: desarrollando todas sus posibilidades con la esperanza de que saldrá adelante. Y aunque finalmente tenga autismo, debemos seguir trabajando desde la consideración de que es una persona especial, como cualquier otra.

Eduquemos pues a todas las personas con sus peculiaridades, trabando en sus dificultades, sin miradas estereotipadas. Esa es la mejor forma de educar.

¿Y si es TEA, qué...?

3. Lo que educa

Comienzo de curso, mariposas en el estómago

La gente no lo sabe, pero el profesorado comienza a trabajar a finales de agosto. Las mariposas en el estómago se han echado a volar, y esa desazón hace que los educadores se pongan a mirar posibilidades, a programar los primeros días, a preparar las reuniones con las familias, a buscar materiales...; porque es mucha la incertidumbre que genera un inicio de curso en educación.

El trabajo de enseñante genera muchas inquietudes. Es un auténtico vértigo bregar con una veintena de infantes requiriendo aprendizajes, con sus familias exigentes y demandantes, con los poderes educativos vigilantes y con nuestra inseguridad lidiando con una responsabilidad, a menudo, culpabilizadora.

Lo primero, relajaos. Siempre daréis lo que sois. Así que mostraos tal cual, eso siempre será educativo. Porque educamos con lo que somos y no tanto con lo que sabemos. No hay otra posibilidad. No perdáis el tiempo en disimular. Siempre se nos ve el plumero cuando nos dedicamos a educar. Así que, lo mejor es afrontar los problemas cuando vayan llegando, no hay que adelantar acontecimientos. Una cosa es diseñar el curso, que hay que hacerlo, y otra comenzar a sufrir por lo que pueda pasar.

Ya sé que no tenéis los recursos necesarios. Relajaos, al menos tenéis mesas y sillas. Pues también os sobra. Dejad el aula limpia. Lo importante para educar lo trae el alumnado en sus cabezas y en sus corazones. Haced un corro y escuchad las voces de la infancia. De eso va la educación. Porque vuestros oídos harán que las chicas y chicos del aula se expresen, discutan, confronten información, digan lo que sienten y piensan; porque aprendemos y educamos cuando nos comunicamos. Hay que darle voz a la infancia, para que las niñas y niños, tengan la edad que tengan, expresen sus miedos, sus ansiedades, sus inquietudes, y digan lo que saben y desean. Que se narren. Así se irán construyendo.

No programéis demasiado. Afina el oído y el corazón. Lo demás irá surgiendo. Ten confianza. Ya sabes mucho. Ahora es el momento de dar lo que eres. Ya irás corrigiendo durante el curso, y aprendiendo cada día los retos que vayan surgiendo. Tus lagunas te indicarán el camino para seguir formándote. No aprendemos en soledad. Lo mejor es hacerlo junto a otras compañeras y compañeros. Lo que te pasa a ti le está pasando a quien da clase en el aula de al lado. Compartir emociones y conocimientos es la mejor forma de crecer como personas que se dedican a educar.

Atender a las familias los primeros días es imprescindible. Sus angustias, sus miedos, sus incertidumbres... son gritos que necesitan ser apaciguados. No los evites. Irremediablemente, visitan la clase con los ojos de sus vástagos. Dales confianza. Con la complicidad de la familia habrás tranquilizado el aula. Todo irá bien. Quienes rechazan a las familias no saben que, quieras o no, vienen dentro de las mochilas del alumnado. Aceptarlas es síntoma de inteligencia. Siempre educamos con la comunidad educativa.

Mucha energía y suerte. Porque la vida se pone en juego cada comienzo de curso, no hay otra. Vamos a tener emociones encontradas, situaciones conflictivas y muchas incertidumbres. Así es la vida. Así son, siempre, las relaciones humanas. Por tanto, ten paciencia y confianza ante los conflictos que generan el hecho educativo; y acepta y disfruta cuando sientas mariposas en el estómago. Porque eso significa que sientes la responsabilidad de educar a las generaciones futuras: la experiencia más importante de la vida.

Aprender a pensar en la escuela

Trabajamos en Educación Infantil generando pensamiento y creando textos. Desde los tres años, aunque no saben leer ni escribir, les hacemos pensar. Porque para aprender, es imprescindible, desde el principio, generar pensamiento y hacer textos significativos y funcionales. Recuerdo un cuento que escribió una alumna de tres años, llenando un folio entero, solo con las vocales que ya conocía. Tenía sentido, funcionalidad, sintaxis y conciencia fonológica. Escribió con todas las vocales que le sonaban: «*Aia ua e ua ia aaa aeuia oa...*» (*Había una vez una niña llamada Caperucita Roja...*). Solo le faltaba aprender las consonantes, pero ya sabía escribir cuentos, expresarse, dar sentido, comunicar y ser una persona pensante con tan solo tres añitos.

Y es que lo importante en la escuela es enseñar a pensar, expresarse y dialogar con las demás personas sobre el mundo en el que vivimos. Y, sin querer queriendo, lo están impidiendo, en gran medida, los libros de texto de las grandes editoriales, con la complicidad de algunas incompetentes administraciones educativas.

La infancia, con estos libros, tanto en Educación Infantil como en Primaria, lleva años realizando tareas escolares copiando y memorizando cuadros resúmenes, que vienen en amarillo o en esquemas al final del tema, copiando lo que pone el libro sin tener que pensar demasiado y sin apenas comprender. Cada pregunta de una actividad sugiere el texto que debe copiar. Es tan fácil que, no tienen ni que pensar. Por eso, cuando llegan a sexto curso y las pruebas europeas estandarizadas proponen escribir textos en los que deben reflexionar y ordenar las palabras para formar frases coherentes y reflexivas, no saben; porque, hasta ahora, han copiado palabras, en el hueco con puntitos que ya venían sugeridas en el libro de texto.

En Educación Secundaria, la cosa empeora. Los libros de texto ofrecen verdades absolutas que tienes que memorizar. Y proponen actividades en las que no hay que pensar. Solo deben buscar en el tema el trozo que deben copiar en función de la pregunta propuesta. No tienen más que buscar y copiar. No suele haber preguntas que generen pensamiento autónomo. Solo se propone que aprendan de memoria lo que antes ya te han indicado que debes saber, y aplicarlo en actividades o pruebas de evaluación. Estamos, entonces, creando escribientes, pero nunca personas pensantes y competentes. Creemos que los libros de texto de las editoriales predominantes son culpables en gran medida de que el alumnado no aprenda a pensar y a escribir en la escuela. Existen libros de texto diferentes, que generan pensamiento en el alumnado, pero son los menos. Ya lo dijo *Neil Postman* en su libro *«El fin de educación»: Para cambiar la escuela es necesario quitar los libros de texto.*

Si analizamos estos libros estandarizados, no están a la altura de lo que debieran. No son textos científicos, más bien parecen catecismos: proponen verdades que hay que aprender para reproducirlas en un examen como si fueran la única verdad. Solo se exige memoria, y poco conocimiento significativo, relevante y verdadero. No enseñan el proceso de creación de la ciencia, no generan pensamiento autónomo.

No se habla, por ejemplo, de las diferentes corrientes que estudiaron la evolución de las especies, sino que, de golpe y porrazo, *los animales se clasifican en...* Como si siempre hubiera sido así. La historia se enseña como si los Reyes hubieran hecho las cosas importantes de la vida. En vez de enseñar la importancia de los acontecimientos humildes que cambiaron la historia de la gente; como el descubrimiento del fuelle para fundir el hierro y hacer herramientas para cultivar la tierra de manera más eficiente, que permitió la abundancia productiva y el comercio. O la importancia de las especias para conservar los alimentos que tuvo la consecuencia del descubrimiento de tierras desconocidas. O como llevar el agua a grandes distancias mediante acueductos para el cultivo o el consumo humano, como hicieron los romanos...

En las escuelas se enseña una historia desde concepciones estáticas y nada crítica, en donde los pueblos no existen. Solo muestran guerras, descubridores y reyes. Las mujeres, apenas aparecen, cuando sabemos que hay grandes personajes femeninos que contribuyeron a la mejora social: filósofas, educadoras, artistas, científicas y humildes mujeres que se dedicaron a la agricultura, la ganadería, la educación y la crianza para la subsistencia de la especie y de la cultura, lo más importante de la vida. Como mucho nombran a *Juana de Arco* que *luchaba como un guerrero, a las* monjas que se sacrificaron por Dios, o a las supuestas brujas; tres conceptos ideológicos que cosifican a las mujeres: machismo, sumisión y perversidad.

Muchas mujeres libres y pensadoras fueron quemadas en la hoguera a lo largo de la historia. Recordemos a Hipatia, de la que no supe de su vida hasta muchos años después de ser maestro, a pesar de ser una gran científica, matemática, astróloga y filósofa griega en el primer siglo de nuestra era, que acabó descuartizada por los poderes políticos y religiosos de su tiempo. Ya se sabe que la historia la escriben los hombres vencedores. De ahí nuestras carencias.

También las matemáticas se enseñan sin generar pensamiento: todo memorizado, como si fuese una religión: las fórmulas sin explicación, los problemas con palabras que sugieren si hay que sumar, restar o multiplicar o los números de uno en uno, sin explicar la magia del valor posicional de las cifras.

Como escribió el filósofo español Emilio Lledó: «A mí me llama la atención que siempre se habla, y con razón, de libertad de expresión. Es obvio que hay que tener eso, pero lo que hay que tener, principalmente, es libertad de pensamiento. ¿Qué me importa a mí la libertad de expresión si no digo más que imbecilidades? ¿Para qué sirve si no sabes pensar, si no tienes sentido crítico, si no sabes ser libre intelectualmente?»

Pues eso, ya sea en matemáticas, historia, geografía, filosofía o arte, lo importante de la escuela es hacer pensar al alumnado. Solo así educaremos a una ciudadanía inteligente, empática, solidaria y responsable. Por eso debemos cambiar la escuela.

Mostrar la ignorancia[1]

Sócrates, cuando dijo «solo sé que no sé nada», instauró que el principio del saber es la aceptación de la ignorancia. Lo desconocido, lo diferente, lo extraño… nos suele producir ansiedad, angustia o temor. Eso nos dicta nuestra mente, culturizada por tantos siglos de pensamiento conservador, intentando sobrevivir en un mundo complejo e incierto. El miedo a lo desconocido es un instinto que nos protege de los peligros de la incertidumbre. Intentamos permanecer confortables y a salvo frente a lo incierto. Pero la vida es aventura y riesgo, o no es. No hay verdadera vida sin escudriñar lo desconocido, sin aventurarnos en la conquista del saber, sin buscar el conocimiento de lo que antes fue ignorado. De eso va la educación.

Stephen Hawking dijo que «El mayor enemigo del conocimiento no es la ignorancia, sino la ilusión del conocimiento». Una ignorancia negada nos mantiene para siempre en la más absoluta ignominia. La ignorancia reconocida es el principio de la sabiduría, pero es necesario poder soportar la incertidumbre.

En la escuela se premia al alumnado sobresaliente, pero, sin querer, culpabilizamos a quien sabe menos. Recuerdo que, con siete años, el maestro me ridiculizó delante de los demás por escribir «Distado» en el encabezamiento de un dictado. En vez de ver una posibilidad para enseñar, me marcó para el resto de mi vida escolar. También me humillaron miles de veces, corrigiendo en color sangre mis faltas de ortografía. Desde entonces aprendía a esconder mis escritos con la mano, evitando la humillación. Se acabó para siempre la posibilidad de preguntar, de mostrar mis errores, de dudar siquiera.

Solo cuando aceptamos la ignorancia como parte del aprendizaje, el alumnado encuentra sinceridad y realmente puede aprender.

En los centros educativos deben emerger los enigmas que anidan en la mente del alumnado. Y el profesorado debe enseñar caminos para que construyan el saber. Yo siempre pregunté en mis clases: «¿Quién no lo comprende?» Y cuando levantaba alguien la mano, decía: «¡bien!, me das la oportunidad de explicártelo de nuevo». El resto del alumnado se quedaba estupefacto por mi alabanza de quien no sabía algo. Estaban malacostumbrados a esconder su ignorancia. Y es que el profesorado está para enseñar a quien no sabe, y no para ensalzar a quien ya conoce.

He presenciado multitud de veces al alumnado parapetado tras la mesa para evitar que le pregunten la lección. Sin pretenderlo, estamos enseñando

1 *Márgenes*, Revista de Educación de la Universidad de Málaga, 6(2), 272-274. Año 2025.

la evitación y el disimulo, en vez de educar en la sinceridad. Es necesaria una escuela en la que se valore la aceptación de la ignorancia.

Cuando el alumnado mira de soslayo, evidenciando que no entiende lo que se explica, se plantea una posibilidad de aprender, un mundo por conquistar, un problema por resolver. Por tanto, debemos propiciar esa sinceridad en el alumnado para que muestren sus lagunas, necesidades y desconocimientos.

En mi aula, comienzo los trabajos por proyectos preguntando qué quieren saber sobre el tema elegido. Ese deseo de saber lo ignorado es el motor del aprendizaje. Einstein dijo: «Todos somos ignorantes. Lo que ocurre es que no todos ignoramos las mismas cosas». Por ello, en mi aula construimos aprendizajes en asamblea, entre todas las personitas sentadas en corro. Así, los enigmas se van compartiendo y los saberes se van construyendo en compañía.

El conocimiento es paradójico, porque mientras más sabemos se nos abren más incógnitas. Es el llamado círculo de la ignorancia, sobre el que Einstein nos iluminó. Al ampliar nuestro conocimiento, también ampliamos nuestra conciencia de lo que desconocemos. Por tanto, debemos aprender a ser humildes, porque el universo del saber es inabarcable.

Aristóteles escribió que «el ignorante afirma y el sabio duda y reflexiona». Por ello, la esencia de la educación debe ser la reflexión sobre las dudas que nos plantea la vida. Porque a la escuela vamos a aprender a pensar, necesidad imperiosa en este mundo plagado de bulos y mentiras, donde es difícil discernir la mentira de la verdad.

De nuevo con las pantallas

No podemos impedir que las pantallas inunden nuestras vidas. Es lo que hay, es lo que toca. Lo que sí deberíamos hacer, quienes nos dedicamos a la educación, es enseñar a utilizarlas de forma adecuada, despertar el espíritu crítico, analizar posibilidades y ser contundentes con los perjuicios que generan.

Resulta que, en muchos colegios de Educación Infantil, en la etapa más sensorial y motriz, la generadora de mentes, la que crea identidades, la que desarrolla el cerebro incipiente, la que debe apostar por el desarrollo integral de los futuros ciudadanos…, utilizan las pantallas para apaciguar, para entretener, para evitar conflicto, para desactivar al alumnado inquieto de esta etapa tan vital, para desconectar de la vida.

Se me viene el alma al suelo cuando veo a la primera infancia bailando con la pantalla, conectando sus tiernos corazones con el «Cantajuegos» o con algún baile de «TikTok». Y es que ahí no hay conexión humana. El baile tiene sentido cuando el espejo refleja conexión de corazones acompasados, cuando conectamos con personas que nos modelan, cuando sentimos nuestro cuerpo en primera persona. Veo, cada vez más, que la infancia está danzando con pantallas, desconectada de lo humano. Y eso no es bailar.

Se me cae el alma cuando veo al alumnado de infantil desayunando mientras contempla, embobado, algún entretenimiento en la gran pantalla, impidiendo estar atentos a las sensaciones que pudieran experimentar: al gusto, al tacto, a lo que saborean cada mañana. Siempre utilicé la actividad del desayuno para que fueran conscientes de lo que comían, de su importancia, de las texturas, ingredientes, de la esencia de sus desayunos y del placer de una comida sana.

Me indigno cuando en muchas escuelas infantiles no se hace psicomotricidad, y se sustituye por movimientos estereotipados copiados de la gran pantalla que preside demasiadas escuelas; porque no hay tiempo, porque hay que hacer el libro, porque las editoriales mandan… porque no escuchamos el alma y las necesidades de la infancia.

Me desilusiono cuando ya no hay gente en la escuela que narre un cuento, conectando con sus miradas, con sus ¡entonces!, y sus ¡de pronto!…, penetrando en el corazón de la infancia.

Porque en la escuela hay que bailar, contar cuentos, mostrarse, darlo todo, arriesgar y desnudarse; hay que mostrar lo que somos, hay que entregarse, hay que ponerse en juego. Solo así traspasaremos la sensible piel de la infancia, adentrarnos en el alma y educar.

Lo dicho: las pantallas nos impiden penetrar en el alma de la infancia para crear la magia del desarrollo humano. Deberíamos pensarlo.

Solo personas amorosas construyen subjetividades, solo ojos penetrantes crean a seres humanos. Y, ya se sabe, las pantallas no tienen ojos ni almas, son solo espejos que la cultura actual nos ha puesto en frente para mirarnos y, al mismo tiempo, desconectarnos.

Educar se conjuga en sociedad

No somos células, no somos tejidos, no somos órganos, ni tan siquiera somos organismos. El todo siempre es más que la suma de las partes. Somos personas con conciencia construidas en sociedad.

Por tanto, educar es crear un colectivo de personas conscientes, autónomas, sociables, responsables, reflexivas, empáticas, solidarias y éticas. No se construyen individuos aislados.

Somos, irremediablemente, seres sociales. Para educar se requiere de la colectividad. Educa la tribu entera y se educa a toda la tribu, lo demás es la ley de la selva.

Así que la finalidad de la educación es crear grupos cooperativos, comunidades, ciudadanía solidaria y responsable, sociedades felices y bien avenidas.

El individuo es una falsa construcción de la cultura imperante. Nos sentimos individualidad, pero nos debemos a la comunidad porque ella nos construyó. Esta es la paradoja en la que vivimos: somos seres sociales aunque nos sintamos individualidades.

Debemos ser seres críticos con la sociedad que nos construyó. Es pura dialéctica. No somos tan libres como creemos, nos debemos a la comunidad; aunque debemos seguir intentando ser individualidades, tomando conciencia de nuestros lastres familiares y sociales.

Para que una persona sea autónoma, disciplinada y responsable, es necesario construir sujetos sintientes que reflexionen sobre sus acciones teniendo en cuenta al resto de la humanidad. Un comportamiento adecuado requiere de cierta autodisciplina, con gestión de las emociones ante la complejidad con que el mundo nos interpela. Es necesario asumir los desajustes y las contradicciones que la compleja vida nos genera. Y eso solo es posible teniendo en cuenta la sociedad en la que vivimos.

Debemos, por tanto, asumir una mirada holística, solidaria, empática, inclusiva y diversa.

La felicidad, o es colectiva o no es. Los destellos de emociones desatados en un «*like*» en las redes sociales no son más que un chute de adrenalina momentáneo que nos deja con ganas de más. El bienestar debe ser social, duradero, estable, equilibrado y contenido. Los altibajos nunca fueron buenos, y el egocentrismo menos. Porque detrás de una emoción desorbitada siempre hay un bajón irremediable. Solo un bienestar lento y compartido nos hace vivir en paz y armonía. Y eso solo es posible en sociedad.

Difícil tarea la de educar hoy día. Porque en estos tiempos hedonistas, liberales, individualistas, de «selfies» y postureo, de satisfacción inmediata y necesidades vanas, la felicidad llega a ráfagas, fugaz, y nos hacen salivar durante segundos, pero nos deja con ganas de más. El resto del tiempo estamos deprimidos e insatisfechos. Porque la verdadera felicidad siempre fue del grupo, de la pareja, de las amistades, de la familia, de comunidades, de los pueblos... Solo la felicidad compartida es perdurable.

Desde la escuela debemos realizar actividades de grupo, de cooperación, de ayuda... para construir personas sociables. Es la única posibilidad. Vamos en el mismo barco. O nos hundimos o salimos a flote juntos, aceptando las diversas opiniones, la complejidad de este mundo, la aceptación de la incertidumbre.

Dice José Antonio Marina en su último libro *El deseo interminable*[2]: *que se haya puesto de moda la felicidad individual es catastrófico, porque se está diciendo que cada uno piense en su felicidad psicológica rompiendo la relación de la felicidad social, con la justicia, con la ética y con la felicidad pública.*

Se está limitando a las personas a su felicidad egocéntrica, rompiendo la posibilidad de una felicidad social. Es una vuelta al narcisismo. Las propuestas de la psicología positiva son reaccionarias y antiéticas. Estamos en una pobreza intelectual y un absoluto colapso del pensamiento crítico.

Si no buscamos una verdad colectiva reinará la ley del más fuerte. Necesitamos, hoy más que nunca, un pensamiento crítico desde una perspectiva social. Quienes educamos debemos tener en cuenta que nos enfrentamos a la complejidad de una sociedad diversa y, en ella, es difícil luchar por una vida más justa y una felicidad más duradera sin contar con el resto de humanidad.

---

2   Marina, J. A. (2022). *El deseo interminable*. Ariel. Barcelona.

La dificultad de trazar límites en educación

La educación no se logra únicamente con disciplina y límites externos, aunque son necesarios. La cuestión radica en cómo ayudamos a construir una autocontención en el alumnado para que integre las normas necesarias como propias. Es fundamental crear conciencia sobre las conductas, educar en valores y que los internalicen. Es el alumnado el que tiene que hacer algo con las consecuencias de sus conductas y con los límites que les marcamos. Son las niñas y niños quienes deben construir su propia autodisciplina, lidiando con los palos en la rueda que les pone la vida y el faro con que les alumbramos quienes educamos.

Frente a la autoridad del profesorado en la escuela, el alumnado suele buscar complacer o al menos no desentonar, lo que a veces los lleva a engañar, esconderse o actuar de manera poco sincera. Sin embargo, si logramos conectarnos con ellos y comprender sus necesidades y dificultades, se mostrarán sin reservas. Esta es una clave fundamental en la educación.

En ocasiones, el alumnado desafía la autoridad (especialmente en la Educación Infantil y la adolescencia, etapas cruciales en el desarrollo de la identidad). En estos momentos, es importante mostrar firmeza y comprensión, especialmente ante los desafíos identitarios que enfrentan. Debemos recordar que los niños construyen su autonomía desafiando la autoridad de la que dependen.

La educación va más allá del simple «ordeno y mando», ya que esto puede llevar a la coerción y generar resistencia. La niñez construye su identidad diferenciándose de sus mentores, lo que hace que educar sea un desafío. Es fundamental mantener una actitud comprensiva, pero al mismo tiempo establecer límites claros. Aunque es complicado, es el camino que debemos recorrer para educar de manera efectiva en un mundo cada vez más incierto y complejo.

Marcar límites es arriesgado pero, a la vez, imprescindible para educar. Ahí nos vemos las familias y el profesorado gestionando entre el «te quiero» y el «no debes hacer eso». Y, hoy día, es difícil lidiar con las redes sociales que, con la inestimable asesoría del marketing, han colonizado el cerebro de la infancia. Y nos sentimos impotentes lidiando con poderes cada vez más expertos sobre la mente de nuestro alumnado.

Es necesario distinguir entre las conductas inapropiadas y la personalidad de cada infante, para que puedan aprender de sus errores y crecer como seres humanos. Siempre debemos mostrar amor y esperanza en sus capacidades.

El profesorado está siempre ahí, marcando el límite con palabras certeras y positivas:

—*Eso no, lo siento, pero no; es por tu bien; ya lo comprenderás…*

—*Creo que sabes hacerlo bien, aunque te cuesta. Tú puedes. Confío en ti.*

—*Yo no castigo, pero si no sabes compartir no podrás jugar, porque el material es de todas las personas del aula. Sé que tú lo comprendes y sabes que debes respetar a los demás. Inténtalo. De lo contrario no podrás jugar…*

El profesorado juega un papel crucial en marcar límites con palabras positivas y certeras, fomentando la autoestima y la responsabilidad en los alumnos. Es importante ser cercanos y sinceros sin permitir la insolencia, y mostrar comprensión pero reprobando las conductas inapropiadas.

Educar es una tarea difícil, pero es esencial para que los niños y niñas integren los límites y reflexionen sobre sus acciones. La educación siempre apunta a un futuro esperanzador.

Para ello, no debemos enredarnos en leyes y recetarios de conductas protocolarias, ni en castigos trasnochados, ni en decálogos de normas, ni en la silla de pensar. Por el contrario, es necesario compartir emociones placenteras con canciones, cuentos, poesías, teatros, conversaciones, juegos y disfrutes, regalando límites necesarios para poder seguir disfrutando de satisfacciones inmediatas que irán fraguando, a fuego lento, creando valores a largo plazo, que son los imprescindibles y necesarios para una educación de calidad.

El herrero y el alfarero

Nunca vi a un herrero quejarse de la dureza del hierro. Jamás conocí a un alfarero protestar por la fragilidad de la arcilla. Cada profesional ha indagado en las dificultades de su trabajo y asume como reto el material que se le resiste. En cambio veo, a menudo, a cierto profesorado lamentarse de su material de trabajo: la infancia. Que si es duro de mollera, que si no se aplica demasiado, que si es vago, que si no se esfuerza, que si le falta actitud, que si es de la generación de cristal.

Ya sabía el herrero de la dureza del hierro, ya sabía el alfarero de la fragilidad del barro. Cada profesional debe conocer a fondo el material con el que trabaja, para tenerlo en cuenta y hacer arte con ello. He visto estatuas de duro metal que insinúan la sensualidad de un cuerpo. He visto la rudeza de guerreros luchando esculpidos con maleable barro.

El herrero conoce la naturaleza del hierro, su dureza, su punto de fusión, sus posibilidades y límites. El alfarero es cuidadoso con sus manos porque sabe que trabaja con un material maleable y frágil. Los educadores deberíamos conocer la dureza, fragilidad, posibilidades y maleabilidad de nuestro alumnado. Que cada cual tiene un punto de fusión. De ahí la dificultad de educar. Unas personas son fuertes como el metal, otras, maleables como el barro. Y ahí debe estar el profesorado para tocar a cada cual con la caricia adecuada.

He visto maestras y maestros que de una chica pobre crearon una mujer luchadora, maestros que llevaron a la universidad al hijo de un obrero, maestras y maestros que dieron vida a duros amasijos de hierros y barros apelmazados creando a personas felices. Como Geppetto, que construyó a Pinocho de un trozo de madera con el deseo de ser padre. Porque el deseo hace la magia de convertir el hierro, el barro y a la infancia en esencia con alma.

Arte es crear con lo que, supuestamente, su material imposibilita. La cuestión es dar vida con alma de cualquier materia. Porque, quizás, el arte es subvertir la materia con la que se trabaja. Y la educación debería ser un arte, el arte de construir seres humanos sintientes y pensantes a pesar de sus dificultades.

Pero resulta que hay profesionales que echan la culpa de sus fracasos al material con el que trabajan. Se lo tienen que mirar. Para trabajar en algo es imprescindible conocer las dificultades de la profesión, especialmente cuando se trabaja con material humano, el material más complejo y difícil de lidiar.

Para ello es imprescindible saber de Pedagogía, Psicología, Sociología, Antropología, Biología, Historia, Filosofía... Es necesario conocer la complejidad de un ser humano. Quejarse del material de trabajo denota incompetencia profesional.

Es evidente la complejidad y dificultad de conocer a fondo a los seres humanos, y más cuando están en desarrollo; pero no es admisible que, ante nuestra dificultad e ignorancia, pongamos la causa de nuestro fracaso en el material con el que trabajamos.

Una educación exitosa no es crear algún alumnado sublime, sino no haber dejado demasiadas piezas descartadas, demasiados guijarros rotos, herrumbres desahuciadas. El éxito en educación depende de profesionales que conocen y aman su material de trabajo: la infancia.

Haciendo y pensando

Una frase de Confucio, y hace años ya de eso, nos da la clave para la innovación educativa: «*Me lo contaron y lo olvidé; lo vi y lo entendí; lo hice y lo aprendí*».[3]

Pero seguimos contando, mostrando, explicando, demostrando..., de forma convincente, cada trocito de conocimiento en las escuelas. Así solo provocaremos que el alumnado siga reproduciendo lo que aprendimos en otros tiempos, pero no conseguiremos mejorar la educación. Porque se aprende haciendo.

Hannah Arendt, la filósofa que puso en jaque a la filosofía, en su obra *La condición humana,* dice que los filósofos se han ocupado del conocimiento, cuando de lo que hay que ocuparse es de la acción. Recuerda la enseñanza de Confucio: «*lo hice y lo aprendí*».

Quizás necesitamos una Filosofía del hacer. Filosofar es pensar, lógicamente, pero necesitamos un pensamiento que surja de la acción, a la vez que hacemos lo que pensamos. Esa es la coherencia educativa, hacer a la luz del pensamiento. Quizás esa deba ser la esencia de una educación iluminada por la filosofía.

En el aula de Infantil, tenemos ambientes diversos con distintas posibilidades de actividad. El alumnado puede hacer infinitas actividades en el rincón de naturaleza, en el de juegos lógicos, en la biblioteca, en los talleres, en la máquina de luz, en el patio, en el rincón de juego simbólico o en el aula de usos múltiples. Así van desarrollando la autonomía, la socialización, el lenguaje y la autodisciplina: ¿Quieres saltar?, pues tiene que ser en aquel espacio. ¿Quieres pintar?, debes hacerlo en el lugar adecuado y luego limpiar lo que ensucies. ¿Quieres jugar?, pero no puedes molestar a los demás. Son los espacios y el funcionamiento del aula los que limitan el comportamiento y permiten el aprendizaje. Así ayudamos a desarrollar la capacidad de frustración, evitamos las conductas desafiantes y damos posibilidades educativas al alumnado de diversas capacidades.

Es necesaria una conexión afectiva con las niñas y los niños de aula, pero debemos huir de establecer una relación de dependencia con el alumnado: decirles siempre lo que deben hacer, valorar su trabajo (está bien o está mal), evaluar constantemente... Porque nuestra tarea es enseñarles a que sean autónomos y libres, evitando la dependencia del adulto. Es necesario diferenciar lo que

---

3 Esta frase se atribuye al filósofo chino Confucio (551-479 a.C.), sin embargo no se encuentra fuente primaria, por lo que podría tratarse de una cita apócrifa o una adaptación de sus enseñanzas.

son relaciones de vínculo, de cariño, de amor, de afectividad…, con relaciones de poder, de saber-poder. Educamos para ayudar a las niñas y niños en su desarrollo, no para diagnosticar sus carencias y, menos, para proyectar nuestras dificultades.

Pero además de hacer, hay que enseñar a pensar. Dice el filósofo español Emilio Lledó:

«A mí me llama la atención que siempre se habla, y con razón, de libertad de expresión. Es obvio que hay que tener eso, pero lo que hay que tener, principal y primariamente, es libertad de pensamiento. ¿Qué me importa a mí la libertad de expresión si no digo más que imbecilidades? ¿Para qué sirve si no sabes pensar, si no tienes sentido crítico, si no sabes ser libre intelectualmente?»

La escuela cambiará si enseñamos desde la acción, pero siempre reflexionando sobre lo que hacemos. Así se crea una ciudadanía autónoma, crítica y libre.

Necesitamos actuar a la luz de la filosofía, para construir este mundo de otra manera; solo así cambiaremos la escuela, la sociedad en la que vivimos y, quién sabe si también, el mundo.

La pasión por educar[4]

Para ser una buena maestra, un buen maestro, hay que aprender cómo se enseña, pero sobre todo, cómo se educa. Lo aprendí de mi querida Mari Carmen Díez. Decía algo así: para enseñar hay que darse, mostrar tus capacidades, lo que sientes, lo que eres. Si sabes sobre bordado, enseña tu placer al bordar; si has hecho un sentido viaje, muestra lo aprendido en él; si sientes la música, transmítelo a tu alumnado; si te gusta el arte, comparte tu pasión; si disfrutas con las matemáticas trasmite su magia… Enseñamos con lo que sabemos, con lo que sentimos, con lo que somos, con el corazón. Solo así educaremos.

Conozco grandes maestros que enseñan yudo, arte o literatura, y así educan. He observado cómo comprometidas maestras transmiten su pasión por el baile, la ciencia o el mar… Porque educar es crear un hilo invisible y emocional en el que, además del contenido, importa el deseo por conocer. Y eso debemos enseñar, el amor por lo que nos conmueve. Solo mostrando nuestra alma anhelante moveremos el deseo de aprender del alumnado. Ese es el secreto de una buena maestra, de un buen maestro, de la verdadera educación. Porque educa la pasión, la pasión por el conocer desde la verdad de quienes somos. Para enseñar es imprescindible conectar.

Yo conectaba con mi alumnado tocando la guitarra y haciendo trucos de magia. Una canción compartida creaba un estado de comunión del grupo que motivaba el aprendizaje. Un dedo que desaparece, con algo de astucia, deja al alumnado con ganas de descubrir el secreto, con ganas de más, con deseo de escudriñar lo inesperado. Porque el secreto de la enseñanza es crear situaciones de descontrol emocional, crear espacios de incertidumbres, nadar en un mar de emociones que vislumbre un horizonte desconcertante… inocular el deseo de saber.

«Haz otra vez el truco del dedo», me decía mi alumnado. Y es que les sorprendí, les asombré, les embauqué creando un agujero en la percepción de la realidad. Ahí está el secreto de la enseñanza: mostrar lagunas de la vida por las que transitar. Eso nos deja con un desequilibrio cognitivo que nos mueve a navegar en la inmensidad de un mar de incertidumbre, a indagar para tapar nuestras carencias evitando zozobrar en esta vida tan compleja.

Si enseñas *historia*, sitúa a tu alumnado en el contexto de cada época: *vestían con pieles, no existía el hierro, no se conocía la agricultura, no había electricidad,*

---

4 Gómez Mayorga, C. (2023): «La pasión por educar». *Márgenes* Revista de Educación de la Universidad De Málaga, 4(2), 158-160.

el mundo era reducido, no existía la rueda... Haz que se sitúen en esa época, que la sientan, que la sufran, que empaticen con los seres humanos de otros tiempos.

Si enseñas *ciencias* y *matemáticas*, hazle construir un puente, que hagan máquinas que se muevan con el aire, que disfruten plantando un huerto o recogiendo flores, que descubran los secretos de animales desconocidos, que simulen andar en otro planeta teniendo en cuenta la gravedad, que empaticen con otros seres humanos en situaciones complejas ...

Si enseñas *literatura* hazle sentir la emoción de una metáfora, de un poema, de un cuento o una buena novela. Porque la lectura es sucumbir por un agujero infinito en el que vivir historias insospechadas.

La cuestión es enseñar a pensar, a sentir, a imaginar y ampliar horizontes con infinitas posibilidades. Y eso se trasmite mostrando nuestro entusiasmo por el saber.

Debemos ensanchar la mente del alumnado en este mundo simple e inmediato, del aquí y el ahora, descubrir el deseo de aprender desde lo que nos conmueve. Así disfrutaremos en el futuro de entusiastas especialistas en agricultura, arte, baile, música, arquitectura, pesca, política o filosofía, que construyan un mundo más placentero y justo en el que vivir.

Malentendidos en educación[5]

Hay ciertos malentendidos en la Educación Infantil que es necesario volver a pensar cada poco. Algunos de estos asuntos, como el papel de las familias o el de la evaluación, nos ofrecen argumentos para la reflexión.

Nadie duda de que la Educación Infantil sea la etapa más importante de la vida. En estos primeros años se aprende a hablar, a pensar, a ser autónomo, se desarrolla la identidad, se establecen las primeras relaciones sociales entre iguales y se incorpora los contenidos básicos de nuestra cultura. Pero hay ciertos malentendidos en este tiempo de aprendizaje sobre los que debemos reflexionar.

Entre el profesorado, la familia y la infancia hay un triángulo en continuo equilibrio que hoy está desdibujado. La vida va tan deprisa, es todo tan plástico y moldeable, que hemos perdido los vértices de las figuras geométricas que dan seguridad y soporte la estructura generacional. Comprender a la infancia no es pensar como niños y niñas de pocos años. Responder a sus demandas no es darles todo lo que piden sino ofrecerles lo que necesitan. Y los chicos y chicas de la primera infancia necesitan pocas cosas pero esenciales: posibilidades de desarrollo, seguridad, límites y amor. Los padres, madres y profesorado siempre debemos estar en la base del triángulo en continua colaboración. No podemos formar una figura geométrica en la que el adulto esté al mismo nivel de quienes aún no tienen experiencias. Los mayores debemos comprender las necesidades de la infancia, pero nunca acceder a sus exigencias derramadas. A los adultos nos toca ser el sostén de este triángulo.

Es un tópico decir que debemos partir de los intereses de los niños y niñas en estas edades. Creemos que la cuestión está mal planteada. Debemos partir de sus necesidades, de lo que es imprescindible para su desarrollo y crecimiento. Hay que tener una oreja verde, que decía Rodari, para saber interpretar qué necesitan y darles respuestas en las escuelas. Los chicos y chicas del aula de infantil pueden demandar trabajar sobre los juguetes, sobre un perrito que está enfermo, sobre las princesas o sobre los guerreros. Pero en *el piso de abajo*, como lo llama Mari Carmen Díez[6], se les mueven sus corazoncitos, sus emociones o sus necesidades, que salen a flote para que sean sanadas. Podemos trabajar sobre sus intereses porque debajo de estos, siempre emergen sus necesidades.

---

5   Gómez Mayorga, C. (2020): «Malentendidos en Educación Infantil». *Márgenes* Revista de Educación de la Universidad De Málaga, 1(2), 172-174.
6   Díez Navarro, M.C.: (2002): *El piso de abajo en la escuela*. Ed. GRAO

En cualquier tema siempre surgen sus emociones: los celos, el amor, el miedo, la muerte… Estos contenidos están latentes en los cuentos, en sus conversaciones, en sus demandas, intereses y deseos. Solo debemos tener una *oreja verde* para detectarlos y trabajar sobre ellos.

Otra manida discusión en esta etapa educativa es si el profesorado debe establecer unas relaciones de amistad con el alumnado o ser fuente de autoridad. Los niños y niñas necesitan referentes adultos que los contengan y que les dé seguridad y amor. Las dos cosas al mismo tiempo. Es necesario empatizar con ellos, entrar en sus juegos y tener cierta complicidad, y solo desde ese lugar de conexión podemos ejercer de autoridad. La disciplina como técnica no funciona. En educación establecemos relaciones humanas y debe haber cariño y conexión para que haga efecto la contención y el límite. La principal capacidad que debe tener la persona educadora quizás sea conectar con la infancia sin perder nuestro lugar como adultos referentes.

Otra de las cuestiones controvertidas de la Educación Infantil es cómo lidiar con las programaciones y el currículum frente a las necesidades de la infancia. Se supone que el currículum es la especificación de lo que necesitamos saber para educar en el vivir. Las normativas educativas intentan plasmar esos contenidos, pero han perdido la finalidad. Lo esencial que debemos aprender es lo que somos junto a los demás seres vivos, que estudia las Ciencias de la Naturaleza, lo que hemos sido hasta nuestros días, que lo estudia La Historia, y en qué mundo vivimos, que lo trata la Geografía física, humana y económica. También es importante cultivar las artes, que es la máxima expresión creativa que hicimos como humanos. Y todo ello con los instrumentos que tenemos para pensar, conceptualizar y comunicar, que nos presta la Lengua, las Matemáticas o la Filosofía. Pero hemos dividido todo el contenido en porciones y lo hemos repartido en temas de libros de texto. Y pensamos que dando diariamente un trocito de conocimiento se juntarán en la cabeza de los chavales. Pues estamos equivocados. Los aprendizajes solo son relevantes si están globalizados, contextualizados y son funcionales. Y en la Educación Infantil debemos ir a lo esencial como resumió La Unesco hace tiempo: descubrir lo que somos, comprender a los demás y aprender el mundo en que vivimos.[7]

Y por último, subrayar el siempre problemático tema de la evaluación en Educación Infantil. Evaluar es comprender para mejorar. Me lo enseñó mi maestro Miguel Ángel Santos Guerra. Lo demás es culpabilizar, someter, con-

---

7   Morin, E., Vallejo-Gómez, M. (1999): *Los siete saberes necesarios para la educación del futuro: Edgar Morin*; traducido por Mercedes Vallejo-Gómez. Francia: UNESCO.

trolar y legitimar. Evaluar tiene sentido si sirve para entender a cada niño y niña: saber lo que les pasa, en qué situación están, qué saben, qué necesitan y en qué les podemos ayudar. Solo un buen diagnóstico sirve para educar. No debemos perdernos entre números cargados de supuesta objetividad. Los números solo tranquilizan nuestras conciencias porque su simplicidad tiene visos de verdad. Lo dicho, evaluar es comprender para dar respuesta a las necesidades de la infancia, no hay más.

El aprendizaje de los colores o la construcción del arco iris

Percibimos la realidad con los ojos de la afectividad, o como dice José Antonio Marina en *El laberinto sentimental*: *El mundo es afectivamente construido. Cada niño lleva un proceso de aprendizaje diferente en función de su afectividad.* Muchos maestros y maestras hemos olvidado esto y pretendemos enseñar, por ejemplo, los colores, desde una concepción racionalista: a todos los mismos colores siguiendo un orden supuestamente lógico. Fueron mis jóvenes alumnas y alumnos quienes me enseñaron el proceso de aprendizaje de los colores. Yo solo tuve que estar atento y tomar buena nota.

Cuando Juani llegó a clase con la esperanza de cumplir 3 años en diciembre, ya sabía el color verde. Lo utilizaba de forma insistente en todos sus dibujos; mezclaba diferentes verdes. El sol, la casa, la flor y las personas siempre eran verdes. Mis intentos para ampliar su gama de colores fueron inútiles. Él era del *Betis*, que tiene la camiseta verde, como su padre.

Rocío coloreaba de rosa todo lo que tocaba. Rosa como el vestido que su mamá le ponía, rosa como el lacito de su cabeza que su mamá le ataba, rosa como las zapatillas rosas que su madre le calzaba. Durante muchos meses le fue imposible aprender otro color que no fuese el rosa, que de su madre había aprehendido.

A Javi le gusta el color azul, que es de niño, según decía. Su liderazgo en la clase hizo que algunos compañeros comenzaran a aprender este color: *azul como Javi*. La evolución del aprendizaje de los colores del alumnado dice mucho de la sociología de la clase y del medio cultural del que provienen.

A María no le parecía importante el color sino el hecho de que, por arte de magia, los lápices derramaran su sangre en el papel. Se pasaba horas coloreando de forma aleatoria. Nunca había tenido colores. Cada día me pedía un lápiz y un papel que se llevaba a su casa y me los devolvía, religiosamente, al día siguiente, llenito de colores.

Marta es muy madura; sabe todos los colores, pero siempre pinta de negro. Todos los niños y niñas en algún momento pasan por este color cuando algún conflicto se atraviesa en sus vidas, pero lo de Marta iba para largo, los problemas de su casa estaban oscureciendo su corazón.

Jose pasó rápidamente por los diferentes colores en forma escalonada. Después, descubrió la mezcla y todos sus dibujos dejaron de tener colores definidos. Parecían laberintos multicolores con los que, quizás, expresaba la complejidad de su mente.

Alejandro es un poco glotón y siempre se empeña en pintar con el color «Coca cola».

A mitad de curso, una dulce y encantadora niña entró en clase coloreando con un enigmático color lila. Todos lo aprendieron rápidamente. Hasta Mohamed, que parecía incapaz de aprender algún color, llegó un día y me dijo: *¿verdad, maestro, que este color se llama lila?* Se había enamorado de ella.

No debemos enseñar los colores de uno en uno, de forma progresiva y lógica, comenzando por los primarios, como nos indican ciertos manuales, sino que debemos proporcionar relación con todos, dando opción cada día a que elijan el color del aro, la pelota, el lápiz o la cuerda que deseen. Cada uno irá construyendo afectivamente unos colores determinados, produciéndose un aprendizaje que respeta la individualidad de cada cual.

El arco iris no se construye montando colores uno encima del otro, sino que es una explosión multicolor que se produce en el cielo y alcanza de forma diferente el corazón de cada persona.

La escucha que educa

No educan las palabras. Y menos, si están vacías. No educan las liturgias sin sentido de la escuela tradicional: los libros de texto, las bancas alineadas, las tareas para casa, el timbre de la entrada, los silencios, las filas, los castigos, las copias o los exámenes. Lo que educa no es lo hablado, sino la escucha atenta del educando.

Poner oído, atender la demanda, la oreja alerta, mirar con atención, tener paciencia, escuchar… eso es lo que hace aprender al alumnado. Alguien se construye si es escuchado con deseo por un ser humano. Es la escucha atenta la que construye a una persona, la que crea identidad.

Lo descubrí con Mari Carmen Díez en su libro *La oreja verde en la escuela*, y en el suplemento dominical *La oreja verde*, de Paco Abril, en el diario *La nueva España* de Gijón. En la escuela debemos tener siempre una *oreja verde* que sea capaz de escuchar el lenguaje de la infancia. Porque no todas las orejas saben escuchar el lenguaje infantil. Qué bien lo dijo Rodari en su poema *La oreja verde*:

Es una oreja de niño, que me sirve para oír cosas que los adultos nunca se paran a sentir:

«Oigo lo que los árboles dicen, los pájaros que cantan, las piedras, los ríos y las nubes que pasan, oigo también a los niños, cuando cuentan cosas que a una oreja madura parecerían misteriosas…»

Es la escucha atenta la que hace aflorar la expresión tímida de las niñas y niños del aula, que tienen mucho que decir, pero creen que la escuela no es el lugar adecuado. Porque suele pasar que el profesorado habla, habla y habla; y pocas veces escucha. Y es que la escuela tiene tanto que decir (explicaciones, contenidos, normas, regañinas, actividades, correcciones…) que pocas veces gasta tiempo en poner oído.

Si miras con atención obras el milagro de que el alumnado hable. Y el que habla y dice es quien construye conocimiento, quien aprende, quien se educa. Porque al hilvanar el lenguaje estructuramos el pensamiento. Pero para ello, debe haber un desencadenante, que no es más que la escucha atenta del educando. Hace años que Michael Ende puso en boca de *Momo* el poder de la escucha:

«Momo sabía escuchar de tal manera que a la gente tonta se le ocurrían, de repente, ideas muy inteligentes. No porque dijera o preguntara algo que llevara a los demás a pensar esas ideas, no: simplemente estaba allí y escuchaba con toda su atención y toda simpatía. Mientras tanto miraba al otro con sus grandes ojos negros y el otro en cuestión notaba de repente cómo se le ocurrían pensamientos que nunca hubiera creído que estaban en él».

Así que debemos emplear en la escuela metodologías y actividades que dejen hablar al alumnado mientras abrimos de par en par nuestras *orejas verdes*. Debemos hacer asambleas en donde el alumnado diga, actividades de grupo donde conversen, formular interrogantes que provoquen el diálogo y la discusión..., y taparnos la boca para que quienes se expresen y aprendan sean las chicas y chicos del aula.

La escuela, en definitiva, debería ser una gran oreja; un lugar donde toda la comunidad educativa pudiera decir lo que piensa y siente. Un espacio en donde todas las verdades subjetivas se expresasen para encontrar, después del diálogo y la convivencia, la gran verdad. Porque quizás, la verdad verdadera deba surgir de la construcción de pequeñas verdades cotidianas. Pero, para ello, es imprescindible crear espacios que escuchen las voces de las chicas y chicos de aula, tantas veces silenciadas.

La gaya pedagogía

Argumenta Nietzsche que la vida es tan compleja y las palabras tan simples que es difícil mostrar la verdad de forma narrada. El método científico está sujeto al lenguaje y, por ello, está limitado para explicar fielmente la realidad. Se necesita un nuevo paradigma más parecido a la música que no solo explique sino que haga sentir y conocer la realidad de las cosas de una forma más vital y alegre. Es lo que Nietzsche llama La Gaya Ciencia.

También en educación necesitamos una Gaya Pedagogía que pueda aproximarse al verdadero hecho educativo. Son muchas las metodologías, enfoques, movimientos e innovaciones que pretenden alumbrar soluciones definitivas a la complejidad de la enseñanza y el aprendizaje. Y las maestras y los maestros andamos liados buscando una verdad que nos sostenga, en este difícil quehacer diario entre tantas tendencias y teorías.

La neurociencia, actualmente tan de moda, nos regala avances insospechados, nadie lo duda, hace tiempo que lo sabíamos. Por fin la ciencia demuestra que la emoción es central en el acto educativo. Pero, claro, no solo aprende el cerebro. Somos seres sociales, vinculados emocionalmente, que tienen una cultura, ideología, historia y conciencia. Somos algo más que lo que está en el cuerpo.

La educación emocional ha significado un gran avance en los últimos tiempos. Se ha demostrado que una persona equilibrada emocionalmente tiene más éxito social y es más feliz en la vida. ¡Pero, cuidado!, he visto muchas veces en la escuela a chavales coloreando caritas contentas mientras se aburrían como una ostra.

Los aprendizajes cooperativos, con implicación de la familia y la comunidad, es una forma de aprendizaje eficaz como muy bien se ha demostrado. Pero puede quedarse solo en el método. Aunque es verdad que añade contenidos imprescindibles, como la vertebración social, el aprendizaje solidario o la empatía, no cuestiona otros contenidos. ¡A ver si aprendemos muy bien cosas que no debemos!

La enseñanza globalizada, actividades integrales, las unidades didácticas integradas, los aprendizajes basados en proyectos, ... han sido y serán formas coherentes de aprender contenidos porque siempre el todo es más que la suma de las partes; porque se aprende los contenidos en contextos de forma significativa. Pero es necesario elegir cuáles son los temas que hay que aprender. Y eso es una decisión ética y política importante. No solo hay que aprender bien, sino que hay que decidir qué es necesario saber para la vida.

Las metodologías activas centradas en el juego, que desde hace tiempo apuestan por el aprendizaje autónomo de las niñas y niños en contextos ricos y sugerentes de experimentación, como los aprendizajes heurísticos o las escuelas libres y en la naturaleza tienen la dificultad de que, paradójicamente, necesitan de hábiles educadores reflexivos que programen esos espacios y experiencias. Mientras más libre sea la escuela más necesario es un profesorado experto.

Las enseñanzas tecnológicas, como las TIC, última panacea de nuestro tiempo, pretende, mediante la revolución que ha supuesto la informática, solucionar todos los problemas educativos. Pero nos emplaza a una realidad virtual que ya nos está creando problemas. Estamos habituados a ver grandes pizarras digitales presidiendo el aula en las que solo se proyecta el libro de texto para que hagan las tareas. Y, sobre todo, vemos a un alumnado cada vez más desconectado de lo social y más conectado a las pantallas y a lo virtual.

Las metodologías interactivas basadas en la construcción de pensamiento, como las clases dialógicas o las aulas filosóficas, educan generando pensamiento y ayudan sobremanera a crear ciudadanos críticos. Nada nuevo desde Séneca, pero muy necesarias en este mundo tan complejo. Necesitamos para ello profesorado experto en el arte del cuestionar más que en las técnicas de enseñar.

La educación en la naturaleza, ecológica y ambiental surge, hoy día, como contrapartida al mundo digital, tecnológico y economicista. La ley del péndulo. Volvemos a los orígenes, a tocar tierra en educación. A ver si, al menos, levantamos el cemento de los patios de los colegios.

La investigación acción o las «Lesson Study»[8] son las metodologías investigadoras que producen mejores resultados para el perfeccionamiento del profesorado. Miremos, si no, a Japón y Singapur en los rankings mundiales. Pero necesitamos abandonar nuestros egos para dejarnos evaluar por nuestros iguales.

También deseo destacar las tendencias espirituales: educación en valores, Waldorf, Yoga y Mindfulness, entre otras, que buscan objetivos más esenciales en la construcción del ser humano. A veces, fuera de la realidad de nuestras escuelas.

Y para finalizar destacamos las últimas tendencias en educación: las inteligencias múltiples y la pedagogía holística, dos pretensiones de una visión total de la educación. Pero quizás de tanto mirar la complejidad se les escapa la mirada y la escucha de los niños y niñas en las escuelas.

---

8   Pérez Gómez, Á. I.; Soto Gómez, E.; Serván Núñez, M. J. (2015):. "Lesson Studies: re-pensar y re-crear el conocimiento práctico en cooperación". Revista Interuniversitaria de Formación del Profesorado, n. 84(29.3), diciembre ; págs. 81-101.

Simple y torpe resumen hemos realizado de las tendencias educativas actuales. Pero queremos concluir que necesitamos una pedagogía con menos palabras, casi siempre huecas; con menos narraciones, sin lenguaje siquiera. Una Gaya Pedagogía, como diría Nietzsche, que argumente con música, que haga sinfonías, óperas y canciones; que lo integre todo, para que podamos aprender bailando, cantando, jugando, pensando, mirando, escuchando, compartiendo, sintiendo y amando. ¡Celebremos pues la Gaya Pedagogía!, una solución integradora que mejore la educación de la Gaya Tierra.

La magia educativa

Argumentan que la educación tiene efectos a largo plazo. Está escrito que para educar hay que crear un vínculo emocional. Dicen que educamos cuando la enseñanza se graba a fuego en el alma de los educandos. Pues, hoy, se han hecho realidad las tres máximas, al mismo tiempo.

Después de meses de jubilación, fui a mi colegio para revivir viejas emociones. Tenía necesidad de ver la evolución de mi antiguo alumnado. Entré con mucha ilusión y algo de miedo, por si las chicas y chicos que yo atendía no me recordaban después de un año de ausencia. Pero ocurrió un acto mágico que me conmovió sobremanera. Mi antiguo alumno de ojos azules que, a veces, le cuesta mirar, que tiene dificultades de conexión, que me costó mucho que sus bellos ojos se fijaran en mí…, cuando me vio, dijo ¡Cristóbal!, y me abrazó. Estuvo un rato mirándome fijo a los ojos, tocándome la cara y recitando mi nombre muy emocionado. Las profes que allí estaban se conmovieron. *¿Cómo es posible que después de tanto tiempo, un chico, que no hay forma de que nos mire, se acuerde de un maestro que trabajó el año anterior con él? ¿Cómo un niño de 4 años, con supuesta incapacidad de conexión, se entusiasma tanto, en contra de lo que reza su diagnóstico?*

No soy un santero ni una persona especial. La magia siempre tiene truco. Hay un buen trabajo detrás. Solo soy un profesional que, según lo visto, fui capaz de conectar y llegar al corazón de este niño y de su familia de forma perdurable.

Le cuento a la madre de este alumno el momento emocional que hemos vivido en el aula. Y le digo que algo debe estar pasando en su casa para que me recuerde de manera tan querida porque, de lo contrario, no me lo explico. Y ella me dice que me tiene grabado en canciones que le mandé en videos, que juega con la casita de *Los tres cerditos* que le regalé, que le habla mucho de mí, que canta las canciones que yo le cantaba, etc. Pues ahí estaba el truco.

Si queremos educar tenemos que conectar con las familias, trazar un puente afectivo para que los deseos de la casa y la escuela se entrelacen. Creo que la educación tiene mucho de magia y amor. Pero, para ello, hay que ser un buen profesional que sepa conectar a todas las personas implicadas en la educación. Es necesario llegar a lo emocional, tener complicidad con las familias, hacer de la escuela un centro de amor y esperanza en las posibilidades de cualquier niño de preciosos ojos azules que le cueste mirar. Porque, si ponemos emoción y empeño, lo educativo trasciende a través del espacio y tiempo.

Gracias, Maribel (mi compañera de Audición y Lenguaje), por tus emocionadas lágrimas y por tu insistencia para que inmortalizara este momento mágico. Pero, ya ves, no es magia, y tú lo sabes. Es un trabajo que todo profesorado debería aprender a realizar: sin conexión verdadera, sin amor, no hay posibilidad de educar. Nos lo enseñó este chico de ojos azules a quien, a veces, le cuesta mirar. Ese que te hizo llorar cuando contemplaste las consecuencias de una educación emocional, que se produce a largo plazo y quedó grabada a fuego en el alma gracias a una familia que supo crear conexión con la escuela.

Vinculación afectiva

Una alumna de Máster de la Universidad de Málaga me pide una entrevista sobre la necesidad afectiva en la tarea de educar. Está investigando los vínculos en las relaciones educativas y le ha parecido relevante mi humilde opinión como maestro de escuela que siempre tiró de la emoción en su función docente.

Me pongo a pensar sobre el tema y me viene a la cabeza, y al corazón, (órganos más vinculados de lo que se cree) que, como decía Pascal, *el corazón tiene razones que la razón no entiende.* Quiero decir que pensamos irremediablemente con la emoción. Y la razón anda ahí dando argumentos a lo que sentimos en cada momento. Así somos los seres humanos. Por tanto, en todo proceso educativo es imprescindible el vínculo y la conexión emocional entre las personas. Luego vendrá la razón a poner orden y concierto a las emociones derramadas para poder entender lo que nos pasa.

El caso es que conozco a maestras y maestros que sacaron muy buenas notas en las oposiciones de magisterio, que disertaron de forma elocuente sobre el supuesto didáctico que les presentaron, que supieron la legislación educativa perfectamente, que hicieron proyectos teóricos de la más alta cualificación…, pero, cuando nadaron en la práctica, no salieron a flote, porque les faltaban vinculación con las personitas a las que pretendían educar. Toda su extensa sapiencia no cuaja en la vida real de la infancia. Las niñas y niños del aula delatan, a diario, sus incapacidades.

También conozco a gente poco preparada académicamente que sabe conectar con el alumnado a pensar de sus carencias en conocimientos científicos. Son personas con empatía, que intuyen la forma de conectar emocionalmente con la infancia. Ejemplo de ello es la conserje de mi colegio. Es una de las pocas personas a las que mi alumna con TEA abraza, acaricia y besa de forma espontánea. Y es que ilumina a quien se acerca, porque irradia una luz especial.

Lo ideal es tener, al mismo tiempo, conocimientos y capacidad emocional para conectar con el alumnado. Porque no podemos enseñar si antes no hemos vinculado. Solo donde hay conexión es posible el milagro de la educación. Solo donde hay amor es posible educar.

Cada niña, cada niño, tiene necesidad de afecto y vinculación emocional. Quien sabe encontrarlos será una buena educadora, un buen educador. Para quien quiera conectar doy algunas claves que he aprendido con la experiencia: mirar a los ojos, aplicar el oído, tener paciencia, escuchar, no corregir demasiado, atender sus demandas, tener empatía, comprender otros puntos de vista…, vincular. Hay mucho de magia en la educación. Solo personas especiales tienen el don de la conexión emocional. Si ya has conectado, solo entonces, podrás enseñar, mejorar las capacidades de tu alumnado y educar.

Cuántas personas conozco con la titulación pertinente que no saben hablarle a una criaturita de primera infancia. Sé de especialistas que, cuando un infante tiene dificultades de comportamiento, aplican, como dice la teoría más simplista, un programa de modificación de conducta con economía de fichas, sin indagar en qué es lo que, tras la conducta, siente, padece y sufre la criatura.

Lo primero que debemos hacer, para ayudar al alumnado, es poner oreja para saber qué siente y piensa sobre lo que le pasa. No podemos, desde el control de su conducta, con premios y castigos, cambiar la conciencia. Alguien que no sabe conectar con el sufrimiento de una persona no puede educar.

Por el contrario, conozco a otros profesionales que, mediante el juego, son capaces de conectar con la infancia. A partir de ahí comienza el proceso educativo. No somos seres de comportamientos, eso es lo que se ve a simple vista; somos seres sintientes, con toda la complejidad que conlleva la experiencia del sentir. Somos seres emocionales, sociales y con conciencia.

Pues eso le dije a la alumna de Máster que buscaba respuestas: para ejercer el magisterio, primero, hay que conectar, ser una persona vinculante. Porque solo desde el amor podemos educar.

Escribir es comunicar emociones con grafismos

En Europa, la mayoría de niñas y niños de primera infancia, de cero a seis años, van a *kindergarten*. Estos centros carecen de un currículum formal, aunque tienen una visión educativa y socializadora. Se da importancia al juego libre, a la autonomía y a las relaciones sociales para promover el desarrollo personal. No es imprescindible el aprendizaje de la lectura y la escritura. Saben que es un tema cultural que necesita de madurez. Lo importante es el desarrollo de la identidad de cada infante.

Una vez comuniqué con un maestro del norte de Europa, y cuando le pregunté por el tema de la enseñanza de la lectura y la escritura se quedó desconcertado y me respondió: si las niñas y niños ya están maduros para aprender un código simbólico, no suelen tener problemas, eso me dijo. Lo comprendí después de un tiempo.

El problema lo creamos en España, porque empezamos con las letras antes de tiempo; no dejamos que el cerebro madure y adquiera las competencias necesarias. Lo más grave es que estamos dejando de trabajar en la maduración previa necesaria: la psicomotricidad, el juego simbólico y libre, el lenguaje oral, los cuentos, canciones, poesías y teatro. Nos estamos dedicando a colorear y completar actividades simples en libros estereotipados que aportan poco a la madurez de la infancia, y a dibujar letras como si eso tuviera algo que ver con la escritura.

Las personitas más maduras pueden aprender a leer y se valoran como mejores, mientras las que necesitan más tiempo de desarrollo y tardan en descifrar los símbolos escritos se sienten mal en la escuela, porque se comparan, irremediablemente, con sus iguales. Así comienza la discriminación en la escuela.

El objetivo de la etapa de infantil en la mayoría de países europeos es crear un entorno seguro para favorecer la convivencia, la creatividad, la autonomía y el desarrollo de la identidad de forma segura.

El dilema es: ¿mejor empezar a enseñar las letras antes de tiempo o esperar a que maduren todos los requisitos para emprender a leer? Pues resulta que en España, todas las editoriales, que son las principales guías educativas, han resuelto el dilema de forma equivocada. Y se programa empezar a leer y a escribir saltándose los llamados prerrequisitos, eludiendo la imprescindible madurez y las capacidades necesarias; poniendo a las niñas y niños a trazar garabatos sin sentido y a memorizar que la «m» con la «a» dice «ma».

Primero está lo sensorial, luego lo motriz, lo psicomotriz, porque no hay movimiento sin consentimiento mental. Luego viene lo simbólico, un gran salto en el desarrollo del cerebro. A continuación emerge la conciencia: vislumbrar lo que somos frente a las demás personas en contexto. Y solo al final estaremos preparados para trepar sobre las altas cumbres de la comunicación escrita. Solo entonces seremos capaces de utilizar un medio comunicativo tan complejo como la escritura.

Porque aprender a leer y a escribir no es trazar garabatos, no es deletrear sonidos sin comprender el significado. Aprender a escribir es ser capaz de comunicar, a partir de signos, con personas amadas. Aprender a leer es viajar por un mar de posibilidades escritas por otras personas. Porque el aprendizaje de esos signos no es previo a la comunicación. Primero está el deseo y la emoción por comunicar. Solo así aprenderemos a escribir de forma significativa.

Siempre recordaré la carta de una alumna de tres años a su abuelo que estaba enfermo y que decía: «o ieo e muea e ieo uo». Con las vocales que conocía quiso escribir: *no quiero que te mueras. Te quiero mucho*. Sin palabras me quedé. Había empleado sus rudimentarios conocimientos de vocales para comunicar algo sentido. Así comienza, creo, el aprendizaje de la escritura y la lectura, con signos que llevan dentro la emoción y el deseo de comunicar.

¿La oratoria en la escuela?

Como dijo Eduardo Galeano, vivimos más en la forma que en el fondo: *Estamos en plena cultura del envase. El contrato de matrimonio importa más que el amor, el funeral más que el muerto, la ropa más que el cuerpo y la misa más que Dios.*

Y nuestros gobernantes andaluces, frutos de nuestro tiempo, están en el envoltorio más que en el regalo; y se han sacado del refajo, porque nos suena a antiguo, la actividad de **la oratoria** como solución estrella para la mejora de la educación, *media hora de oratoria a la semana en la asignatura de Lengua*: El país, (6/8/2019), ABC (5/8/2019).

La oratoria desde la Grecia Clásica está vinculada al arte de hablar con elocuencia. El objetivo de la oratoria es persuadir. Se diferencia de la didáctica, que busca enseñar y transmitir conocimiento y buscar la verdad; y de la poética, que intenta deleitar a través de la estética.

Ya Sócrates, en el siglo IV a. de C., figura relevante de la oratoria griega, consideraba esa materia la principal herramienta educativa, pero insistía en la educación moral. Porque, de lo contrario quienes dominan la oratoria podrían hacer creer a todo un auditorio que lo que es blanco es negro y viceversa. Esto nos suena muy contemporáneo: a políticos de ahora, a pos-verdad, a las nuevas narrativas, lo que no se dice no existe, etc.

Desde que surgió, la oratoria se ha utilizado para diversos fines: la política, para convencer votantes; la justicia, para defender alegatos; y en la actividad comercial, para vender. ¡Pensemos en este dato!

Nadie se puede negar a que nuestros niños y niñas aprendan a hablar más y mejor. No obstante, quisiéramos hacer algunas consideraciones a la noticia estrella, porque es una solución simple a la complejidad de la escuela, de la vida y, como todas las simplicidades, es perversa.

En primer lugar, en muchas de nuestras escuelas ya se habla a diario, en exposiciones, coloquios, debates y asambleas. No solo media hora, ni solamente en lengua. Al menos, reconozcamos que ya se hace. Pongamos en valor a todos los centros que ya lo practican. Hay mucha bibliografía sobre el tema. Escuchemos al profesorado que ya lo practica en su aula, aprendamos cómo lo hacen y generalicemos esas metodologías participativas del alumnado. Porque la educación no se cambia por decreto, sino entre los compañeros que tienen experiencias. Sería buena idea difundir estos cambios metodológicos en los Centros de Profesorado, en donde hemos aprendido siempre de nuestros compañeros y compañeras más experimentados.

Creemos que se debe desarrollar la oralidad en todas las materias, no solo en lengua. En importante que el alumnado se exprese, no media hora a la semana, sino casi todo el tiempo, todos los días. Es necesario que construyan conocimiento dialogando. Es imprescindible utilizar metodologías constructivistas en las que el alumnado diga lo que piensa sobre cualquier tema y lo confronte. Que hablen de lo que saben, para desde ahí construir conocimiento. Que se expresen continuamente, porque hablando desarrollan su identidad, mejoran la seguridad en sí mismo y aprenden. Pero no ante una audiencia, buscando un liderazgo ante sus iguales. Eso me suena mal en una educación primaria en la que, se supone, estamos educando en diversidad. Mejor hablando en asamblea (palabra maldita), entre iguales, poniendo oído, con escucha atenta. Hablar y oír deben ir siempre de la mano.

Está demostrado que aprende más quien habla que quien escucha. Porque quien habla organiza sus ideas, desarrolla empatía, intentando ser comprendido y mejora su autoestima. Porque en esta propuesta de media hora de oratoria a la semana, se presupone que en las 24,30 horas restantes habla el profesorado. Parece un parche dentro de una metodología transmisiva tradicional.

No realizamos crítica sin realizar propuesta. Proponemos, por tanto, cambiar **la oratoria** por el aprendizaje **dialógico**. Este método consiste en el diálogo entre iguales que, a través de argumentos, genera pensamiento, construye aprendizajes relevantes y produce cambio social.

Porque lo importante no es hablar, no es la oralidad, no es la verborrea. Lo importante es generar pensamiento, y expresarlo. Lo importante es hablar en todas las materias, sobre todos los temas. Lo importante es comunicar y conectar con las demás personas. Lo importante es la construcción social del conocimiento. Lo importante es pensar, aprender, sentir, comunicar, conectar y amar. Lo importante, en suma, es el contenido, no el continente.

La comunidad educadora

La madre de mi alumna favorita me ha felicitado por el buen trabajo realizado con su hija. Como si yo fuera la única causa de la buena marcha de esta chica.

La concepción educativa personalista, unidireccional, es una simplificación mecanicista que explica más nuestra cultura individualista que la verdadera realidad de cómo se aprende. Ni el cerebro es lineal, ni es un circuito, ni funciona como un programa informático. Nadie educa solo. No es tan simple la tarea de enseñar. La palabra clave para acercarnos un poco a la complejidad del hecho educativo se llama comunidad. Es necesario, por tanto, tener una visión holística.

Nuestra limitación conceptual ha inventado metáforas para explicar fenómenos tan complejos como el hecho educativo. Y se nos escapa de las manos algo que los behavioristas llamaron la caja negra. Ellos la aislaron en sus experimentos para que no interfirieran en los resultados de sus investigaciones. Y lo que de verdad hicieron fue dejar a un lado la verdadera esencia de lo humano.

Se han realizado múltiples investigaciones científicas explicando causas y consecuencias de cualquier conducta humana, excluyendo la esencia compleja que de verdad la explica. Y ahí estamos, con la ciencia tanteando, pasito a pasito, aceptando solo lo que cabe en un pequeño experimento con variables limitadas.

¿Y si en vez de tres causas que expliquen el comportamiento humano son millones? Nos perdemos. Pero resulta que la ciencia debería desechar toda investigación que, aun siendo rigurosa con el método científico, no cumple con la finalidad de cualquier ciencia: explicar la verdad de lo que pasa en la vida.

Hemos trasladado las investigaciones médicas, sobre los virus que producen enfermedades y que se detecta por unos síntomas, al terreno educativo. Como si una persona dependiera solo de un par de detonantes. Esto es un reduccionismo evidente, simplificación absurda.

Si soy impulsivo, puede tener causas genéticas. Si es así, no tenemos ni idea de los miles de agentes causantes. Puede tener un origen social, ya suma otro millar de razones. Tuvo un trauma de pequeño; depende de cómo lo viviera, mil circunstancias no previstas difíciles de saber. ¿Y si la causa es la interacción de todas ellas? Mil por mil, millones de causas interaccionando. En fin, nos perdemos. Pero es fácil para cierta ciencia contar por lo sano, para dar una explicación precisa. Que el alumnado se mueve demasiado, se pone una etiqueta y una medicación. ¡Genial! Todos contentos. Ya no hay más que pensar. Y los que venden soluciones rápidas, siempre ganando.

Pero hoy sabemos que se aprende de forma más compleja. Solo tenemos leves ideas de cuáles son las condiciones que inciden en cualquier aprendizaje. Lo que sí sabemos es que hay contextos que los favorecen. No es cuestión de buscar variables aisladas porque, a veces, la causalidad está, precisamente, en la simultaneidad de muchas interacciones; y siempre incide en la reflexibilidad de pensamiento de quien aprende.

Quien crea que es muy buen educador porque coge a un niño y lo enseña es un ingenuo. Seguro que el peor educador coge al mismo niño y también lo enseña. Porque el mayor potencial del aprendizaje lo trae el propio niño, la propia niña, en función de su historia y el contexto en el que vive.

La mayoría de educadores ya lo sabemos: no es mejor el profesorado que enseña al chico bueno, sino quien mejora a quienes tienen todas las condiciones en su contra.

Y hoy, cuando una familia me felicita por el trabajo realizado en el colegio, pienso que el éxito es labor de todo un centro y sus contextos sociales y familiares, porque nadie educa en solitario.

Y por eso hago extensible esta felicitación de la madre de mi alumna favorita a sus tutoras, al equipo de orientación, especialista en audición y lenguaje, acompañante sombra, profesorado del cole, dirección, AMPA, alumnado, sus compañeros de clase que tanto le ayudaron y que tanto aprendieron con ella, personal de la cocina y limpieza, agentes culturales que intervinieron a lo largo del curso; y, por supuesto, al conserje del colegio, excelente conector de relaciones, haciéndole bromas constantemente, bisagra esencial para que las puertas del centro y del alma se abran de par en par.

Y es que educa el contexto, la comunidad, no solo el profesorado. ¡A ver si nos damos cuenta!

Si aprendemos de la vida...

Si aprendemos de la vida, eso dicen, habrá que crear vida en los centros educativos.

No es suficiente con programar contenidos, porque así no se aprende; no debemos hacer tantos exámenes, porque solo miden memorias que después se olvidan; no es pertinente explicar los temas de los libros de texto, porque solo son pedazos petrificados de vida.

La escuela debe palpitar para que, por inmersión, aprendamos de forma sentida. Nadie duda de que un idioma se aprende viviendo en el contexto de esa cultura. Todo el mundo sabe que aprendemos a hablar, sentir y ser, dentro de un ambiente vital como la familia. Porque son las personas que nos rodean las que nos alimentan el alma y nos insuflan la vida.

Pues es la escuela, el centro neurálgico de la educación, se olvida de ello con mucha frecuencia; y enseña con técnicas e instrumentos simplistas, como el libro de texto o rituales ancestrales de otros tiempos: copiados, actividades, memorización, exámenes, calificaciones y qué sé yo.

Si lo que educa es el ambiente, el medio social y cultural en el que vivimos, debemos crear ese espacio cultural y natural en las escuelas.

En infantil, cuando las criaturas están construyéndose, necesitan de espacios amorosos para formarse; y es necesario diseñar ambientes cálidos, de confianza, con tierra, agua y naturaleza, con actividades placenteras de interacción, de comunicación, de autonomía..., que inviten a relacionarse, a vivir la vida, a aprenderla y aprenderse.

En nuestra aula, teníamos un rincón de naturaleza, con pecera, un terrario con bichos, frutas de temporada y muchas plantas. Cada día regábamos y dábamos de comer a los animales. Tenemos grabaciones de un sapo comiéndose un saltamontes y de las mariquitas alimentándose de pulgones que cogíamos de los rosales del jardín. Hacíamos fotos del proceso de metamorfosis de los gusanos de seda. Hasta un huevo de gallina tuvimos metido en la *caja de luz* durante un tiempo; y cada día observábamos por si nacía un pollito. Esos aprendizajes emocionales no se aprenden igual de forma teórica ni en los libros de texto.

También disfrutábamos de un ambiente más cultural en el aula, con una pequeña biblioteca, con un sinfín de libros, ordenador y una máquina de calcar. He visto mil veces cómo se juntan amistades para leer y explicarse un libro de anatomía o de animales. Hasta un sillón para escuchar a Mozart teníamos. Con unos auriculares que provocaban colas de niñas y niños deseando escuchar buena música.

Otro espacio del aula estaba reservado al arte, con pinturas, colores, tijeras, papeles diversos y material de desecho para reciclar. Siempre me sorprendí de la creatividad de la infancia cuando nadie la dirige, construyendo coches, robot, barcos o aviones. Y siempre, compartiendo aprendizajes.

Pero en la escuela nos llegan personas con capacidades diversas, y las hay más tranquilas y más intelectuales. Para ellas, teníamos el ambiente matemático, con juegos lógicos, puzles, el tangram, construcciones, cartas de todo tipo, geo-planos y juegos de mesa.

Y siempre existen personitas más movidas, que no deben quedar sin un lugar para mostrar sus destrezas. Para ello montamos un gimnasio en el corcho, con zancos, cuerdas, rampas, bancos y colchonetas. Un lugar donde permitir el desenfreno sin molestar a los demás.

Y el principal rincón, que no puede faltar en la Educación Infantil, es el de juego simbólico, con casita, cocina, tienda, hospital, teatro y maquillaje. Porque ahí nos construimos y jugamos a vestirnos de personajes que luego serán personas.

En Primaria, también habría que crear espacios acordes con las necesidades de estas edades, de creatividad, de aprendizajes cooperativos, de interacción con la cultura, de enseñanzas sobre el tiempo en que vivimos, con globos terráqueos, microscopios, mapas del mundo, libros de animales…, que despierten el interés por el conocimiento y desarrollen el placer por la lectura.

En secundaria, habría que montar aulas con retos imposibles. Hacer que el alumnado investigue los enigmas que les inquietan. Ya se sabe que la adolescencia es un tiempo de búsqueda y autoconciencia.

En bachiller y en la universidad es el momento de profundizar sobre los aspectos de la vida que son importantes para seguir viviendo en este mundo con dificultades, para buscar soluciones, para dar sentido a la existencia.

Porque el aprendizaje se aprende en proyectos de vida. Da igual en qué curso o universidad estemos. No debemos olvidar que aprendemos de la vida y a ella nos debemos.

En busca de la psicomotricidad perdida

En el aula de Educación Infantil, cada día, movemos el cuerpo y el alma: baile, juegos, teatro, canciones, cuentos… Los martes toca psicomotricidad y vamos al salón de usos múltiples; y jugamos con algún elemento que interactúa con nuestros cuerpos: pelotas, pañuelos, cuerdas, ladrillos, picas, colchonetas o cajas de cartón. Hoy toca periódicos. Pongo música suave y despliego cada hoja en el suelo: despacito, al ritmo de la música, con parsimonia. El alumnado expectante, como siempre. Cuando tengo todo el suelo cubierto de papel, invito al alumnado a que me siga. Ando muy despacio sobre cada hoja, con cuidado, para no romperlas, al ritmo de una música lenta. Ya han sentido el ritmo y se mueven despacio, con la cadencia exigida. Van andando con cuidado sobre los diarios, para no romperlos, sobre la realidad impresa, sobre las noticias del mundo.

Después de un tiempo, cambio la música. Ahora es un ritmo galopante que invita a desinhibirse. Comienzo a coger hojas del suelo, hago bolas de papel y se las tiro a mi alumnado. Ellos quedan asombrados, no se lo esperan. Pero los más díscolos empiezan a imitarme. Pronto, toda la clase comprende el juego, se desmadran y comienza una guerra infernal con bolas de papel al ritmo de la música. Cada cual busca a su enemigo para interpelarle, a su amado para sugerirle, o a su amiga para soliviantarle. Es una guerra sin cuartel, una guerra de entusiasmo, una no-guerra de amor y emociones derramadas. Es un juego divertido para el alumnado porque invita a expresarse, le asombra y le sugiere mil batallas emocionales.

Después de un tiempo de entusiasmo desmedido, de agitación extenuante, de expresión exorbitada, de sentimiento liberador…, cambio a una música relajante. Cojo una bolsa de basura y comienzo a echar papeles en ella. Todos me imitan hasta llenar la bolsa y dejar el suelo limpio de nuevo. El aula queda intacta y nuestros corazones se relajan al compás de la música.

Invito a que se sienten y levanten la mano para expresar lo que ha sentido cada cual. Expresan con palabras lo que antes fue cuerpo, alma y emoción. Mientras hablan se van relajando y atan sentimientos con palabras.

Volvemos al aula y nos ponemos a trabajar. La clase está tranquila, atenta, centrada, equilibrada. Porque primero está el cuerpo, las emociones, los sentimientos…; luego vine el pensamiento a través del lenguaje; y así estamos preparados para que el intelecto se active y pueda aprender.

Pues resulta que ya no se hace psicomotricidad en muchas escuelas de Educación Infantil. Y me he preguntado cuándo se perdió esta necesaria costumbre. Indago y pienso que, quizás, se ha producido un cambio en el sistema educativo y no hemos sido conscientes. Porque si la administración educativa solo controla la burocracia resulta que lo que no está escrito no existe. Así que a escribir, a rellenar libros y fichas, a trabajar solo con lo que objetivamente deja constancia. Y es evidente que la psicomotricidad solo deja huellas en el alma, como los cuentos, el teatro o la música.

La psicomotricidad, tan necesaria, es difícil de materializar. Si lo que importa es lo que se escribe dejando constancia, pues el cuerpo en movimiento solo deja señales en el alma, y es difícil de evaluar.

Quizás, deberíamos releer a Lapierre y a Aucouturier[9], para tomar conciencia de que, en Educación Infantil, hay que empezar por el cuerpo. Ese cuerpo que solo cuando se mueve conecta con el alma y el intelecto.

9   Martínez Minguez, L. (2023): *Psicomotricidad.* Pikler, Lapierra, Aucouturier y UAB Diferencias Conectadas. Ed. GRAO. Barcelona.

El infinito en la escuela

He disfrutado leyendo el libro de Irene Vallejo *El infinito en un junco*. Este maravilloso texto, que versa sobre el devenir de los libros a través de la historia, nos muestra cuándo aparecen los primeros escritos, cómo surgieron los papiros, la importancia de las personas que memorizaban las enseñanzas de los grandes pensadores, qué influencia tuvo la *Gran Biblioteca de Alejandría* en el desarrollo de la humanidad y las consecuencias de la destrucción de su legado para el porvenir de la vida humana. En definitiva, cuenta los acontecimientos trascendentales, sociales y políticos, que permitieron la trasmisión del saber a lo largo de la historia. Porque somos lo que somos gracias a la escritura y a las personas que hicieron posible su conservación, difundiendo el saber de cada época y soportando las inclemencias de cada tiempo. He aprendido que sin la memoria que se ha transmitido en lo escrito no seríamos nada.

Me sorprendió en este ensayo cómo los grandes filósofos de la Antigua Grecia recelaban de la escritura. Hasta entonces, existía la trasmisión oral, y los textos estaban en la memoria de personas sabias. Existían verdaderas bibliotecas vivas que albergaban el saber de su época en su mente. Con la aparición de la escritura dejarían de ser imprescindibles los narradores, que tenían el conocimiento en sus cabezas y, por consiguiente, mermaría la capacidad de memoria en los seres humanos. Además, con la escritura, la gente dejaría de pensar por sí misma, solo repetirían los textos escritos de los grandes pensadores. Ese mismo dilema se plantea hoy día con las redes sociales. Si todo está en internet, la gente dejará de pensar y solo copiará y trasmitirá lo que han difundido otras personas. Ya se sabe que la mayoría de los *internautas* no son más que póster de telégrafos que transmiten la información que les llega sin contrastar y sin apenas haberlas leído. Menos mal que siempre hay gente que piensa y crea. ¡Menos mal!

Para educar hay que ser muy leído, cultivado, amante de la cultura, consciente de las dificultades políticas de cada tiempo, solidario con las vicisitudes que sufrieron muchas personas para ser reconocidas como tales: variabilidad cultural, inmigración, mujeres, diversidad sexual, discapacidad... Por eso debemos, además ser personas cultas, tener una implicación ética y política con el momento histórico en el que vivimos. Porque educamos para mejorar a las personas y, por consiguiente, a este mundo en el que vivimos.

Por tanto, debemos trasmitir a nuestro alumnado el amor por los libros, porque en ellos está nuestra cultura, nuestra historia, lo que somos como civilización. Porque las maestras y los maestros enseñamos mucho más que las letras. Debemos ser trasmisores de nuestro legado, de nuestra cultura. Podemos propiciar que los estudiantes se nutran del progreso de nuestro pasado y sean testigos para las generaciones futuras.

En la formación del profesorado, a veces, somos cortos de mira. Realizamos cursos de perfeccionamiento muy específicos sobre técnicas concretas de cómo leer, escribir o trabajar las matemáticas; sobre las TIC, meteorologías o inteligencias múltiples. Pero un buen docente debe ser, además, alguien instruido. Porque en las escuelas enseñamos lo que somos, lo que hemos vivido, viajado, cocinado, aprendido, amado o leído. Tenemos la responsabilidad de ser personas cultivadas. No podemos ser maestro, maestra, profesorado de instituto o de universidad, sin tener en casa una biblioteca con varios centenares de volúmenes. ¡Qué menos! Porque solo desde la cultura podemos generar gente culta.

Debemos estar capacitados para ser puentes entre el pasado y el prometedor futuro del alumnado que formamos. Porque la escuela fue, y debe seguir siendo, el lugar donde los conocimientos sobre nuestra historia germinen en las futuras generaciones, para que no se pierda nuestra memoria, para que no cometamos los mismos errores del pasado, para poder proyectar un futuro esperanzador, teniendo en cuenta que el infinito de la humanidad comenzó allá en Egipto, en papiros hechos de juncos, en donde nuestra civilización comenzó a escribir una prometedora historia futura.

Hemos ganado más que un mundial

La selección femenina de fútbol de España ha ganado el mundial. Después de las celebraciones y el reconocimiento merecido momentáneo, pasado un tiempo, solo será una meritoria anécdota. Pero es necesario celebrar que se ha producido un cambio profundo en el mundo educativo y en nuestra sociedad en los próximos años.

A veces, lo que se lucha en política, en manifestaciones reivindicativas, en las escuelas, y en tantas asociaciones feministas que luchan a diario por la igualdad, se produce, por arte de magia, en un juego con pelota. Parece que las mejoras sociales, como en la mitología griega, las producen los mitos y las diosas.

Recuerdo a una chica de mi cole que jugaba muy bien al fútbol, pero lo hacía regateando solo a niños. Siempre observé su destreza con el balón en los pies; y reflexionaba sobre qué sentiría mientras jugaba al fútbol sin ninguna compañera, sin otra mujer a quien pasar el balón. Se mostraba ensimismada y tímida, no alardeando de sus capacidades de buena futbolista, no sentía orgullo de sus proezas. Eso me inquietaba.

Sus altas capacidades deportivas nunca le produjeron rechazo a la hora de jugar porque eran evidentes sus destrezas. Pero ella jugaba en voz baja, sin llamar la atención, sin orgullo ni referentes en esta disciplina poco reconocida para las mujeres.

Recuerdo a otras chicas de mi cole, no tan aventajadas en este deporte, que jugaban en una esquina del patio a pegarle patadas a un cartón de zumo junto a algunos chicos con pocas capacidades en el juego de la pelota. Había algunas que no lo hacían mal, pero no se sentían autorizadas para jugar con los chicos en el amplio campo que dominaba el mayor espacio del patio de recreo.

Pero todo eso ha cambiado en el instante en que una chica marca un gol en un mundial y nos hace campeonas del mundo. Las chicas de mi escuela se sentirán orgullosas de la hazaña de las jugadoras del equipo de España que son las mejores del mundo mundial. Y exigirán su espacio en los recreos, porque ellas también podrán jugar a lo que quieran sin discriminación alguna. Porque ya tienen referentes que las avalan. Ahora las niñas también podrán alzar la mirada a lo más alto mientras juegan con la pelota.

Porque se ha producido un hito en la historia de este país; las mujeres han dado un golpe en la mesa, un gran paso hacia la igualdad. Y lo que tanto nos costaba en las escuelas, con trabajos en *el día de la mujer*, con cientos de proyectos muy elaborados y que producía tan pocos cambios…, lo ha conseguido unas chicas que juegan al fútbol y han ganado un mundial.

A veces, los cambios culturales se producen de manera inesperada, pero siempre en estados emocionales colectivos. Porque la emoción vivida en la celebración de ganar el mundial por las chicas de la selección española ha producido un estado emocional de toda la sociedad española, y cambiará, sin duda, las arcaicas percepciones sobre las capacidades y posibilidades de la mujer en la sociedad.

El beso a su pareja de una futbolista lesbiana, la gitana que marcó el gol o la chica de piel oscura condecorada como mejor futbolista joven, han producido cambios, en nuestras mentes y corazones, más profundos que todos nuestros intentos por crear unas generaciones más libres, diversas y permisivas con nuestros proyectos de escuela igualitaria. Bienvenido sea este acontecimiento que va a cambiar la educación de las chicas y los chicos de nuestra sociedad.

Gracias al equipo de fútbol femenino de España por la hazaña, por mejorar la educación de nuestro país con vuestra proeza, haciéndola más libre, diversa e igualitaria.

4. Lidiando con el poder

El que puede es el poder

A veces, debemos tirar de historias pasadas para saber de dónde venimos. Es necesario aprender que los avances sociales se producen gracias a personas que se enfrentaron al *status quo* de cada momento. Toda innovación suele producir sufrimiento en quienes osan cambiar lo que siempre se hizo de la misma manera, y es necesario asumirlo si queremos mejorar la educación o cualquier situación social.

Cuando empecé de maestro en un cole, de cuyo nombre no quiero acordarme, me asignaron una clase con veintisiete personitas de tres años. Era la época en que se crearon las aulas de estas edades y, por tanto, se dotaban con todo lo necesario: juegos simbólicos, utensilios de psicomotricidad, material didáctico, una casita para situaciones emocionales, pinturas, materiales de ciencias, etc. Pues resulta que llego a mi nuevo destino y estaba el alumnado, pero no el material. Raudo, pido que me doten la clase, primero a la directora, siguiendo el orden reglamentario, luego a la inspección. Comienzo a trabajar y durante semanas, meto cajas de cartón en clase, hago una casita con ellas y varios juegos, pido material a las familias, me llevo cuentos y música de mi casa…, mientras espero que llegue el material. Pasado un tiempo, pido ver a la inspección para que acelere la dotación del aula, porque ya llevo tiempo trabajando con muchas dificultades. Al fin llega el buen hombre a mi cole y le invito a entrar en mi aula para enseñarle las condiciones en las que trabajo. Me promete que *ya llegará la dotación, porque es un aula de nueva creación y requiere de tiempo…* Me conformo durante varios meses y sigo trabajando con toda la ilusión del mundo, pero sin recursos. Después de esperar varios meses sin respuesta, reúno a las familias y les explico que sus hijos tienen derecho, por ley, a una dotación de materiales. Deciden hacer un escrito y entregarlo en la Delegación de Educación con registro de entrada. Aclaran en el escrito que el maestro lleva meses trabajando sin el material necesario, y que ya se le comunicó al señor inspector en su día.

La primera consecuencia que ocurrió es que, en pocas semanas, llegó al colegio la dotación que requería un aula de nueva creación. La segunda consecuencia que ocurrió es que al inspector no le gustó nada el escrito y comenzó a instigarme de manera sutil. Reunió a las familias para contarle lo mal maestro que yo era. Menos mal que las familias estaban de mi parte y de sus vástagos, y se enfrentaron a él y quisieron denunciarlo. Pero yo las paré: *dejemos pasar, que no debemos enfrentarnos demasiado al poder*. Eso aprendí yo de esta experiencia. Otro castigo que me impuso fue suprimir mi plaza en ese colegio; así que me desplazaron a otro centro cercano en donde había una dirección afín al partido en el que militaba, para tenerme sometido, algo que descubrí después.

En este nuevo cole tuve una maravillosa clase de infantil de la que guardo muchos recuerdos. Había un chico con tetraplejía con una bella sonrisa y una inteligencia sobresaliente. Pedí a la dirección que gestionara pedir un ordenador para él. Era imprescindible que escribiera como los demás en un medio que podría dominar, ya que el lápiz se resistía a una mano que no le obedecía demasiado. Me dieron largas por mucho tiempo, hasta que comuniqué directamente con el Aula Provincial de Discapacidad de Motóricos de la provincia. Vino al cole la directora del centro, y me dijo que ese chico ya tenía lo que yo le había pedido. Le dije que no tenía constancia. Se fue al despacho del señor director, le arrancó el enchufe del ordenador que tenía delante de sus narices y le dijo: *este no es tu cortijo, este ordenador es de ese chico, a quien se lo mandamos el curso pasado.*

Entonces, aprendí que ciertos colegios, en aquellos tiempos en los que yo empezaba, eran el feudo de direcciones que se habían apropiado de los servicios públicos. También aprendí que los cambios no se producen a golpe de decretos legales y que la administración suele arrastrar inercias de épocas pasadas. Después de este incidente comenzaron a tolerarme y no osaron molestarme demasiado. Mi desenvoltura con la legislación y la administración educativa me armaron de poder ante quienes aún vivían en épocas pasadas. Otra cosa que aprendí: es imprescindible tener conocimientos administrativos y legislativos para lidiar con el poder existente en cada momento.

Con esta experiencia comprendí que el poder siempre tiene un contrapoder que hay que ejercer y, para ello, tenemos leyes que nos amparan. Porque somos funcionarios, y estamos al servicio de la ciudadanía con leyes que velan por el bien común. Pero hay que tener cuidado y evitar luchas inoperantes cuando no estás armado de conocimientos que te puedan defender, de lo contrario te destruirán. De hecho, he esperado a jubilarme para narrar estas historias que antes no me atreví a contar.

En otro colegio, en la misma época, esa etapa después de la transición en que, aún, permanecían intactas las estructuras organizativas y los modos del caciquismo español, el director del colegio me recomienda que compre unos cuadernillos de *pre-escritura*. Le cuento que trabajo sin libros de texto, que desarrollo las destrezas manuales con programas de psicomotricidad, bailes, pintura y juegos, y que no los necesito. Meses estuvo insistiendo en que lo debería comprar, y yo que no. Hasta que, un día, me amenaza diciendo que lo ha recomendado el *Señor Inspector* de la zona y que debo obedecer. Me extrañó que un inspector se preocupase tanto por la Educación Infantil y que recomendase material específico. Sobre todo, me extrañó que una inspección insinúe con insistencia que compre determinado libro. Así que indago y pregunto por ahí, a compañeras y compañeros, sobre este ser tan pedagógico que quiere que en su zona todo su alumnado tenga destrezas en sus manos para escribir. Me entero de que este inspector regenta una papelería en propiedad, y fotocopia estos cuadernillos (ni siquiera están publicados) y los vende a todo el profesorado de su zona, bajo coacción a las direcciones que están a su cargo. Fue entonces cuando reto a mi director a que haga venir al inspector a mi clase para hablar de los cuadernillos que quiere que compre. Nunca osó venir.

Podría seguir escribiendo historias de inspectores. Pero, como ejemplos, ya es suficiente. Después de jubilarme se me fue el miedo y ya es posible narrar la coacción que ejerce cierta administración educativa sobre la profesión docente.

Me consta, que hay inspectoras e inspectores que han sido, y siguen siendo, verdaderos impulsores de la innovación educativa. Solo narro casos que he sufrido, para hacer constar que vamos, poco a poco, mejorando en función del momento histórico que nos ha tocado vivir. Porque los cambios se producen a paso lento, gracias a profesionales valientes que siempre existen en cualquier estamento, que osan enfrentarse al poder establecido cuando ven alguna injusticia; eso sí, con mucho sufrimiento. Nada es gratis en la lucha por la innovación educativa.

Un conflicto puede hundirte o hacerte crecer. Y yo decidí aprender. Y aprendí cómo funciona la administración, y cómo, a veces, los cargos intermedios hacen suyos el poder y lo ejercen de forma arbitraria. Aprendí cómo nunca debemos enfrentarnos a lo que no podemos cambiar, pero siempre podemos erosionar sus fallas para que quienes vienen detrás hagan grandes huecos por donde avanzar. Ahí radica la inteligencia: saber buscar los resquicios del poder para ir haciendo mella, siempre desde otra posición de poder, de lo contrario te pueden destrozar la vida. Doy fe.

Me hirieron mil veces y aún tengo cicatrices, pero aprendí a navegar en mar revuelto. Quien se enfrenta al poder, o se hunde o crece. Y yo tomé la decisión de aprender y escribirlo después; para que quienes lo pasan mal en la escuela sepan que ninguna lucha puede evitar el sufrimiento, pero, pasado un tiempo, siempre da fruto y placer.

Cuestión de confianza

Émile Durkheim, sociólogo, pedagogo y filósofo francés, considerado uno de los padres fundadores de sociología científica, acuñó el concepto de *solidaridad orgánica, en* su obra *La división del trabajo social* [1]:

En esta sociedad desarrollada cada individuo cumple una sola función especial de acuerdo a la división del trabajo social. Cada sujeto desarrolla sus dotes y talentos individuales de acuerdo a su rol profesional. La conciencia de que cada uno depende de otro y que todos están vinculados por un sistema único de relaciones sociales, creadas por la división del trabajo, genera el sentimiento de dependencia mutua, de solidaridad, de sus lazos con la sociedad.

Es decir, las sociedades complejas se basan en la confianza de que cada cual aporta su granito de arena para que todo funcione. Por eso confiamos en que los alimentos que compramos sean saludables y pesan lo indicado, que la carrera de taxi es correcta o que nuestros impuestos sirven para cubrir necesidades sociales. Y no vamos todo el día pesando, midiendo, comprobando y sospechando de todo el mundo. Debemos tener confianza hasta en la policía, que se encarga de vigilar los desajustes para que la sociedad siga funcionando. La creación del Estado cumple este cometido: generar confianza. De lo contrario, estaríamos todo el día con *paranoia*, con suspicacia hacia el resto de la humanidad.

Pero, en estos tiempos, al profesorado se le ha quitado la confianza, y se ha construido todo un sistema de control sobre su trabajo: fichar al entrar al colegio desde su propio móvil, que está controlado con localizador para ver si llega a su hora; con burocracias mil para vigilar su trabajo: programaciones detalladas sobre lo que hará cada día a cada hora, informes de cada entrevista a las familias, actas de reuniones de Ciclo, de Claustro, de Consejo Escolar y de *todo lo que se menee* en la escuela. Siempre con un ejército de inspectores amenazando.

En consecuencia, el profesorado pasa la mitad del tiempo justificando todo lo que hace, en vez de dedicarse a su labor sagrada: la educación de la infancia.

Se ha perdido la confianza en el profesorado. Y, como escribió Émile Durkheim hace más de cien años, *la pérdida de la confianza es el principio del fin de la solidaridad orgánica.*

Si sospechamos de todo, si desconfiamos del Estado y de la sociedad entera, viviremos siempre en alerta, siempre con miedos y paranoia. Y el miedo es la principal causa de inactividad. Una cosa es la crítica al sistema y otra, muy distinta, la desconfianza.

---

1   Durheim, E. (1893): *La división del trabajo social.* Ed. Felix Alcan. París.

Se supone que quienes han estudiado una profesión tan humana, han aprobado unas oposiciones y ejercen el magisterio tienen una capacidad para educar, un mínimo de empatía con la infancia y un compromiso social. Siempre hay que intentar mejorar sus dotes educativas, pero el control desde la desconfianza no es la mejor solución.

Deberíamos promover, en vez del excesivo control, otras formas de mejorar la enseñanza. Desde la desconfianza solo se provoca miedo, pasividad, engaño, disimulo... En cambio, desde la confianza de que cada cual es responsable de su función social, nos mostraremos humildes, receptivos y abiertos para analizar nuestras carencias y seguir aprendiendo. Porque solo desde una perspectiva social de confianza podemos mejorar la educación de la infancia y, quizás también, la sociedad.

A ver si toman nota las Administraciones Educativas. ¡Ya está bien de tanto control y tan poca confianza a quienes intentan educar!

Distopía versus utopía

Distopía y utopía son conceptos contrapuestos que, si lo pensamos, nos pueden ayudar a avanzar por el camino correcto.

Dice la RAE que distopía es una representación ficticia de una sociedad futura de características negativas causantes de la alienación humana. Yo lo aprendí con la novela de George Orwell «1984». Últimamente, me lo recordó una novela que recomiendo: «Cadáveres exquisitos» de Patricia Highsmith. Porque la distopía puede ser una manera de vislumbrar un nefasto futuro y estar prevenidos para no perecer con las consecuencias de las inmundicias de este mundo.

Inventemos una distopía

Un poder todopoderoso impone libros de texto con los que debe aprender toda la infancia. Ellos marcan el camino por el que transitar, irremediablemente, las niñas y niños de la comunidad: contenidos tendenciosos, copiar, memorizar, hacer actividades con preguntas cuyas respuestas están en dichos libros y devolver lo memorizado en exámenes. En Educación Infantil es más grave: colorear, no salirse del dibujo, copiar letras sin significado, aprender los colores, bailar a través de la pantalla y poco más.

Esos libros sacrosantos deciden qué deben aprender las nuevas generaciones, conformando un futuro programado, pocas veces acorde con la realidad existente. Van construyendo seres humanos con sus narraciones. En esta distopía se diseña toda una organización escolar: tiempos, espacios, metodologías, contenidos, costumbres, liturgias, etc. Pues resulta que esta supuesta distopía existe en la realidad en demasiados colegios. Ya se sabe que el lenguaje crea el pensamiento, por lo que es necesario crear narraciones, fuera de esta distopía, que amueblen los futuros cerebros.

Borrón y cuenta nueva; frente a la distopía existente, inventemos una utopía.

Recoge, Eduardo Galeano, en su libro Palabras andantes, una frase de Fernando Birri: La utopía está en el horizonte. Me acerco dos pasos, ella se aleja dos pasos. Camino diez pasos y el horizonte se desplaza diez pasos más allá. Por mucho que camine, nunca la alcanzaré. Entonces, ¿para qué sirve la utopía? Para eso: sirve para caminar.

Imaginemos que la escuela actual no existe tal como la conocemos, con el lastre de la historia y los poderes ancestrales, con los intereses económicos de algunas editoriales, con el beneplácito de la iglesia amenazante de otros tiempos, con ritos y liturgias que arrastra desde hace siglos y que condicionan lo que hoy es y seguirá siendo, si no lo remediamos. Imaginemos que empezamos de cero y tenemos que educar a la infancia.

¿Qué escuela diseñaremos?

Sabiendo lo que sabemos, que la infancia se está construyendo, abonaríamos la tierra para que la infancia evolucionara de forma natural, creando una cultura acorde con sus necesidades. Dejaríamos tiempos para que crecieran, eso sí, regándolos con mucho amor; dándoles autonomía para que aprendan en libertad. Poniendo a su alcance toda la cultura que han desarrollado los seres humanos a lo largo de la historia, para que acorten el camino ya recorrido por la humanidad. Respetando sus peculiaridades como parte del aprendizaje. Creando comunidad, porque debemos ser parte de un todo que avanza sin dejar a nadie atrás. Imprescindible profesorado: entregado, culto, inteligente, ético y buena gente. Lo mejor de cada casa; porque lidiamos con la futura civilización.

Para ello tenemos que partir de lo que verdaderamente necesita la infancia. Deberíamos tener esa oreja verde de Rodari, para escuchar sus necesidades, tener una actitud de escucha, apuntar a un futuro en que vivirán felices, cubrir sus necesidades, atender a todas las personitas independientemente de sus peculiaridades…; y dejar de escuchar a políticos que utilizan la educación como mercado.

Así que caminemos hacia el horizonte, supuestamente inalcanzable, con paso firme y certero, con la ilusión de conquistar la utopía. Al menos, caminaremos por el camino correcto, buscando la senda del bienestar de la mayoría de las personas.

La hipersexualización de la infancia

Una compañera de Educación Infantil me manda una foto del regalo que le ha salido a su hija en una *bola sorpresa,* de esas máquinas que hay por las aceras para sacarles unas *perras* a las familias que quieren evitar una rabieta.

La sorpresa se la llevó mi amiga al ver el regalo que le tocó a su hija pequeña: un hermoso y voluminoso culo de goma de una chica *manga* en una tarjeta. Era un dibujo de una sensual mujer con un voluminoso trasero de goma, en relieve, invitando a tocar. El mercado sabe que el sexo vende y mientras antes comience a crear una cartera de clientes, mejor; aunque para ello destruya la inocencia de la infancia.

En mi aula de Educación Infantil, algunas alumnas, intentando agradar, o contrastar información de sus familias que no entendían, se levantaron la camiseta y me mostraron sus *tops*, a modo de sujetador, cuando apenas habían cumplido 5 años. Evidentemente, alguien puso esa prenda en ese inocente cuerpo, sexualizándolo, sin percatarse de la disfunción que podía generar en el desarrollo de esa chica.

Se ha normalizado que las chicas y chicos de 4 o 5 años tengan novios o novias. Yo me quedo anonadado cuando veo el beneplácito gracioso de sus familias. No me refiero a jugar a ser novios, que eso es normal si surge de la infancia, en un intento de jugar a comprender lo oculto; sino a la complicidad de la familia en sexualizar a sus infantes. No saben el mal que están haciendo en el desarrollo de sus vástagos. Y es que, hoy día, se visten igual las madres y las hijas, los padres y los hijos, en una cultura que ningunea la infancia.

Que las chicas jueguen a pintarse las uñas o los labios es normal, porque el juego simbólico es un tanteo para crecer y sentirse mayores; o que se metan un muñeco bajo el vestido para simular un embarazo también es aceptable. El juego simbólico es parte del desarrollo de la infancia. Pero que las chicas vengan a clase con las uñas y los labios pintados, y maquilladas, es algo pernicioso, creo. Y que los chicos vengan con tatuajes con bolígrafo en sus brazos, enseñando músculos, y retando, no es un simple juego sino un reflejo de la sociedad en la que se están desarrollando. Por eso debemos estar expectantes, tanto familias como profesorado.

Eso me viene a la cabeza cuando una amiga, educadora social, me cuenta que está tratando muchos casos de agresiones sexuales de preadolescentes de diez años. Y es que todo lo que sembramos tiene consecuencias.

Es necesario ir quemando fases poco a poco, desarrollar cada estadio del desarrollo en todas sus posibilidades, sin adelantar ninguno, para así poder sustentar el peso de otras etapas. El desarrollo humano es como una pirámide. En la base, en los primeros años, el máximo de desarrollo: sensorial, psicomotriz, de contacto, lenguaje y conexión amorosa, etc. Sobre ese soporte se sostiene lo simbólico: el juego, las primeras relaciones sociales, la seguridad y el desarrollo de la identidad. Estos aprendizajes son imprescindibles para soportar la compleja adolescencia y la juventud, dos momentos de cambios en la vida hacia la adultez, que necesitan de una base equilibrada.

No debemos alterar esta secuencia del desarrollo, una hipersexualización de la infancia antes de tiempo produce desajustes psíquicos con consecuencias posteriores nefastas.

He visto en mi escuela a chicas de 10 años vestirse como jóvenes cuando van de fiesta un sábado por la noche, y se exhiben en *Tik-Tok* con poses sensuales, con bailes eróticos de traseros insinuantes, aderezado con p*seudo-músicas* actuales. Es lógico que no atiendan cuando se explica un tema de ciencias o matemáticas.

La hipersexualización de la infancia se genera por un mercado que hace clientela para un futuro boyante. Por eso, desde la escuela, debemos ser tajantes y contrarrestar tanta demanda. Las niñas y niños vienen a la escuela a educarse y debe prevalecer el respeto a sus etapas de desarrollo. Debemos contrarrestar toda la carga de hipersexualización de la infancia que el mercado nos impone. Porque, tarde o temprano, nos explotará en la cara todo lo que hemos tolerado.

Así que, en la escuela debemos contrarrestar tanta pantalla, y jugar a la gallinita ciega, al corro de la patata, a la estatua, al mate o a cualquier juego o deporte tradicional, para que las niñas y niños de nuestras escuelas puedan tener una base en la que sustentar su futura existencia. Ya vendrán otros momentos placenteros y complejos cuando tengan edad para ello. Cada cosa a su tiempo.

¿Educación concertada?

Educación Concertada viene de concierto, con cierto... privilegio. Tiene una contradicción en su esencia. Quieren ser educación privada pero con dinero público. O, dicho de otra manera, quieren ser educación pública pero con prebendas.

Conozco algunos centros concertados con una visión solidaria de la educación, que acogen a todo el mundo, que ayudan a los más necesitados, que son cooperativas lidiando con mil dificultades, que tienen proyectos educativos que apuestan por las personas con carencias. Pero la mayoría de los centros concertados son negocios que quieren hacer caja con la educación de la infancia, imponiendo su doctrina y, a veces, ni eso. Se valen de idearios religiosos, justificándose con el amor al prójimo y demás monsergas, para montar un negocio.

Los centros concertados, en su mayoría, viven en una contradicción permanente: son religiosos, que se supone ayudan a los más desfavorecidos, pero segregan al alumnado con dificultades; buscan la excelencia, evitando a quienes tienen más carencias. Son centros con idearios sagrados, por lo que deberían ayudar a los marginados de la sociedad, pero evitan a las personas empobrecidas.

Eligen a su profesorado sin mediación de oposiciones estatales igualitarias, porque se creen capaces de seleccionar a los mejores, aunque siempre hay una red clientelar. Y el Estado, supuestamente aconfesional, lo permite. Contratan de aquella manera y buscan la excelencia con engaño, evitando al alumnado que le baja la media. Ya se sabe que la estadística es una gran mentira: si la mitad de la población no come pollo y la otra mitad come un pollo, la estadística muestra que cada persona come medio pollo. Si evitamos que entren en nuestro sistema quienes no comen pollo, tendremos un alumnado bien alimentado.

Buscan el éxito educativo en contradicción con su ideario religioso y solidario, evitan a quienes tienen necesidades con mil excusas. Seleccionan al alumnado con más capacidad y crean una red de relaciones de gente adinerada que solo busca el éxito social. Ya se sabe que para triunfar como escuela solo hay que seleccionar. Si eliges a los más exitosos siempre triunfas, pero a costa de la segregación y la marginación de los más necesitados.

Un buen colegio debería acoger a todas las personas, también a las marginadas, a los nadies, a la infancia destrozada, a quienes tienen dificultades, a los pobres, a los parias de este mundo... para darles posibilidades. Los peores colegios del mundo son los que buscan los estándares de calidad expulsando al alumnado con dificultades. Porque no aportan nada, no mejoran la sociedad, solo seleccionan, y luego se cuelgan medallas.

En la escuela pública siempre nos llegó alumnado con diversidad funcional desechado de las escuelas concertadas con la excusa de que no tenían personal especializado para este tipo de alumnado. Me da risa, a la vez que tristeza, el argumento.

¡Vaya morro!, tienen quienes hacen este tipo de trampas. Si escoges a los mejores y luego evalúas, sin tener en cuenta el punto de partida, seguro que tendrás mejores resultados. Pero no nos engañan, las buenas escuelas son las que acogen gente con dificultades y las hace progresar según sus posibilidades. Podría nombrar a cientos de escuelas que trabajan para la emancipación de sectores desfavorecidos y la mejora de la sociedad. Solo pondré un ejemplo: *CEIP Nuestra Señora de Gracias*, en Málaga, que apuesta por la infancia más necesitada.

Demos alas a la escuela pública, la única que mira a los ojos de cada persona, compensando sus dificultades, con la esperanza de crear una sociedad más justa e igualitaria.

El «usted» es solo un síntoma

Existen personas de pensamientos simples y otras que sobrevuelan la realidad escudriñando la complejidad de este mundo. Pero, cada vez más, se evidencia la simplicidad de quienes narran de forma elemental este mundo complejo que nos ha tocado vivir.

Hay políticos que, con tres frases bien articuladas, sin sentido alguno y emoción simulada, mil veces repetidas, ganan elecciones. He visto televisiones que con diez horteras encerrados varios días en una casa, en una isla o en un plató de televisión, con mediocridad manifiesta y mucho sexo insinuado, consiguen atraer a la tribu, sin apenas decir nada inteligente ni importante para vivir.

Cuando la realidad se retuerce, cuando la cosa se complica, cuando la cuestión es discutible, en situaciones complejas... llegan, a caballo, los mesías de la simplicidad para explicar, con dos palabras, lo que es mentira y lo que es verdad. Pero la realidad requiere de mentes imaginativas y creativas, capaces de profundizar en la complejidad de la existencia. De lo contrario, solo veremos blancos y negros, sin colores ni matices.

Al pan, pan, y al vino, vino; blanco y en botella; las cuentas claras y el chocolate espeso... El refranero lo confirma: la simplificación entra de forma sutil en mentes poco reflexivas. Así es como afirmaciones pueriles pueblan los pensamientos de una gran parte de la población: los normales y las demás personas; o conmigo o contra mí; los inmigrantes nos roban; los españoles, rusos o catalanes somos los mejores; el diferente es una amenaza y un enemigo; hay gente buena y gente mala y nosotros somos los buenos; las cosas son como son, que es como yo te lo cuento... Sigue funcionando el androcentrismo de otros tiempos. Aún no se ha enterado de que damos vuelta alrededor del sol.

El otro día, en una charla educativa sobre los retos que plantea una nueva educación que dé respuestas a la complejidad de nuestro mundo, alguien dijo que el problema es que se había perdido el respeto al profesorado, porque no le hablábamos con educación, porque ya no se empleaba el «usted». Es un discurso bastante generalizado y simplista porque hace de la anécdota categoría.

No sabía si reír o llorar. Creo que las personas que así piensan son incapaces de comprender que solo con una palabra no se cambia la educación. Porque la realidad es más compleja y difícil de solucionar. Pienso que estas personas, con su mejor intención, se trasladan al pasado y rescatan una palabra mágica que pueden cambiar todo un sistema educativo, eludiendo la situación histórica y régimen político en el que esa palabra no era más que un síntoma.

Suele ocurrir que buscamos en nuestra memoria momentos o circunstancias concretas que percibimos felices para solucionar los complejos problemas del ahora, sin tener en cuenta las circunstancias que contextualizan, los elementos que mediatizan, la compleja realidad en la que se crearon. Se ensalza el «usted», pero se olvidan del miedo, de los castigos, de la homogeneización, de la selección, de la gran cantidad de alumnado que fracasa en ese sistema. Recuerdo que, en mi pueblo, en una clase de 25 alumnos llegaron a estudiar en la universidad dos, y porque salieron fuera a completar su formación. Alumnas, ninguna.

El «usted», la tarima, la distancia, el poder tiránico, la memorización irreflexiva, la sumisión... (el llamado respeto) no son más que liturgias de una situación de poder, producto de una época que mejor olvidar.

El verdadero respeto al profesorado no depende de una palabra. Siempre me llamaron de tú, siempre fui el maestro Cristóbal, sin usted, sin tarima, sin estrado, sin distancia... Pero siempre sentí respeto a mi trabajo y a mi persona, tanto del alumnado como de sus familias.

Alguien dijo que la realidad es un delirio colectivo. Las cosas son lo que todas las personas decimos que son. Así construimos religiones, naciones, buenos y malos y simplicidades. Y es que la realidad es una construcción social. Pues observo que se está construyendo un relato de la realidad bastante simplista, por gente interesada, que está fomentando una narración falsa de realidad con argumentos como que el problema está en que se está perdiendo el «usted», y la ciudadanía lo está asumiendo de forma delirante.

Por eso necesitamos, hoy más que nunca, una actitud crítica que contraste información, que ponga en entredicho las narraciones simplistas, que se atreva a pensar de forma autónoma y ose someter sus ideas al veredicto de la ciencia, la reflexión, la filosofía y la crítica; porque es necesario crear pensamientos más solidarios, más empáticos y humanos que acepten la diversidad y la complejidad del mar en el que, irremediablemente, estamos navegando.

La esclavitud del deseo

Que Buñuel fue un genio del *séptimo arte,* es indiscutible; que fue un visionario de nuestra época, cada vez lo tengo más claro. Acabo de ver por enésima vez su película *«Ese oscuro objeto de deseo»,* basada en la novela de Pierre Louÿs, *«La mujer y el pelele».*

El deseo tiene mucho de inconsciente, de lo que nos mueve por dentro sin que nos demos cuenta. Por eso *el pelele* se deja engañar, una y otra vez, por la protagonista de la película, y se convierte en un ser sumiso y dependiente. No le queda otra, porque actúa por impulsos que la razón no controla.

Acabo de leer la novela de *Santiago Lorenzo* titulada *Las ganas,* un concepto castizo y esencial para definir el deseo; eso que nos mueve por dentro y que está, siempre acechante, mediatizado por la razón que la cultura nos impone.

El liberalismo se fundamenta en la libertad individual frente al estado democrático, defiende el deseo más primario. Supone que, si cada cual busca su bienestar, el bien común será para todas las personas, y quien no lo alcanza es porque no se esfuerza demasiado. Además, argumenta que, si todos buscamos el bien propio, el bien común se produce de forma natural (la llamada *mano negra* del liberalismo que todo lo regula). ¡Nada más lejos de la realidad!

Creo que la vida es compleja y no podemos reducirla a la simplicidad de dos opciones. Ni todo debe ser libertad individual, ni todo puede ser un poder del estado que nos controle. Ahí está la dificultad, en gestionar racionalmente el deseo.

Si damos libertad individual, siempre ganarán quienes tienen más posibilidades; es como dejar a las zorras convivir con las gallinas sin ninguna norma que impida las relaciones de poder entre ellas. Por el contrario, si damos todo el poder al Estado, sin ningún control, es como tener fe en un único dios verdadero, con la de dioses y sensibilidades existentes. Los grandes filósofos nos mostraron que en el centro siempre está la virtud. En mi pueblo dicen: *ni tan calvos ni con tres pelucas.*

Ya fracasó el liberalismo en *«La crisis del veintinueve»,* y el totalitarismo comunista también fracasó, cuando se alejó de la filosofía marxista y comenzó a controlar y reprimir toda idea reflexiva contraria al dogma, con la caída del muro de Berlín. Lógicamente, porque limitó en demasía la libertad individual.

El sistema capitalista liberal, que padecemos en occidente, comenzó a estudiar la psicología del deseo, y se hizo experto en *marketing.* Y fue entonces cuando diseñaron un proyecto de manipulación de los seres humanos creando narraciones que colonizaron las mentes de las personas, y controlaron a la gente para que libremente fueran esclavos.

Todo comenzó con la *Coca Cola*, una bebida anodina que supieron aderezar con mucha azúcar y con imágenes deseosas: juventud, la *chispa de la vida* y la felicidad. Y fue entonces cuando comprendieron que el deseo vende. Y se hicieron de pecunias y de poder.

Luego le siguieron los perfumes. Se vendía sin que nadie los oliera. Bastaba con hacer un anuncio que sugiriera placer, éxito, sensualidad, emoción… Unas insinuantes caderas, un torso desnudo y unas imágenes cálidas fueron suficientes. Ya tenían la clave del negocio: influir en las mentes deseantes. Encontraron la llave para abrir la puerta del deseo que todas las personas llevamos dentro. Y, a partir de ahí, se podría vender cualquier cosa. El tema no estaba en el producto, sino en activar el deseo inconsciente.

El paradigma del control de las mentes, en Italia y España, la materializó *Telecinco* con el «Cacao Maravillao», una marca de un producto inexistente, pero que se anunciaba con chicas insinuantes en un programa de televisión. Consiguieron millones de demandas de un producto que no existía. ¡Eureka! Habían descubierto la llave de la manipulación humana.

A partir de entonces, miles de psicólogos vendidos al sistema, multitud de expertos en imagen y sonido, publicistas y muchos autoproclamados periodistas, pusieron en marcha la maquinaria de vender productos e ideas políticas aunque fueran una falacia. Tenían que comer. Así llegó Berlusconi al poder en Italia. Y, luego, otros supuestos políticos a muchos países.

Necesitamos, en este mundo de narraciones complejas, seguir viviendo en un mundo en el que la libertad individual conjugue de forma adecuada con el bien común. Ahí está la dificultad.

Por eso debemos estar atentos, quienes nos dedicamos a la educación, a los estímulos que vienen de fuera vendiendo ideas y narraciones que controlan nuestras mentes.

En estos tiempos, la manipulación se ha perfeccionado con las redes sociales, y han inventado mil argucias para embaucarnos de forma inconsciente.

Quizás la escuela debería asumir un nuevo contenido, además de dar matemáticas, lengua, historia o música. Quizás debemos crear una gran asignatura titulada «Que no nos engañen: las argucias publicitarias de los poderes mediáticos».

Solo una educación crítica nos liberará de tanta inmundicia. Un nuevo reto educativo que afrontar. No hay otra.

Intentando innovar en la escuela

Recuerdo, cuando empezamos a trabajar en Educación Infantil un grupito de maestras y maestros, un tanto ingenuos, que luchábamos en mil batallas contra los obstáculos que nos impedían enseñar con metodologías innovadoras. Nos persiguieron inspecciones educativas, direcciones de colegios, compañeras y compañeros. No comprendíamos nada. ¡Quienes deberían alentar la innovación en la escuela nos ponían zancadillas!

Con el tiempo nos dimos cuenta de que sufrimos por nuestra torpeza, por no comprender la dificultad de cambiar una organización educativa tan férrea y anquilosada como es la escuela.

Dimos cursos sobre lo que hacíamos en nuestras aulas por los Centros de Profesorado, en un intento de mostrar nuestras tímidas innovaciones sobre ambientes en el aula, lectura y escritura constructivista o trabajo por proyectos. Fue una experiencia gratificante, pero quizás, solo para quienes impartimos las ponencias, porque nos ayudó a sistematizar nuestra práctica. Pero ahora pensamos que no sirvieron demasiado para mejorar la escuela. Cuando vamos a cursos, conferencias, jornadas y encuentros educativos buscamos la pócima que calme nuestro desasosiego. Porque solo escuchando no se aprende demasiado; por eso nos aferramos a nuestra experiencia pasada, a la escuela de cuando éramos niñas o niños: cartillas de leer, memorización, exámenes y castigos.

Ahora se sigue, en la mayoría de los colegios, enseñando a leer y escribir con el método tradicional, hace tiempo denostado por la ciencia. Quizás, no sirvió de mucho tanto esfuerzo para intentar convencer de nuestras evidencias educativas innovadoras. Si acaso, nos valió para reflexionar sobre nuestro trabajo, aumentar nuestra autoestima, para perfeccionar nuestra práctica y para mejorar como enseñantes. Pensando en la distancia, hemos aprendido que impartiendo charlas no cambiamos la realidad de la escuela.

Compartiendo experiencias y errores, hemos aprendido características esenciales de los centros educativos, como de cualquier organización social que se precie, que dificultan cualquier proceso de innovación y mejora. Estas son algunas de ellas:

— Siempre aprende el que habla de lo que hace y pocas veces el que escucha. Aprendemos mostrando lo que hacemos y reflexionando sobre ello. Quienes crecen son los ponentes, en esa liturgia de jornadas y conferencias. Quienes solo escuchan no cambian demasiado. Para aprender hay que, primero, hacer; luego, pensar y compartir el análisis de la acción; y, por último, llevarlo de nuevo a la práctica. Sabiendo como sabíamos que se aprende con la reflexión de nuestro trabajo en grupo, fuimos dando charlas, por los caminos, sobre nuestras prácticas. Era como enseñar un mapa del paisaje que recorrimos. Y, ya se sabe, que en el plano nunca está lo vivido.

— Todo intento de cambio produce una reacción (acción-reacción, principio físico que siempre se cumple). Nunca pretendas cambiar el *status quo* esperando el beneplácito. Si empujas al sistema, sentirás en tu alma la resistencia. De la innovación nunca se sale ileso. Cualquier intento de transformación produce sufrimiento, pero de ello también aprendemos.

— No esperes el aplauso de quienes trabajan a tu lado. La inseguridad de algunas personas salta por los aires cuando te conviertes en espejo en el que se miran y no les gusta lo que ven. Es necesario conectar con redes de contactos lejos de donde trabajamos, donde nadie te conozca, (eso hicimos siempre). Allí encontrarás el verdadero valor de lo que haces. Al no existir relaciones de cariño, de poder, celos o rivalidad, juzgarán solo tu trabajo y sabrás el verdadero valor de lo que haces. Son pocas las personas que tienen la suerte de trabajar juntas compartiendo y valorando a quienes tienes a tu lado; solo ocurre cuando el grupo ha trabajado mucho sus emociones personales.

— Si trabajas de forma diferente al resto de la gente, se necesita valor para navegar en soledad. Raras veces encuentras a personas que reconozcan tu trabajo y te ayuden en la tarea. Es muy importante descubrir entre tanta «normalidad» a quienes, como tú, buscan innovar y mejorar la educación. La innovación requiere de gente dispuesta a asumir la duda permanente y la soledad.

— Nunca te enfrentes al poder directamente, aunque tengas *más razón que un santo*. El poder es el que puede, no necesariamente el que sabe, y menos aún quien tiene razón. No malgastes saliva en explicar. El poder suele querer mantener la paz social del centro educativo que dirige. Si molestas demasiado, te castigan.

— Todas las personas tenemos un vacío, un hueco en nuestro interior que nos inquieta. A quienes nos dedicamos a educar se nos ensancha ese agujero. Debemos aprender a llenar nuestras lagunas para poder educar de forma saludable, pero siempre desde la experiencia. Los discursos y textos pedagógicos, las conferencias, la charlas, ponencias y reuniones… alumbran, sugieren y dan ideas, pero solo cuando se practican y se viven en carne propia nos ayudan a mejorar, de lo contrario nunca diluyen nuestras carencias. Y es que aprendemos de la reflexión sentida, en grupo, de lo que hacemos. Aprendemos cuando una chispa se enciende, no cuando nos obligan a perfeccionarnos. Porque la llama del aprendizaje prende desde dentro. Y cada cual arde a su tiempo y manera.

Solo desde nuestro interior podemos tapar ese vacío que todas las personas llevamos dentro.

Por último, debemos tomar conciencia de que trabajamos en una institución férrea que se resiste a cualquier cambio o innovación. La lucha para cambiar la escuela es dura, pero merece la pena.

Contra el racismo y la guerra, desde la escuela

Después de mi jubilación, volví un día al colegio para revivir emociones, para sentir qué quedaba de mi trabajo durante muchos años como maestro de escuela. Y resulta que, una alumna de sexto de primaria, de padres marroquíes, se abalanzó hacia mí y me dio el mayor de los abrazos. No era una alumna de necesidades especiales a las que yo atendía, por eso me extrañó. Pero recordé un incidente en el que, hace tiempo, intervine con ella. Ya se sabe que, la educación tiene efectos inesperados a largo plazo.

Resulta que un alumno de quinto curso me dijo que una chica de pelo negro rizado, cara preciosa y rasgos magrebíes, le había pegado. Lo primero que hice es hablar con esta niña, que ya apuntaba a mujer, y le argumenté que no está bien hacer daño a un compañero. Lo segundo que hice fue escuchar su justificación. Me dice que este chico le llama a menudo «mora» y le increpaba para que se fuera a su país. Acepto su ira. Es duro, habiendo nacido en España, que alguien te diga que tienes que irte de donde naciste. Es humillante que no te acepten como compañera de clase por ser diferente. Le digo que la comprendo, pero que eso no justifica resolver los conflictos a golpes.

—*Debes hablar con él y decirle cómo te sientes* —eso le dije.

Luego hablo con el chico y le argumento que está mal lo que le hizo esta chica, pero que debe comprender que le dolió mucho que quisiera que se fuera de España, porque ella nació aquí. Y que se sintió muy dolida, y por eso reaccionó así.

A los dos días, viene el chico y me dice que ya ha resuelto el problema. La chica me dijo que su compañero le había pedido perdón y que ya eran amigos de nuevo. Se había resuelto el conflicto solo hablando y comprendiendo el dolor de cada cual, desarrollando empatía, sin necesidad de castigos. Este chico había aprendido que con sus insultos podía herir a otra persona; además, comprendió que en España vive gente de distintas partes del mundo y que eso nos enriquece. Sé que, en el fondo, le gustaba esa chica, y no fue correspondido. Siempre buscamos justificaciones a nuestro dolor. Y el racismo es una simplicidad muy recurrente que suele utilizarse cuando la vida nos contradice.

Debemos aprender en la escuela que todos fuimos, alguna vez, de otro país. Porque algún antepasado llegó, en tiempos pasados, a nuestra casa, buscando el sustento. Porque los países se formaron a base de guerras y dominaciones para sobrevivir. Porque, en última instancia, todas las personas somos inmigrantes venidos de África, donde se forjó el *Homo sapiens* en tiempos inmemoriales. Y es que todas las personas somos inmigrantes en alguna época de nuestro pasado.

Pero toda la gente vivimos, irremediablemente, en el mismo planeta. Es importante aprenderlo para que, en un futuro, se acaben las guerras. ¡Crucial tarea tiene el profesorado de primera enseñanza! Por eso creo que es importante resolver bien los pequeños conflictos que se generan en la escuela. Porque ahí empieza el camino hacia la paz del mundo. ¡Menuda responsabilidad tenemos las maestras y los maestros de escuela!

Educar para la paz

Ya lo sé, soy un ingenuo. Por mucho que cambio de canal, no veo a personas ingenuas como yo que reclamen la paz en el mundo. En los telediarios y programas de debates de televisión, o en las redes sociales, solo contemplo a gente racional que dispara mil discursos justificando la guerra: *hay que defender la patria, hay que repeler la agresión, debemos ayudar con armas al pueblo para que se defienda...* Debo ser el más ingenuo del mundo porque siento y pienso desde otro lugar.

Me siento identificado con la reflexión de Eduardo Galeano:

«Las guerras mienten. Ninguna guerra tiene la honestidad de confesar: yo mato para robar. Las guerras siempre invocan nobles motivos: matan en nombre de la paz, en nombre de Dios, en nombre de la civilización, en nombre del progreso, en nombre de la democracia».

He pasado mi vida profesional como maestro de escuela acudiendo a cursos de *educación para la paz*. He sido durante años coordinador del proyecto *Escuela Espacio de Paz*. He resuelto, en la asamblea de mi aula, situaciones conflictivas mediante la comunicación, el debate, la discusión, la empatía y el amor. Es lo que manda la legislación de todas las administraciones de mi país. Siempre creí que si quieres la paz debes prepararte para la paz, y nunca para la guerra. En esta idea eduqué a mi alumnado. Pero, mira por dónde, me siento un ingenuo, porque los mismos poderes que instaron para educar en paz, ahora justifican la guerra.

Creo que la educación ha fracasado. Algo estamos haciendo mal como sociedad. Puede que los políticos hayan considerado a la educación como un entretenimiento para los párvulos porque no son productivos ni votan. Siempre hubo una desconsideración de la infancia y, por ende, del profesorado que se dedica a ella con toda ilusión. Aunque también es posible que el sistema educativo se sustente en una estructura y metodología con criterios de individualismo, competencia y homogeneidad, en vez de basarse en ideales de cooperación, bien común y diversidad. El caso es que no hemos educado para una paz verdadera.

Quizás sea que, en la sociedad de consumo, también se venda material de guerra y esto genere beneficios para algunos poderes. Es posible que en la era mercantil las energías sean una forma de enriquecimiento para mucha gente. Quizás la guerra sea un medio de enriquecimiento para poderosos. Lo que es seguro es que el pueblo siempre pone los muertos, de cualquier bando, de cualquier país, de cualquier ideología. Siempre hay señores de la guerra que salen ganando y soldados de a pie que pierden dinero y vida. Es posible que los soldados, que fueron a la escuela, no aprendieran que la patria es una entelequia, que lo que importa son las vidas humanas. Y en eso quizás, el profesorado y la administración educativa, tengamos alguna responsabilidad.

Gandhi luchó por la independencia de su país, contra el mayor imperio de su tiempo, mediante *la desobediencia civil no violenta*. Y ganó. No hemos aprendido nada de ello. Está bien reconocer a este líder espiritual en todos los actos escolares en *el día de la paz*, pero hemos aprendido poco de lo que dijo:

«Ojo por ojo, el mundo acabará ciego».

«La violencia es el miedo a los ideales de los demás».

Quizás Gandhi fue un ingenuo, como yo, pero ganó la independencia y la dignidad de su pueblo mediante la paz. Estaría bien aprender de ello.

Imaginad: todo un pueblo con las manos pintadas de blanco, pidiendo paz, frente a los tanques, frente a las bombas, frente al odio… No hay mayor poder que el del quien no quiere luchar. Ya lo dijo Gandhi: *«No hay camino para la paz, la paz es el camino».*

La perversión del lenguaje

Lenguaje y pensamiento, Pensamiento y lenguaje. Piaget y Vigotsky, respectivamente, sembrando la esencia de nuestro tiempo. Porque la nueva forma de dominación no es la esclavitud, ni el feudo, ni el capitalismo que controla los medios de producción, aunque eso también; la nueva forma de control es el lenguaje. Uno suizo y el otro ruso, pero ambos, en la distancia, anticiparon en el siglo pasado una cuestión central de nuestro tiempo: el lenguaje como nueva forma de dominación.

Las conquistas históricas, que han permitido mejoras en la sociedad del bienestar, corren peligro porque narraciones perversas dominan nuestras mentes. Ya se sabe, pensamos con el lenguaje. Y los medios de comunicación, con sus dueños vigilantes, dominan la alquimia de convertir en verdad las mentiras dichas con palabras precisas. No importa lo que sucede, sino cómo narran lo que pasa. Y los poderes lo saben, y se dedican, en cuerpo y ¿alma?, a controlar nuestro pensamiento mediante el verbo.

El verbo se hace carne, lo dice hasta la Biblia. El lenguaje nos configura. Y hay todo un ejército mediático modelando el barro primigenio para recrearnos sumisos, crédulos, ignorantes… Solo hay que ver cómo la clase trabajadora vota a partidos que representan a quienes la explota, cómo los productos más contaminantes nos invaden con anuncios ecológicos con fondo azul y aguas cristalinas; cómo los grandes poderes de la comunicación adormecen a los ciudadanos con la simpatía de unas realidades inexistentes en las pantallas, cómo las mujeres han quedado borradas de la historia con un lenguaje sexista…, cómo los centros educativos se llenan la boca de vocablos grandilocuentes de inclusión, diversidad, compensación, educación para la paz, convivencia… y demás palabras vaciadas de contenido; mientras, a la vez, siguen ejerciendo la discriminación, la dominación, la reproducción de clases sociales… y esparciendo la ignorancia por toda la ciudadanía.

La educación emplea un lenguaje cada vez más hueco, carente de realidad. Utiliza términos grandilocuentes sin referentes en la vida real. Estamos en una época de formas, y no de esencias. El lenguaje es el traje perfecto en donde esconder la desnudez de la verdadera realidad:

— *La escuela es para todas las personas*, pero quienes tienen más dificultades, fracasan en ella.

— *Los centros educativos compensan desigualdades*, pero seguimos poniendo exámenes iguales para todo el alumnado, sabiendo de antemano quién fracasará.

— *El esfuerzo es lo importante*, pero no tenemos en cuenta las características biológicas, históricas o sociales de cada individuo y solo valoramos los contenidos. ¿Esto implica que quien fracasa no se esfuerza lo suficiente? Estamos negando, con el lenguaje, las causas personales, históricas, psicológicas o sociales que hacen que muchas niñas y niños no puedan cumplir con lo exigido en la escuela, a pesar de su esfuerzo.

— *Trabajamos para mejorar la convivencia.* Pero la legislación impone metodologías, asignaturas, exámenes, libros de texto, currículum, exámenes…, que marginan a quienes tienen más dificultades, y lógicamente se altera la armonía en las relaciones.

No existen niñas y niños *vagos*. Ese término no está científicamente probado. Es una simplificación vulgar. Lo que existe es alumnado que fracasa en la escuela porque no tiene las destrezas que esta requiere, debido a multitud de causas. Si alguien tiene dislexia es normal que tenga faltas de ortografía, si tiene discalculia suele confundir los números, si es tetrapléjico no podrá subir una escalera para ir a su aula del primer piso, si tiene mutismo no podrá expresarse con el habla… La vagancia es una construcción social de un sistema educativo hegemónico que no acepta la diversidad.

El lenguaje mediatiza la cultura y la vida social. Por eso creo que el lenguaje no es solo un medio de comunicación sino un medio de dominación. Porque las palabras son un instrumento que impone un sistema de control. Por tanto, para cambiar la educación debemos desaprender el lenguaje dominante y comenzar a nombrar la realidad de nuevo. Debemos, por consiguiente, crear nuevas palabras y diferentes narraciones: más inclusivas, más justas, más educativas, más humanas.

El lenguaje nos configura, irremediablemente. Por tanto, es necesaria una actitud crítica que desenmascare a la gente desalmada, una mirada perspicaz que vea la realidad sin mediación de un lenguaje adulterado, una nueva narración que evite las construcciones perversas que están creando un mundo tan inhumano.

Libros de texto que nos impiden aprender

Carlitos es un chico de primer curso de Primaria que está empezando a leer y escribir. Es sabido que el alumnado tiene diferentes ritmos de aprendizaje en la adquisición de esta destreza, en función de su madurez, ambiente cultural y otras peculiaridades. Carlitos debería estar muy contento porque ha realizado la hazaña más determinante de su vida académica: ya comienza a dar significados a esos grafismos que son muy importantes para la comprensión de la vida cultural. Pero la escuela no deja que disfrute de ese momento tan especial. Ahora que sabe cómo se hacen las letras le obligan a leer en un libro de texto de primer curso en donde los grafismos han cambiado. Las letras que aparecen no son las que conocen; ahora aparece una «b». Y este nuevo dibujo se parece mucho a la «d». Y si le das la vuelta es como una «p», que al revés es la «q». Cuando sabía cómo se escribían las letras han cambiado las reglas de codificación. Y como consecuencia se sienten torpes, incompetentes y con baja autoestima. Porque lo que dominaba, después de mucho esfuerzo, ahora cree no saberlo.

Ocurre que los libros de texto de primer curso de Primaria no tienen en cuenta los momentos evolutivos de cada etapa de la infancia. Quienes hicieron esos textos no saben que el cerebro de una personita de 6 años percibe que una silla es una silla aunque este bocabajo, mirando hacia la izquierda o hacia la derecha. El cerebro está preparado para ver los objetos independientemente de su situación espacial. Y por eso no comprende que una «p» sea distinta de una «q», de una «b» o de una «d». Cuando el cerebro madura, allá por los 7 años, distingue la lateralidad de los grafismos y ya está preparado para aprender a leer sin problema. Como el alumnado crece a diferentes ritmos hay que dar oportunidad a quienes aún no están en el momento adecuado. En todas las clases hay, al menos, un año de desfase de maduración entre todo el alumnado; así que un tercio de la clase se quedará descolgado porque aún no está maduro para integrar la complejidad de las nuevas reglas de lectura y escritura. Otro tercio lo aprenderá a duras penas. Pero el profesorado, quizás, solo se fije en el tercio que responde a las exigencias. Así se genera una estratificación del alumnado entre *listos, normales y torpes*, con la consecuente suerte de autoestima diferente para cada niña y niño de clase.

Vemos a menudo en la escuela que los libros de texto segregan al alumnado con menos madurez, con pocos recursos o menos estimulación sociocultural, creándoles dificultades en la adquisición de competencias en la compresión y expresión de textos. Ante esta situación el profesorado intenta hacer lo que puede compensando la incompetencia de políticas educativas desacertadas que validan libros de texto inapropiados.

El tema no es baladí, porque los libros de texto de primeros cursos de Primaria no tienen en cuenta estas cuestiones, y al poner tipografías caligráficas inapropiadas para estas edades, además de textos excesivos, están segregando al alumnado que aún no tiene la madurez suficiente para asimilar tales cambios. Y, sin querer, están condenando a las chicas y chicos menos maduros a una codificación de *torpes*.

Muchas veces, se cosifica a las niñas y niños en el colegio con diagnósticos de dislexia, falta de atención, retrasos en el desarrollo y otras etiquetas cuando, en la mayoría de los casos, no hay más que un libro de texto desacertado que no deja tiempo para dejarles madurar. Entonces, un problema de enseñanza se convierte en un déficit en las personas. En vez de diagnosticar una carencia en la metodología, diagnosticamos al alumnado que encuentra dificultades debido a su madurez natural. Constatamos pues que, en educación manda el mercado y las editoriales a costa del sufrimiento de la infancia y, siempre, con la complicidad de las administraciones educativas, que avalan a editoriales carentes de criterios pedagógicos.

Pantallas

Supongamos que un bebé, en sus primeros años de vida, en plena etapa de apego, se cría mirando una tableta, el ordenador, la tele o el móvil. Es bien sabido que una persona acaba de construir su cerebro fuera del útero de la madre. Pues, supongamos que su mamá y papá abandonan a su vástago en manos de estos artefactos tecnológicos para estar más tranquilos, o trabajan hasta altas horas y dejan al bebé en casa de los abuelos. Sigamos suponiendo: los abuelos no tienen tiempo, ni energía, ni pueden estar interactuando con el bebé todo el tiempo y lo dejan demasiado rato frente a una pantalla, para que se entretenga.

Pensemos qué tipo de mente se formará si la estimulación es excesiva y la configuración de su cerebro se forja con estímulos visuales y acústicos veloces en un cerebro que aún procesa sin capacidad simbólica y con muchas limitaciones.

Pues resulta que en estos momentos nos están llegando a los colegios chicos y chicas construidos por pantallas, sin que medie nada de lo humano.

Sigamos suponiendo. Este chico llega a la escuela, con poquitos años, bastante desconectado. Y en la escuela infantil con unos 25 seres y solo una persona a su cargo, para poder manejarlos y que estén quietecitos, los conectan a la gran pantalla. Es sorprendente lo enchufados que se quedan mirando los Cantajuegos o los dibujos animados de moda.

Vemos a diario al nuevo alumnado que llega a los colegios con comportamientos poco socializados. Y comienza la demanda: este niño no me mira, no me hace caso y no comunica demasiado. Y desde la psicología se diagnostica con las etiquetas que la ciencia ha construido en estos tiempos. Alguien podría etiquetarlos de desatentos, diagnóstico muy de moda últimamente, pero es algo más grave. No es un problema neurológico, es un tema cultural de nuestra época. Aunque acabará siendo un problema psiquiátrico, no lo dudemos. Los males sociales acaban siempre fosilizando identidades. Ya se sabe que el cerebro, en los primeros años de vida, se construye por interacción social y amorosa.

Será difícil desandar lo andado. A ver cómo lo afrontamos. Menuda tarea se nos encomienda al profesorado de las primeras etapas: generar seres ya deshumanizados desde sus comienzos. Pues en esas estamos. Porque es posible que si en la construcción del nuevo ser no media nada de lo humano no pueda construirse una persona. Nos construimos como seres humanos cuando otro ser humano nos interpela, nos habla, nos acaricia y da sentido a los reflejos primarios. Somos barro modelado por las manos, las palabras y los ojos de otro ser que nos mira con deseo.

Nos encontramos ante una nueva realidad. No es cuestión de reparar, no hay nada roto. Simplemente hay una construcción diferente. Las personas somos historias construidas a base de palabras y afectos. No es solución arreglar ningún desperfecto porque nada se rompió, sino que se generó el cerebro de otra manera. El ser humano se construye mediante el amor y el deseo de otro, y comienza cuando el bebé conecta con esa primera mirada de la madre mientras lo amamanta. Y ya cuelga en Internet un niño mamando mientras mira una pantalla. ¡Qué horror!

Hasta la Organización Mundial de la Salud ha realizado una guía para la población mundial con la recomendación de cero pantallas antes de los dos años; y hasta los cinco años, mientras menos mejor.

¿Y qué podemos hacer? Creemos que es urgente que los adultos hagamos lo posible para que la infancia pierda de vista la tecnología en los primeros años de vida. Ya sabemos que el mercado y los poderes nos quieren conectados a pantallas, desconectados de la vida; pero debemos rebelarnos. Es imprescindible, antes de que sea demasiado tarde, que los políticos, educadores y profesionales de la psique humana levanten la voz y adviertan del gran peligro que el futuro nos depara.

Como solución proponemos lo que siempre se hizo con los bebés: la manta en el suelo para gatear, la pelota, canciones como *Los cinco lobitos* o el *Cucú*, juegos como *El escondite*, ir al parque y jugar *a pillar*. Y siempre bajo la atenta mirada de los seres queridos.

El huevo sorpresa y otros cachivaches

Esos cochecitos que están a la entrada de los restaurantes o junto a los kioscos, con su música repetitiva y embriagadora, solivíantan a la infancia sobremanera. Es un reclamo del mercado para que nos dejemos los cuartos. Eso lo sabemos y lo controlamos. Intentamos evitarlo, pasar de largo, buscar estrategias para posponerlo, esperanzados en que pase el trago. Pero si no podemos eludirlo, le echamos unas monedas a la máquina infernal y nuestros vástagos se pasearán un ratito, imaginando que van montados en un magnífico coche recorriendo mil ciudades con la imaginación.

Pero el tema se ha complicado. Los supuestos beneficios de estos artefactos (que desarrollan la imaginación sintiendo que están conduciendo, mejoran el sentido vestibular con el movimiento y entusiasman a nuestros vástagos) se han endiablado. Y ahora comienzan a poner pantallas delante del coche para que la infancia deje de imaginar; una pantalla digital que simula que van conduciendo por una carretera digital, para que no tengan que generar actividad intelectual alguna (una nueva estrategia del sistema para enganchar a la infancia a las pantallas, impidiendo su desarrollo natural).

Otro caso que invade la mente de la infancia es el de *los huevos sorpresas*. Esas maquinitas que por un módico precio te regalan un huevo de chocolate con una sorpresa dentro. Pues resulta que se han sofisticado, y la sorpresa es un papelito con una página web o un *QR* para que los infantes entren, evidentemente, con el móvil de sus padres, en el endiablado internet. Otro intento de que no disfruten de un muñeco al uso con el que pudieran jugar y ensanchar su imaginación, sino que incitan a que se sumerjan en pantallas digitales.

Por último, narro otro caso inquietante: en un *parque de bolas* (esos espacios a los que llevamos a nuestros vástagos para celebrar sus cumpleaños), se ha inmiscuido el mercado de pantallas. Además de piscina con bolas y toboganes con los que disfrutar, hay mesas con pantallas digitales que atraen a la infancia incitando a que dejen de jugar y socializarse, con estímulos musicales, luces deslumbrantes y reclamos digitales.

Por eso debemos estar atentos en la crianza, hoy más que nunca, porque hay mil y una argucias, de poderes sin escrúpulos, intentando conquistar la mente de nuestra infancia para ensanchar el mercado y generar una futura clientela.

Tenemos que estar alerta porque estamos rodeados. Y si un gobierno cualquiera intenta coartar tales desmanes lo acusan de quebrantar la libertad. Pero hay que diferenciar entre libertad de mercado (libertad de los lobos gobernando a las gallinas), con la libertad de generar pensamiento autónomo, y eso solo es posible si cuidamos la educación de la infancia, librándola de tantas pantallas que determinan el pensamiento autónomo.

Dijo **Marco Aurelio,** hace dos mil años, que *todo lo que escuchamos es una opinión, no un hecho. Todo lo que vemos es una perspectiva, no la verdad*. Por eso es imprescindible que la infancia evite las pantallas, para que no imaginen verdad en donde solo hay espejos que simulan la realidad. Nos lo advirtió **Platón** en *el mito de la caverna*, nos lo recordó **Saramago** en su novela *La caverna*. Es necesario distinguir lo que es narración construida por *la posverdad* de lo que es la verdad sentida. Por tanto, debemos evitar que la infancia consuma pantallas cuando se está construyendo, porque el disfrute experimentado es momentáneo y determina la forma de pensar para toda la vida.

Creo que, en los primeros años, hay que evitar las pantallas (nada de espejos que alteren a una infancia en construcción), porque impedirán un pensamiento acorde con la realidad. Debemos, por tanto, estar atentos a *los huevos sorpresas* y a *otros cachivaches,* que ponen anzuelos a nuestra infancia para que piquen, porque construirán un futuro desolador.

Por el contrario, es necesario más naturaleza, más socialización, más parques, pinturas, cuentos, teatros, poesía, bailes y canciones, tanto en la escuela como en casa, para que las futuras generaciones sigan construyéndose sin sorpresas ni cachivaches.

Repartiendo responsabilidades[2]

Para innovar en la escuela es necesario previamente realizar un buen diagnóstico. Se hace imprescindible por tanto tener una visión holística del contexto político, social, económico y de las características del centro educativo y su entorno. De lo contrario podemos simplificar y malinterpretar las relaciones que se establecen en el aula.

A menudo, en la escuela, sentimos que el alumnado nos hace la vida imposible: quien se mueve demasiado y nos impide dar clase, el que interrumpe constantemente, quien habla con el de al lado, quienes no miran ni atienden, quien no puede y se distrae, el que no quiere y molesta... A veces, creemos que hay toda una conspiración en contra de las personas que nos dedicamos a enseñar.

Esta narración es una construcción exculpatoria que se extiende por todos los *saraos* educativos y que adoptamos cuando nos sentimos mal dando clase. Es un discurso recurrente que solemos repetir, quienes nos dedicamos a la educación, cuando sentimos que el alumnado se nos va de las manos. Pero la realidad es más compleja. Dice Humberto Maturana: *Lo que usted oye de lo que yo digo tiene que ver con usted y no conmigo.*

Quien se aburre en clase, o no se interesa por lo que explicamos, no quiere hacernos mal alguno, no debemos tomarlo como algo personal. Cientos de circunstancias condicionan a cada personita que habita el aula. Posiblemente tiene que ver con que la vida es muy difícil, la escuela no está a la altura y no comprendemos qué pasa.

Es necesario alzar la mirada y vernos en una organización hermética y anquilosada de la que no tenemos toda la responsabilidad. Ver solamente nuestra relación con el alumnado es una simplicidad. Estamos inmersos en un sistema muy complejo. Hagamos una apertura de mira.

Por encima de nuestra intervención con el alumnado está el aula, *un nicho ecológico* en donde se establecen unas relaciones de comunicación, de poder, con historias, de prescripciones, de aprendizajes, de emociones e intereses, que se ponen en juego y que, a veces, no llegamos a comprender.

Abrimos el enfoque y vemos el centro escolar, multiplicando la complejidad: sus rutinas, liturgias, relaciones entre el profesorado, direcciones evitando

---

2   Gómez Mayorga, C. (2022): «Repartiendo responsabilidades». *Márgenes* Revista De Educación De La Universidad De Málaga, 3(1), 139-141. https://doi.org/10.24310/mgnmar.v3i1.13599

conflictos, presión o complicidad de las familias, inspecciones amenazantes y burocracia, mucha burocracia impidiendo dedicarnos a lo importante.

Seguimos abriendo el encuadre y la escuela se nos hace pequeña. Y vislumbramos entonces el barrio, el pueblo, el contexto social de donde viene el alumnado; con sus características sociales, económicas y culturales que influyen sobremanera en las relaciones de comunicación del aula. Cada cual, con su familia a cuestas, con sus miles de problemas y circunstancias concretas.

Seguimos abriendo el zoom y aparece la nacionalidad y el estado: con sus políticas educativas, titularidad de centros, presupuestos, lobbies editoriales, normativas y leyes.

Y por encima de todos los encuadres, un sistema económico determinante: economicista, competitivo, individualista y hedonista; que produce diferencias evidentes a las familias que tienen distintas posibilidades.

Es necesario aprender que nadie está en contra de nosotros, y menos los niños y niñas de la clase. Hay todo un sistema complejo que determina lo que pasa en la escuela. Es bueno saberlo para repartir culpabilidades. A más poder debemos otorgar mayor responsabilidad.

No obstante, hay algo que debemos hacer en el microcosmos en el que ejercemos como educadores: ser auténticos, porque eso enseñaremos; ser profesionales, porque ayudaremos a mejorar la sociedad; ser amorosos, porque educaremos en el amor a los demás; enseñar todo lo que sabemos de la mejor manera posible, porque haremos futuros ciudadanos que mejoren el mundo; y, por último, ser éticos, porque contribuiremos a formar mejores personas.

El cambio comienza con las relaciones que establecemos en el aula con nuestro alumnado, pero siendo conscientes de que todas las personas estamos determinadas por el contexto. Y, a pesar de ello, debemos asumir la responsabilidad que nos toca, para ir, poco a poco, cambiando la escuela y, quién sabe si, también el mundo.

Por tanto, lo que pasa entre mi alumnado y yo no está solo en mí, ni tampoco en las chicas y chicos del aula; hay, detrás, todo un mundo complejo conspirando. Y las responsabilidades hay que repartirlas en función del poder que cada cual ejerce. No echemos la culpa siempre al más débil del sistema.

El fiel de la balanza

La sociedad se está polarizando. Intentan que estemos a un lado o a otro de la balanza: buenos o malos, españoles o antiespañoles, comunismo o libertad, conmigo o contra mí, blanco o negro... y la gente común nos encontramos en el charco, entre Pinto y Valdemoro. Es una evidente simplicidad, pero estamos comulgando, sin saberlo, con la bipolaridad.

Según la RAE, en su segunda acepción, fiel es la aguja que juega en la caja de las balanzas y romanas y se pone vertical cuando hay perfecta igualdad en los pesos comparados.

Es evidente que vivimos en un mundo diverso y complejo que no es necesario justificar. Pero nuestra mente está programada de forma simple, y las mentes digitales de las nuevas generaciones, mucho más. La dualidad es la más obvia de las mentiras, pero funciona. Los políticos lo saben y buscan siempre poner un fiel que parta a la sociedad en dos mitades, evitando aceptar una sociedad cada vez más compleja. Es necesario resistirse a tanta simplicidad.

El tema está desubicado, porque la cuestión no es dónde ponemos el fiel de la balanza sino si es pertinente poner un cuchillo que nos parta por la mitad con criterios contrapuestos.

Educar es un acto político, no es posible educar sin ideales ni objetivos. Es necesario educar a favor de los derechos de todas las personas, sobre todo de los más desfavorecidos; es imprescindible corregir los desajustes económicos que genera este mundo, contrarrestar los poderes perniciosos, proteger a las minorías... y reflexionar sobre este mundo que nos ha tocado vivir con una actitud crítica, para que la gente viva de forma decente y pueda ser feliz.

Recomiendo visualizar la película La ola, dirigida por Dennis Gansel. Es una obra maestra que recrea la experiencia educativa La tercera ola, en Alemania, y nos revela lo fácil que es dividir a la población por la mitad con un simple fiel de la balanza, y lo fácil que es hacernos creer que somos exclusivos, superiores, únicos, elegidos... frente a los demás, y odiar al diferente creyéndonos en la verdad. Cada vez que la veo se me altera el corazón y otorgo más importancia a una educación integradora que acepta la diversidad.

En esta película se muestra cómo con técnicas de control emocional y social se puede generar personas simples, nada reflexivas, despertando las emociones más viscerales y letales, sin reflexión ninguna, creando identidades contrapuestas fáciles de manejar.

En una sociedad compleja es necesaria una educación diversificada, holística, personalizada, profunda, reflexiva, investigadora..., siempre mejorable. Y es imprescindible huir de los análisis simples, en donde hay buenos y malos separados por el maldito fiel de la balanza.

Si fuese necesario un fiel de la balanza debería ponerse entre el respeto a los Derechos Humanos contra quienes quieren seguir teniendo poder y privilegios. Pero lo mejor es no dividir a la sociedad en mitad alguna, sino educar en la sociedad de la incertidumbre, para que aprendamos a vivir en la compleja y verdadera diversidad humana.

El castillo de Kafka o la burocratización de la enseñanza

Hace años que cayó en mis manos un libro esencial que me hizo comprender el funcionamiento de la sociedad moderna. A trancas y barrancas lo fui leyendo, porque la historia, como bien es sabido, trata sobre un agrimensor que se embarra en la excesiva burocracia de una hipotética sociedad que ya es presente. Es un libro premonitorio. Si no, que se lo digan a los docentes.

Hoy día, la eficacia educativa se mide cumplimentando requisitos burocráticos que la administración requiere, como en *El castillo* de KafKa. Una distopía hecha realidad.

En Andalucía estamos a las órdenes de un señor inexistente llamado Séneca (una plataforma digital que controla a los docentes), una autoridad moderna que dicta que todo lo que no se escribe no existe. Y cada programación de aula, cada proyecto, cada entrevista con familias, cada paso que demos en nuestras escuelas debe estar registrada en la plataforma infernal.

La consecuencia es que la mitad del trabajo del profesorado se realiza frente a un ordenador, escribiendo cosas que nadie va a leer, ni sirven para nada. Solo es control del poder sobre la educación. Porque escribir lo que hacemos es necesario, y nos ayuda a conceptualizar, a reflexionar sobre lo que hacemos, a vislumbrar nuestros errores y aciertos. Pero rellenar protocolos estandarizados, en donde nunca se ve nuestro alumnado reflejado, no sirve para nada. Bueno, sirve para tenernos entretenidos, mientras hacemos dejación de nuestra labor docente: atender al alumnado.

Recuerdo cuando, a diario, hablaba con las familias de mi alumnado de infantil en las entradas y salidas, en los pasillos, en el patio, en las tardes de tutorías, al comienzo de curso, antes de cada proyecto que realizábamos… Recuerdo cómo tenía todo el tiempo del mundo para conectarnos como seres humanos, sin que la informática se interpusiera. Ahora, el profesorado, se piensa si hablar con las familias, porque todo debe estar registrado: el día y la hora de la entrevista, los temas tratados, la firma de los familiares dando fe sobre lo hablado, y, por último, subirlo a la aplicación. No me extraña que el profesorado evite hablar con las familias, porque lo exigido es que quede constancia y no tanto la conexión que se ha establecido para bien del alumnado.

A ver si nos aclaramos: lo que está escrito en una plataforma virtual solo existe en las nubes, y lo experimentado en el aula, con las familias y en la escuela, se vive de verdad, aunque no se registre. Conozco a profesorado, expertos en redes sociales que cumplimentan de forma eficaz todo lo exigido por la burocracia, aunque no se produzca de verdad. Pero también sé de maestras y maestros a quienes les importa un bledo internet y el tiempo que tienen lo emplean para atender a personas que necesitan escucha y sostén para crecer como seres humanos.

Porque solo educa quien mira a los ojos al alumnado y enseña con pasión lo importante para la vida, evitando toda distracción. Solo educa quien atiende a las familias en directo, porque solo educamos en vivo y en directo.

La infancia no es responsable

Me ha soliviantado la declaración de una maestra, en Cartas a la directora del periódico *El país* (22/4/2024), titulada Soy maestra y ya no tengo vocación.

El texto, después de un preámbulo, dice así:

«Soy maestra y ya no tengo vocación. Los niños han podido con ella. Las continuas faltas de respeto, el desprecio a nuestro trabajo y tiempo, las chulerías, la seguridad de que nadie les dirá ni les hará nada. ¿A quién queda por culpar? Si no son los padres son las redes. Si no son las redes, es la sociedad. Me siento más indefensa que los propios niños».

Tan contundente misiva, que se ha viralizado en las redes, merece un mínimo análisis y alguna respuesta, para poner negro sobre blanco, en una cuestión educativa de enorme importancia.

Con este discurso recurrente se está generando una imagen distorsionada de la infancia que habría que matizar, para repartir responsabilidades por toda la sociedad. Aunque emplea 67 palabras en esta declaración, desliza un discurso implícito muy extenso, aunque algo manido, maniqueo y pretencioso, que daña, sobremanera, a las niñas y niños que van a la escuela.

En primer lugar, nada que decir sobre la queja de esta maestra que ya no tiene vocación. Lo siento mucho, de verdad. Vivimos en un mundo complejo y voraz en el que la educación es una de sus víctimas, y el profesorado lo sufre sobremanera. Es lícita la queja si es lo que siente.

Pero me apena que cargue la responsabilidad de la pérdida de la vocación en el alumnado: «Los niños han podido con ella». ¿De verdad los niños son responsables de la pérdida de vocación del profesorado? Se supone que los expertos somos los adultos, la ciencia pedagógica, las universidades, el profesorado… Creo que el alumnado es el sujeto paciente. Otorgar el poder al alumnado de nuestro fracaso en la educación es como asumir que no sabemos nada de nuestra profesión. Sugiero la lectura de El puma y el cervatillo de Jorge Bucay. No olvidemos que los pumas somos quienes educamos y los cervatillos, los educandos.

Me sorprende, por genérica, la afirmación «Los niños han podido con ella». ¿Todos los niños? ¿Las niñas también? ¿Las personitas con discapacidad tienen actitudes chulescas? ¿No hay alumnado respetuoso en el aula? ¿Se ha montado un contubernio entre el alumnado para quitar la vocación a la profesora?… ¿Acaso la vocación depende de la dificultad de nuestra tarea?

Para mí, como maestro, los obstáculos siempre fueron estímulos para seguir aprendiendo. Pero respeto a quienes no puedan con la dura tarea de educar. La educación requiere del personal más capacitado y no siempre es así. Alguna responsabilidad política debe haber cuando para ejercer como docente no hay demasiada exigencia.

El texto sigue diciendo: «Las continuas faltas de respeto, el desprecio a nuestro trabajo y tiempo». Pensar que el alumnado es quien da valor a nuestro trabajo es otra afirmación con la que discrepo. Léase el cuento, de Jorge Bucay, El verdadero valor del anillo. Para conocer el valor de las cosas hay que preguntar a los expertos. Si somos alfareros y el barro se nos rompe, ¿es acaso el barro responsable de nuestro desastre? El alumnado no tiene capacidad de valorar el trabajo y el tiempo del profesorado. Si esperamos que nos valore la chiquillada estamos perdidos. No obstante, en un futuro, seremos valorados si lo hicimos bien, no tengamos la menor duda. Toda persona guarda en el recuerdo al maestro o a la maestra que le ayudó a construirse como persona.

Sigo leyendo: «… la seguridad de que nadie les dirá ni les hará nada». Pensar que el comportamiento del alumnado no tendrá consecuencia es maniqueo y falso. Primero, porque en la escuela actual se castiga de mil maneras y en demasía; segundo, porque en la educación formal existen relaciones de poder: con las notas, los exámenes, los suspensos, los puntos negativos, las caritas tristes, las sillas de pensar, el poder de los adultos, que te quedas sin recreo, que te llevo al director, que te abro un expediente, que te expulso tres días y mil cosas más.

Y sigue diciendo el texto de esta maestra desmotivada (nunca tan pocas palabras expresaron tanta angustia): «¿A quién queda por culpar? Si no son los padres son las redes. Si no son las redes, es la sociedad». ¡Pues claro que las redes son responsables de muchas dificultades de la infancia, colonizando sus tiernas mentes! ¡Pues claro que la responsabilidad de lo que pasa en la infancia es de esta sociedad y de la cultura imperante! Los adultos somos los pumas de esta historia, y los cervatillos son los niños y las niñas que van a la escuela. Aunque es necesario analizar la selva en que vivimos: todo el sistema económico, social y cultural.

No critico el sentimiento de esta profesora que perdió la vocación. Lo siento. Respeto su emoción. Pero la responsabilidad de lo que pasa en la escuela no puede recaer en el eslabón más débil del sistema. Es preocupante lo que dice: «Me siento más indefensa que los propios niños».

La infancia siempre está indefensa porque con 3, 4… 6 u 11 años, los educandos no tienen capacidad para comprender y analizar las situaciones sociales. Somos los adultos quienes tenemos capacidad, y mucho más quienes enseñamos que, se supone, somos expertos en la educación de la infancia.

Educar es una labor muy difícil, requiere de mucha capacidad y experiencia. Al analizar nuestras dificultades en la escuela, debemos tener en cuenta las miles de variables que intervienen, y aceptar que tenemos, al menos, la responsabilidad de no errar con las culpas. Porque, como dijo Albert Camus, «uno no puede ponerse del lado de quienes hacen la historia, sino al servicio de quienes la padecen». Y la infancia nunca puede ser responsable de las dificultades de la escuela y de esta sociedad tan compleja en que vivimos.

La atención robada

Hoy en día, el trastorno más diagnosticado en los centros educativos es el TDAH (Trastorno por Déficit de Atención e Hiperactividad). En Estados Unidos, el porcentaje de niños y niñas diagnosticados es tan elevado que podríamos hablar de pandemia. Quizás, a veces, el problema no esté en el alumnado, sino en la sociedad que nos ha tocado vivir. Y es que suelen confundirse las causas de los problemas con sus consecuencias.

Mi modesta hipótesis, que expongo para discusión, es contraria a lo comúnmente aceptado: no existe un déficit de atención en las nuevas generaciones, sino un deterioro de la atención causado por la tecnología, que gasta nuestra atención de tanto usarla. Paradójicamente, en la época donde más atención se genera es donde más déficit de atención se diagnostica.

La televisión y los dispositivos móviles excitan la atención de la infancia para luego robársela. Si comparamos los dibujos animados de hace 20 años con los actuales, comprobamos que las secuencias de antaño se construían con pocos planos invitando a una comprensión pausada. En cambio, los dibujos animados de los últimos tiempos cambian de plano continuamente, excitando la mente en demasía, estimulando sobremanera, generando ansiedad constante y dificultando la comprensión. Además, otros elementos narrativos, como la música estridente, los colores excesivos y la proliferación de primeros planos emocionales, estimulan en demasía la tierna mente de quienes aún están en construcción permanente.

La infancia tiene un ritmo lento de crecimiento que posibilita la construcción de conocimiento y un desarrollo saludable. Si forzamos a las nuevas generaciones a una velocidad excesiva de procesamiento, respondiendo de forma automática a estridentes estímulos sensoriales, crearemos mentes ansiosas, incapaces de comprender y con nefastas consecuencias: una infancia sobreestimulada, con sintomatología hiperactiva, con dificultades para atender las explicaciones en la escuela, incapaces de concentrarse en la lectura de un libro o de tener la paciencia suficiente para comprender razonamientos complejos.

En los últimos tiempos aparece un pequeño artilugio rectangular, una pantalla muy sensible y gratificante que, como la lámpara de Aladino, estimula nuestros deseos. Y es sabido que el deseo desmesurado desata nuestra ansiedad. Así que estamos todo el día acariciando el espejo, buscando y gastando tiempo para satisfacer necesidades de forma inmediata, derrochando nuestra atención, en busca de una felicidad siempre insatisfecha.

Por eso nos falta interés para las cosas importantes. Y en la escuela, las niñas y niños llegan faltos de atención porque ya la gastaron con juegos trepidante, fotos narcisistas y vídeos de inútiles *influencers*. El artilugio dichoso nos mira a los ojos con vivos colores y movimientos hipnóticos, mientras nos mete la mano en la cartera y solivianta nuestras mentes ingenuas, robándonos la atenta mirada, la escucha precisa, la comprensión necesaria.

Los adultos gastamos demasiado tiempo en florituras con el celular, pero nuestra generación ya construyó su cerebro reflexivo, simbólico, crítico, estético y ético. Lo más grave lo sufre nuestra infancia, porque está construyendo la máquina de pensar de forma defectuosa. Las capacidades superiores de la mente son la simbolización, la reflexión, la creatividad y la conciencia. Pero las pantallas funcionan con nuestros instintos más primarios, como el perro de Pávlov, estímulo-respuesta, impidiendo desarrollar las instancias superiores de nuestra mente.

La atención es la nueva moneda de cambio, como las especies o la sal en tiempos pasados. Quienes dominan la atención obtienen el poder, votos y dinero. Y existe un nutrido grupo de marketing managers, publicistas, especialistas en comunicación, incluso algunos psicólogos, que se han vendido al poder, por treinta monedas de plata, para robar (gestionar, lo llaman) nuestra atención. Y es que la persuasión es el negocio más rentable de nuestro tiempo.

Los Centros Escolares, LA Administración, La Inspección Educativa, Las Direcciones, El Equipo de Orientación y Los Agentes de la Salud, suelen culpabilizar al alumnado con dificultades, diagnosticando de forma generalizada el déficit de atención al alumnado, sin ni siquiera ponerse a pensar que quizás es un déficit de la sociedad en que vivimos; y expenden diagnósticos, medicamentos, terapias y culpas a quienes solo son las víctimas del sistema.

Antes de ofrecer la solución a un problema, debemos hacer un buen diagnóstico. Porque, quizás, el déficit de atención en el alumnado solo sea un excesivo desgaste promovido por poderes desalmados que buscan beneficios a cualquier coste. Se necesita amplitud de mira para no diagnosticar siempre al elemento más débil del sistema.

Quizás, el problema no está en el alumnado, sino en instancias superiores que nos roban la atención sin que nos demos cuenta; porque nunca hubo tanta atención derramada, pero la malgastamos sin darnos cuenta.

El parlamento en mi aula

Yo creía que la infancia debía aprender de los adultos; pero resulta que, viendo a los políticos en El Parlamento discutir, insultarse, mentir, sin respetarse, buscando estrategias maquiavélicas para dañar lo más posible, sin amor al prójimo…, me dije: pues en mi aula de infantil, una chiquilla de cuatro años tiene más educación que nuestros representantes políticos.

En mi aula de Educación Infantil, para comenzar el día, los niños y niñas, cuando llegan a la escuela, se sientan en la alfombra con las piernas cruzadas, mirándose a los ojos. Es una liturgia que ya hemos aprendido, aunque el alumnado solo tenga cuatro años. Nos damos los buenos días, no solo con educación, sino con mucho cariño. Nos sentimos pertenecientes al aula, a la escuela, al mismo pueblo…, a la especie humana. La asamblea es la mente y el corazón del aula. En ella construimos conocimientos, nos educamos y establecemos vínculos amorosos.

Unos nacieron en la localidad, pero hay quienes lo hicieron muy lejos: en Perú, Paraguay, China o Marruecos. Los hay con grandes capacidades intelectuales, aunque no pueden andar porque tienen dificultades motoras; algunos son tímidos y otros extrovertidos; los hay altos y bajos, gruesos y delgados; listos en baile, aunque torpes en matemáticas; amantes de la naturaleza, aunque con problemas para estarse quietos; y quienes son muy emocionales, aunque tengan síndrome de Down. Por supuesto, hay niñas y niños, cada cual con sus peculiaridades, y algunas personas que se muestran indefinidas. Nunca osé comprobar su sexo. Yo solo tenía personas en el aula. Mi función como maestro era que construyeran sus identidades, adquirieran conocimientos y se educaran. Y la asamblea dialógica, desde los griegos, era la mejor manera.

Las normas de comportamiento en la asamblea estaban muy claras: levantar la mano para hablar, esperar el turno, escuchar atentamente y respetar las opiniones de los demás, con el máximo respeto, atentos, aprendiendo de las demás personas cuando expresan sus inquietudes y deseos. No importa la procedencia, las capacidades ni los pensamientos de cada persona. La educación es aprender a convivir, en la complejidad de la diversidad humana.

Me dio por pensar:

Quizás, el Parlamento debería ser dirigido por un maestro o maestra de infantil. Porque no dejaríamos pasar ni una: ni insulto, ni descalificación, ni malas formas, ni poca educación. Obligaríamos a pedir perdón ante la más mínima descortesía, mandaríamos a la silla de pensar a quienes faltaran el respeto, y fuera de la asamblea a quienes hicieran ruidos mientras hablara una compañera o un compañero; porque en una asamblea no se jalea, no se insulta, no se falta al respeto; hemos venido a construir conocimientos sobre la mejor forma de convivir las personas.

Quizás la sociedad ha dado la vuelta, y ahora los adultos tienen que aprender del alumnado de la escuela. Porque en los centros educativos hablamos de paz, de integración, de respeto, de diversidad, de convivencia… Mientras, en los parlamentos de todo el mundo, se descalifica e insulta, a la vez que hablan de guerras.

Quizás deberíamos, como quienes pierden los puntos del carnet de conducir, obligar a reciclarse, en la escuela, a los políticos que incumplan las normas básicas de una asamblea. Quizás, nuestros representantes deberían visitar nuestras aulas, para aprender a comportarse como la infancia en nuestras escuelas.

Existe una solución más drástica y revolucionaria, espero que no tengamos que llegar a ella: que gobiernen las niñas y niños de la escuela. Al menos, habría más educación, respeto, escucha atenta, compañerismo, conocimientos compartidos y convivencia.

5. El coronacurso

Un bicho cambio la escuela[1]

Una niña de cuatro años dice a la m*aestra: ¿por qué los muñecos no llevan mascarillas?* Esta pregunta evidencia una de las consecuencias que está generando esta pandemia: ver como natural lo que no lo es.

Mi colegio, como todos los colegios, se está llenando de flechas para ir y venir a cualquier lado, hay cintas limitando espacios, las entradas escalonadas, gel en las manos, los distintos cursos no pueden mezclarse en el recreo para jugar... El alumnado, después del confinamiento, está dispuesto a aceptar cualquier restricción que se les imponga. Lo aguantan todo, están sometidos por el miedo. Y es que esta pandemia está dejando rituales que, seguro, tendrán consecuencias en el futuro.

Aunque la infancia siempre es imaginativa (menos mal). Han puesto cintas en el patio de Infantil para separar los distintos cursos (quienes idearon la propuesta no saben que a las niñas y los niños de la primera infancia les encantan las fronteras). Y están los de una clase con los de la otra, juntos, agarrados a la cinta limitadora, jugando a mil historias.

Hemos transitado de una época líquida, donde el poder se había diluido, en la que los hijos se enfrentaban a sus padres y las familias al profesorado, en la que los problemas de disciplina en los centros estaban a la orden del día..., a un tiempo demasiado sólido, en el que las normas se han impuesto de forma excesiva. Hemos pasado de un periodo sin autoridad, sin normas claras, sin referentes, sin control, sin poder aparente..., de pronto, a una época de normas excesivas.

También el profesorado ha sufrido cambios en esta pandemia. Muchos años intentando aprender las posibilidades de internet en educación y en dos meses de confinamiento hemos aprendido a hacer videoconferencias, a manejar Classroom, Facebook, Instagram o TikTok.

---

1   Gómez Mayorga, C. (2021): «Un bicho cambió la escuela». *Márgenes*. Revista de Educación de la Universidad De Málaga, 2(2), 136-138. https://doi.org/10.24310/mgnmar.v2i2.12767

Entra una niña en el aula, sorprende a su maestra sin mascarilla y le dice: *Pero ¿tú quién eres?* (No había reconocido a su tutora). Su referente educativo era una persona desconocida para ella. Las niñas y niños se están acostumbrando a que alguien dirija la clase sin verles la boca, sin mirarles a la cara. ¡Miedo me da!

Menos mal que también se han producido consecuencias positivas en esta pandemia: la ciencia y el conocimiento han alcanzado las más altas consideraciones de la sociedad. Esperemos que perdure.

Ha tenido que venir esta crisis para poner patas arriba la enseñanza. Los aprendizajes solo son relevantes si sirven para la vida, si tienen sentido y son funcionales.

Una crisis es una oportunidad para mejorar. Por eso propongo cambiar metodologías en los colegios: dar sentido a lo que estudian.

Lo primero que debemos plantear en cualquier nivel educativo es afrontar la angustia que genera el coronavirus y hablar de ello: redacciones, poemas, preguntas, dibujos, debates, investigaciones…, todo tipo de tareas que sirvan para mitigar la angustia. En todas ellas se aprenden las competencias claves, no nos preocupemos.

Deberíamos trabajar por proyectos, aprovechar las circunstancias actuales para educar de forma coherente, trabajar partiendo de situaciones problemáticas de la vida. Es una oportunidad para tratar temas complejos sobre los que pasamos de puntillas en los centros educativos: ¿quién toma las decisiones cuando hay un problema, ¿la ONU?, ¿el Parlamento Europeo?, ¿la OMS?, ¿los gobiernos nacionales?, ¿los autonómicos?... ¿En qué gastamos los recursos?, ¿qué cosas son importantes?

También podemos aprender sobre las epidemias y enfermedades, porque esta no es la primera. Y debemos tirar de La Historia para investigar sobre la peste en la Edad Media. O indagar en la Geografía Humana y aprender que en África hay muchas enfermedades que matan a miles de personas. Podemos enseñar funciones matemáticas que estudian la curva de evolución de los contagios del virus actual. Los periódicos están llenos de estadísticas que podemos aprovechar para aprender matemáticas que sirven para la vida. También podemos analizar el tratamiento sobre el tema desde distintas fuentes de información (periódicos, webs o «fake new»). O centrarnos en cuestiones bioquímicas sobre cómo funciona el virus. Y no debemos obviar el tratamiento psicológico o filosófico: el miedo, la angustia, lo individual o lo social, el abordaje político, etc.

Por último y más importante, con las iniciativas comunitarias que se han producido en la sociedad en esta pandemia, podemos aprender solidaridad: que no estamos solos en el universo, que formamos parte de un todo, que cuidar el medio ambiente es imprescindible, que solo juntos podemos ganar a cualquier contrariedad.

Toda crisis nos invita a pensar y cambiar. No perdamos esta oportunidad de romper los muros de la escuela y llevar la educación a la vida real.

En el patio de infantil vi a unos niños con las mascarillas en los ojos jugando a la gallinita ciega. La infancia fantaseando, como siempre. ¡Menos mal! Ciegos estamos en esta pandemia si no aprovechamos para cambiar la escuela.

Requisitos para el coronacurso

La vuelta a clase en esta situación de pandemia exige tomar medidas que garanticen la seguridad sanitaria antes de abrir los colegios. Las principales actuaciones que es necesario realizar no dependen de la comunidad educativa sino de la Administración. Para guardar distancia de seguridad hay que bajar la ratio del aula, habilitar nuevos espacios y contratar personal de limpieza, apoyo, comedor y más profesorado. Porque en un aula no caben 25 niñas y niños guardando la distancia recomendada. Es imprescindible personal de limpieza de forma permanente. Los comedores necesitan hacer varios turnos para guardar distancias de seguridad, más espacios y extremar la higiene. Los transportes escolares también necesitan cumplir las normas. Así como el aula matinal o las actividades extraescolares.

Las instrucciones que los poderes públicos han dictado cargan la responsabilidad a las direcciones de los centros y al profesorado. No han adoptado ninguna medida eficaz, solo recomendaciones imprecisas sin invertir en todo lo que se necesita.

El curso está ya cerca y no podemos esperar a que el poder político asuma sus competencias y den soluciones a tantas necesidades. Ante la complejidad de la escuela no sirven los protocolos: no es lo mismo infantil que primaria, cada alumnado es diferente, cada centro es único y no sabemos las circunstancias que se van a presentar. Los aseos son los que son, las entradas, pasillos, patios, aulas y demás dependencias ya tenían carencias espaciales desde hace tiempo en la mayoría de los centros educativos. Como no esperamos respuesta administrativa a los problemas que se avecinan debemos, en la medida de lo posible, hacer lo que buenamente sabemos y podemos.

Lo deseable es reinventar la escuela, porque el confinamiento ya existía en esos habitáculos cuadrados llenos de sillas y mesas en los que, en pocas ocasiones, se cumplía la normativa en cuanto a espacio por alumnado. Quizás esta situación puede ser una oportunidad para generar cambios sustanciales. He aquí algunas sugerencias para ir pensando:

Lo principal para educar es estar presentes, mirar a los ojos y escuchar. Para ello debemos, en primer lugar, escucharnos por dentro, solucionar nuestros miedos para poder luego atender a los demás. Las maestras y los maestros tenemos que soltar nuestra angustia antes de tratar con el alumnado. Así que es primordial tener cierta seguridad en el trabajo para sentirnos relajados. Antes que nada, debemos trabajar los vínculos entre el profesorado para luego poder vincular al alumnado. Deberíamos compensar este tiempo de angustia y el mucho trabajo telemático que hemos realizado y restañar nuestras heridas para poder ayudar a nuestros escolares.

Sin conexión no hay educación. Hay que acercarse emocionalmente para tocar los corazones de las niñas y niños de la clase. Si nos tapamos la boca con mascarillas debemos aprender a sonreír con los ojos. Lo que sea, para poder conectar. La distancia de seguridad necesaria es solo física. Así que para compensar se necesita más contacto emocional. Traspasar las mascarillas y las mamparas requiere de palabras más sensibles. Esta vez se hace necesario, más que nunca, escuchar individualmente y no solo al grupo. Cada cual tiene su peculiaridad en la conquista de su equilibrio emocional.

Las familias también deben estar conectadas con el profesorado emocionalmente. Solo si están relajadas, confiadas y tranquilas tendremos alumnado con posibilidades educativas. No debemos prejuzgar a las madres y padres de nuestro alumnado porque cada cual vivió la realidad de forma distinta y no lo sabemos. Deberíamos mostrarnos tranquilos y cercanos para poder soportar sus inquietudes. Así, nos mandarán, al colegio, niños y niñas más equilibrados. Tampoco todas las familias tienen las mismas posibilidades y necesidades. Que los colegios estén abiertos no debe implicar que tengan que venir a clase todos los días ni a todas horas la totalidad del alumnado. Ofrecer variabilidad de asistencia podría ser una posibilidad para bajar la ratio. Es un momento suficientemente peligroso que requiere buscar soluciones imaginativas a la masificación de los colegios. Es necesario atender a quienes tienen menos posibilidades educativas.

Por eso, debemos aprovechar esta realidad tan compleja para realizar los cambios metodológicos que siempre debimos hacer y que ahora son necesarios. Trabajar con espacios y materiales naturales no estaría mal. La vuelta a la naturaleza es ahora imprescindible porque es más saludable que el aula. El patio del colegio es un lugar que podemos aprovechar para aprender. Es necesario evitar los espacios cerrados. También podemos salir al campo, a la playa, al bosque o a la ciudad. Concebir la comunidad como espacio educativo es una buena posibilidad: museos, parques, castillos, mercados, jardines y plazas.

Los árboles del colegio pueden ser templos de aprendizaje. A su alrededor podemos hacer asambleas, contar cuentos o leer. También se podría aprender muchos contenidos con ellos: hojas flores, frutos, texturas, fotosíntesis, ecología, insectos, pájaros, coger materiales para realizar actividades plásticas, aprender del recorrido de las sombras que dibujan en el suelo o percibir las texturas de su corteza.

El huerto escolar o el jardín son los mejores lugares para aprender sobre la naturaleza. Podemos ver a las abejas polinizar las flores en directo, así como el milagro de la germinación o el nacimiento de una flor.

En el cole no solo enseñamos, sino que también educamos. Y además de educar podemos ser agentes de salud si realizamos actividades terapéuticas. Es necesario trabajar mediante el diálogo y la expresión el miedo que nos ha generado esta pandemia. Pero, sobre todo, es necesario jugar. El juego es la mejor medicina para todos los males del alma de la infancia.

Hay que hacer teatro para dramatizar y sacar fuera toda la angustia que nos provoca el virus, utilizando el cuerpo y la emoción. Es imprescindible volver a la psicomotricidad que nunca debió salir de la escuela, para que el alma grite todo lo que lleva dentro a través del cuerpo, porque con la expresión corporal nos ponemos en juego y lanzamos al aire todos nuestros enredos.

Trabajar los cuentos y los textos literarios se hace ahora más importante que nunca, porque ya se sabe que las historias nos recomponen el alma narrándonos de nuevo.

La actividad dialógica es imprescindible para sacar fuera el trauma. Hay que intentar que el alumnado hable y converse sobre cualquier tema que estemos trabajando. Es importante dialogar sobre lo que sentimos. Porque si hablamos pensamos, y quienes hablan con los demás mejoran la mente y diluyen sus emociones derramadas.

Muchos creen que los medios tecnológicos han sustituido nuestra labor educativa, pero como técnicas frías y distantes conectan a baja intensidad. Sirven para mandar deberes y tareas, pero no para educar. ¡Tengámoslo presente! Podemos y debemos seguir usándolos como herramientas, pero siempre debe existir una persona que medie. Podemos crear en el colegio lugares informatizados para que busquen, investiguen e indaguen sobre cualquier tema que estemos trabajando. Debe haber talleres de tecnología para asistir en pequeños grupos. Es necesario deshomogeneizar las actividades, dejar que cada equipo pueda hacer distintas tareas en lugares diferentes, para así mantener distancias de seguridad.

Es sabido que la educación online ha aumentado las diferencias educativas que ya existían entre el alumnado de distintos estratos sociales, desatendiendo una de las misiones de la escuela que es compensar desigualdades. Es hora de revertir la tendencia. Es necesario metodologías integradoras que ayuden al alumnado con más dificultades. Los aprendizajes cooperativos, los grupos interactivos, las parejas de ayuda mutua o patrullas como los scouts, son posibilidades de organización a partir de grupos pequeños que se ayudan y que trabajan juntos sobre proyectos y tareas integrales. Hay que evitar la enseñanza competitiva tan nefasta para todo el alumnado. Tanto para quienes tienen altas capacidades, que suelen ser rechazados, como para quienes tienen más dificultades. Por ello debemos trabajar coordinados, lo hemos aprendido en el confinamiento: todas las personas somos necesarias y vamos en un mismo barco que es nuestro planeta.

Para todas estas propuestas hay que romper la estructura hermética de asignaturas y horarios. No podemos crear burbujas educativas, como propone la administración, si en cada grupo clase entran especialistas de inglés, francés, educación física, música y religión, que se pasean por todas las aulas. Si cada media hora tienen una asignatura distinta con un profesorado diferente la existencia de una persona infestada se expandiría por todo el colegio. Hay que volver a un magisterio generalista, trabajando todas las asignaturas juntas por medio de proyectos, actividades vivenciales o tareas integrales, a través de las cuales aprendamos sobre un mundo que nunca debió de ser parcelado en materias. Solo integrando los saberes aprenderemos de la vida desde una visión interrelacionada y global.

Ya sé que es difícil reinventar la educación pero, quizás, esta pandemia nos permita soñar una nueva escuela, más saludable, solidaria, natural y amable. ¡Debemos intentarlo!

Cuando volvamos al cole

Cuando volvamos al colegio ya nada será lo mismo, esta situación nos habrá cambiado de alguna manera: algunos chicos y chicas vendrán con el miedo a cuestas, otros con traumas no resueltos por el confinamiento. Muchos llegarán con deseo de ver a sus amistades, otros con ganas de abrazar a sus maestras y maestros. Seguro que entrarán en el centro con reparo y ganas al mismo tiempo. También el profesorado será diferente: quizás más cariñoso y comprensivo, o más receloso y reservado, quién sabe. El caso es que todas las personas seremos distintas. Unas habrán madurado y otras se sentirán heridas.

Vislumbro ese primer día de escuela, todos desbordados por emociones indescifrables. Imagino al profesorado cargado de prisas y angustias: lo que se ha dado del temario de mala manera, lo que aún nos queda, la evaluación final está cerca, que no nos da tiempo, *«ozú que calor»* y la inspección siempre amenazante.

Un rato llevo escribiendo y aún no he citado la causa que nos ha tenido encerrados y conectándonos a distancia durante tanto tiempo. Pues eso nos puede pasar, que no seamos capaces de hablar de lo que nos ha ocurrido, que evitemos apresar con palabras ese bicho tan pequeño que a muchas personas se ha llevado al cielo. Y, ya se sabe, lo innombrable siempre es causa de desasosiego, angustia y miedo.

Después de abrazarnos, la primera tarea que debemos abordar será decir a gritos: ¡se acabó el coronavirus! Y nombrarlo, dibujarlo, escribirlo, cantarlo, hacer versos, cuentos y teatros. Porque los traumas se enquistan si no sabemos expresarlos, ¡y qué mejor forma de vencerlos que juntos en los centros educativos!

Este confinamiento nos ha enseñado mucho, porque lo que no mata engorda, porque las cosas importantes no se aprenden en la escuela sino en la vida. Y en estos días se nos han grabado a fuego aprendizajes que nos acompañarán para siempre: que hay que lavarse las manos, que la familia es importante, que hay que visitar a las abuelas y los abuelos, que tenemos vecindad dispuesta a ayudarnos, que la sanidad hay que cuidarla porque nos salva la vida, que la unión hace la fuerza, que los miedos son naturales, pero se vencen aceptándolos y hablando de ellos, que todas las personas somos iguales y no dependemos del dinero, la fama o la situación social.

También habremos aprendido a valorar cosas que antes no teníamos en cuenta: lo bello que es el cielo, la lluvia tras la ventana o la brisa de la mañana en la cara; el enigma de un animal, una planta o el universo; lo importante que es mirar con los ojos bien abiertos hasta llegar hasta el alma; que la amistad es imprescindible para seguir viviendo; que hay que hacer deporte y pasear cada día…, y lo bien que sienta un abrazo o un beso.

Por eso que hemos cambiado, también cambiará la escuela, porque hemos hecho parón y cuenta nueva. Y como hemos aprendido seguro que transformamos, eso espero, las tareas rutinarias por aprendizajes duraderos, los libros y asignaturas por proyectos vivenciales, los sutiles castigos por debates muy sinceros.

Y las familias, cansadas de tanto encierro, además de haber disfrutado de sus queridos infantes, valorarán más la escuela y juntos formaremos una verdadera comunidad educativa. Y cambiaremos los héroes y heroínas que teníamos en nuestras vidas. Y haremos homenajes a nuestros padres y madres que estuvieron cuidándonos desde sus trabajos: agricultores, transportistas, ganaderos, policías, barrenderos, sanitarios, cajeras de supermercado, personal de la limpieza o bomberos.

Lo dicho: cuando volvamos al cole, después de tanto sufrir por el susodicho bicho, ya todo será distinto. Y esperemos que haya servido este mal para mejorar la escuela y educar de mejor manera a la generación venidera.

La función docente en el confinamiento

En estos días de pandemia por el coronavirus, la educación institucional está ausente, y es difícil el aprendizaje sin presencia. Menos mal que los maestros y las maestras intentamos por todos los medios subvertir estas circunstancias e imaginamos entrar en los hogares de nuestro alumnado para acompañarle de alguna manera.

Las familias tienen una responsabilidad educativa relacionada con el apego, la crianza y las primeras normas sociales desde el amor incondicional, pero están asumiendo en este tiempo de confinamiento una educación institucional que no les corresponde. Es la escuela la que tiene el deber de realizar esta función social porque es la encargada de vertebrar las relaciones sociales entre iguales, la formación de ciudadanos y la transmisión del acervo cultural del mundo en que vivimos.

La importancia que tenemos los educadores no es solo por nuestra habilidad para enseñar, que también, sino por nuestra capacidad de conectar emocionalmente para poder trasmitir nuestro legado cultural. No hay educación sin sujetos humanos vinculantes. Y somos, queramos o no, referentes educativos que posibilitan el deseo de saber. No se aprende con técnicas, programas sofisticados o actividades deshumanizadas. Debe haber siempre una conexión humana que sustente ese deseo de conocer cosas nuevas. Y es ahí donde los maestros y maestras debemos estar presentes. Si no podemos en directo por el confinamiento habrá que hacerlo virtualmente, pero el alumnado nos tiene que ver, oír, sentir y saber que estamos presentes. Debe haber un vínculo transferencial en el hecho educativo. Es necesario mostrarnos, es imprescindible la subjetivación de la enseñanza si queremos construir seres humanos.

La labor que estamos realizando con tantas dificultades no hubiera sido posible sin la colaboración de las familias. Porque somos educadores en la medida que padres y madres nos sitúan en ese lugar de referentes culturales. Las familias no pueden suplir la labor del profesorado porque deben realizar su papel, que es mucho más necesario: el de sostener, el de ayudar, el de dar seguridad, alimento y cariño. Pero con respecto a la enseñanza reglada su labor es de vínculo con la escuela, y desde esa conexión entre la casa y el profesorado se hace posible que los niños y las niñas sigan aprendiendo.

Desde hace tiempo, se ha experimentado con las llamadas máquinas de enseñar, con programas sofisticados de aprendizajes, con robótica educativa…, pero solo han servido para el aprendizaje en personas adultas o con destrezas concretas. Para educar a la infancia es imprescindible el profesorado, porque en el trasvase de conocimiento debe haber un vínculo humano. Los maestros y las maestras no solo trasmitimos contenidos sino que, sobre todo, educamos. Y educar tiene que ver con verse reflejada en otra persona y aspirar a adquirir sus conocimientos y experiencia.

Ciertas demandas de la Administración Educativa en estos momentos se centran en los contenidos curriculares y la evaluación explicitando una concepción de sistema educativo instrumental, basada en aprendizajes académicos, en donde se priorizan los aspectos cognitivos y disciplinares, no teniendo en cuenta la relación personal, amorosa y vinculante entre profesorado y alumnado, que es la base del aprendizaje. Y es que la Administración, desde hace tiempo, ha burocratizado la enseñanza hasta el extremo de perder la esencia de la misma, que no es más que la conexión transferencial simbólica entre los educadores y la infancia para transmitir el legado cultural de nuestro mundo.

Así que es necesario valorar todo el trabajo que están realizando las maestras y los maestros en este confinamiento porque, a pesar de las dificultades, se están haciendo presentes: buscando medios propios, improvisando, aprendiendo nuevas plataformas de comunicación, desviviéndose por seguir siendo referentes de su alumnado de forma personal. Es la pasión que están poniendo lo que provoca el hecho educativo: el interés en conectar, el esfuerzo para hacerse presentes, la energía invertida, el tiempo que dedican y la ilusión en el trabajo que despliegan a pesar de tantas dificultades. Porque es el amor al saber y a los niños y niñas del aula lo que hace posible el milagro de aprender.

Para un buen aprendizaje debe haber una identificación con el enseñante, y debemos mostrarnos tal cual somos, aunque sea a distancia: con nuestra imagen, con palabras, de nuestra forma y manera. El caso es que el alumnado sienta que estamos presentes, que estamos cerca. Es difícil, pero se está haciendo: con vídeos de ánimo de las distintas escuelas, con bailes, cuentos, canciones, actividades, propuestas visuales, por teléfono, por WhatsApp, por Classroom o conectando desde el teléfono personal. Da igual la manera, lo importante es vincular al alumnado.

Sigamos pues dando aplausos a quienes están en primera línea de lucha por el coronavirus porque nos salvan la vida. Los educadores solo necesitamos valoración y conexión, aunque sea a distancia, para que la educación y el aprendizaje sigan surtiendo efecto. Y para ello solo pedimos la complicidad de las familias y algo de comprensión del resto de la ciudadanía.

La juventud en las nubes

Han dejado huérfanas las calles, vacíos los bares de copas y los descampados. Han abandonado los parques y jardines de tímidas luces. Han desalmado las fiestas y han abandonado los labios del beso de madrugada. ¿Dónde está ahora la juventud inquieta, cuya existencia se nutría fuera de las casas? ¿Cómo sobreviven sin asfalto, amor, humos y cervezas? ¿Cómo llevan estar confinados bajo el sagrado palio de la sacrosanta familia?

En las nubes. La juventud siempre volando. Pero esta vez, la nube es internet. Están hablando, buscando, escuchando, cantando, jugando, estudiando y amando, todo, por la red. Menos mal que, al menos, están conectados.

¿Os imagináis una pandemia sin conexión para una juventud cuyas neuronas funcionan a base de megas y han desarrollado su identidad con el móvil en la mano? ¿Qué hubiera pasado sin soporte telemático? ¡Sorprendido estoy de lo bien que sufren el encierro! Eso tiene mucho mérito. ¡Un aplauso en los balcones para las jóvenes y los jóvenes! Eso sí, a altas horas de la madrugada, cuando están despiertos.

Perdonen ustedes, se me fue la olla con la introducción. Parece una canción de Sabina, y no es el caso. Yo quería hablar de la enseñanza de la juventud en estos momentos de confinamiento. Voy a ello.

Una crisis es una oportunidad para mejorar. Por eso propongo cambiar metodologías en los institutos, dar sentido a lo que estudian. Deberíamos trabajar por proyectos, aprovechar las circunstancias actuales para dar coherencia a las asignaturas y enfocarlas partiendo de situaciones problemáticas, como esta que sufrimos. En estos momentos hay montones de jóvenes realizando tediosos comentarios de texto sobre el Cantar del Mío Cid, por ejemplo. Proponemos en cambio realizar críticas sobre textos periodísticos actuales que tratan la epidemia que tanto nos angustia.

La pandemia ha puesto patas arriba la enseñanza. Sería interesante trabajar sobre lo que nos está pasando. Es una oportunidad para tratar temas tan complejos sobre los que pasamos de puntillas a diario en los institutos; como ¿quién toma las decisiones cuando hay un problema: la ONU, el Parlamento Europeo, la OMS, los gobiernos nacionales, los autonómicos, o alcaldes y alcaldesas? ¿En qué gastamos los recursos? ¿Cuál sería el criterio? ¿Qué cosas son importantes? También podemos aprender sobre las epidemias y enfermedades, porque esta no es la primera. Y podemos tirar de la Historia para investigar sobre la peste en la Edad Media. O indagar en la Geografía Humana y aprender que en África hay muchas enfermedades que matan a miles de personas cada día. O tomar conciencia de que en estos momentos es virulenta la epidemia de dengue en América Latina. Podemos enseñar funciones matemáticas que estudian la curva de evolución de los contagios del virus actual. Los periódicos están llenos de estadísticas que podemos aprovechar para aprender matemáticas. También podemos analizar el tratamiento sobre el tema desde distintas fuentes de información (periódicos, webs o *fake news*). O centrarnos en cuestiones bioquímicas sobre cómo funciona el virus: es todo un viaje mesiánico desde que entra en nuestra boca o nariz hasta bloquear los alvéolos pulmonares y nos impiden respirar. Y no debemos obviar el tratamiento filosófico: el miedo, la angustia, lo individual o lo social, el abordamiento político, etc. Y todo ello en la nube, por internet, conectados, bajo el techo familiar, salvando vidas sin salir de casa, parando de estudiar solo un ratito para aplaudir a las ocho de la tarde, y una cervecita después.

Creemos que lo esencial que debemos aprender en los centros educativos es: lo que somos, junto a los demás seres vivos, que estudia las Ciencias de la Naturaleza; lo que hemos sido hasta nuestros días, que estudia La Historia; y en qué mundo vivimos, que lo trata la Geografía física, humana y económica. También es importante cultivar las artes, que es la máxima expresión creativa que construimos los humanos. Y todo ello con los instrumentos que tenemos para pensar, conceptualizar y comunicar, que nos presta la lengua, las matemáticas o la filosofía.

Pero hemos dividido todo el contenido en porciones y lo hemos repartido en temas de libros de texto. Y pensamos que dando diariamente un trocito de conocimiento se juntarán en la cabeza de los chavales. Pues estamos equivocados. Los aprendizajes solo son relevantes si están globalizados, tienen sentido y son funcionales. Y así podemos soñar una gran oportunidad para cambiar la manera de enseñar.

Si de esta forma contextualizada se aprende más y mejor, cuando todo esto acabe, deberíamos seguir trabajando con metodologías de proyectos, partiendo de situaciones problemáticas de la realidad actual: contaminación, crisis energética, el hambre en el mundo, etc.

Y así habrá servido para algo esta maldita epidemia a una juventud que perece que está en las nubes, pero son el futuro de la humanidad.

Las cosas son lo que son

Cuando la vida nos tambalea, y este es el caso con la epidemia del coronavirus, es bueno parar, tomar conciencia y reflexionar. Es necesario en estos momentos de crisis volver la vista atrás, coger impulso y dar un gran salto hacia el futuro. Para ello sería recomendable leer a los filósofos griegos que hace tiempo ya sufrieron en la vida y pensaron sobre dificultades como las que estamos viviendo.

Nietzsche iluminó mi desasosiego y navegué en su propuesta: solo ha existido un filósofo en la historia digno de tal nombre, Epicteto. Nos ha llegado poco de la sabiduría de este desconocido filósofo, pero puede servirnos de referencia por su carácter esencial. Su obra puede resumirse en la siguiente máxima: lo que es, es.

Pero tenemos un cerebro que se pone nervioso cuando la realidad no encaja con las expectativas que tenía programadas. Por eso, ante esta pandemia, comenzamos a sentirnos inquietos, angustiados, desequilibrados…, buscando causas y culpables, criticando y dando soluciones a toro pasado. Y nos hemos convertido en epidemiólogos, científicos, sociólogos y políticos en poco tiempo.

Epicteto nos aclara una obviedad: las cosas son lo que son. Y es que hemos vivido en un mundo hedonista, de fantasía, ilusiones y de profecías propuestas por el mercado imposibles de satisfacer. El mal de nuestras vidas ha estado en nuestra mente, en las ideologías, en nuestras expectativas, en los objetivos inalcanzables, en nuestras ilusiones de ilusos. Y esta es la causa primera de la depresión de nuestra condición humana en esta crisis que nos ha tocado vivir. No echemos la culpa a nadie ante esta contrariedad, a todo ser viviente nos pilló a contrapié porque no estábamos preparados. No hay que mirar atrás, sino buscar soluciones. Lo primero es la aceptación. No nos habíamos percatado del peligro, pero ya es tarde para lamentaciones. Aceptémosla y miremos el futuro. Lo que hay es lo que es.

Aunque ya lo dijeron los griegos, lo que necesitamos es sentido común. Hasta en mi pequeño pueblo hace tiempo que llegaron a esta profunda conclusión: *si a un gato le pisas el rabo, por la otra punta maúlla*. Y es que las cosas son lo que son y tienen las consecuencias que tienen.

Este es el momento de aprender que la vida hay que tomarla como va viniendo. Podemos hacer lo que esté en nuestras manos, cada cual su granito de arena para construir de nuevo la vida. Que nadie siga poniendo palos en la rueda, que lo que hay es que ayudar, cada cual en lo que pueda, que ya las circunstancias irán diciendo. No hay más.

En estos tiempos tan acelerados en los que estábamos inmersos, la vida pasaba a nuestro lado a gran velocidad. La inercia nos llevaba en volandas y en esa locura es imposible ver nada, comprender nada, vivir tan siquiera. Era necesario parar en seco. La reflexión requiere quietud, mirar sin prisas. Y desde esa atalaya de la serenidad que las circunstancias nos han impuesto comprenderemos que la vida da vueltas y solo hay que esperar a que llegue de nuevo a nuestro lado para seguir sufriéndola y disfrutándola.

Acabemos con una reflexión que hubiera hecho Epicteto: debemos tener la valentía de cambiar lo que se puede cambiar, la fortaleza para soportar lo que no se puede cambiar y la inteligencia para distinguir una cosa de la otra.

No ha sido tiempo perdido

Solemos pensar que el tiempo es oro, eso nos han inculcado, y que lo perdemos si no producimos lo que el sistema nos demanda. El dios Crono nos devora como nos cuenta Goya en su enigmática pintura de Saturno. Pero puede que el tiempo sea vida en vez de dinero y no lo hayamos perdido en este confinamiento.

El profesorado, a veces, pretende enseñar una cosa y el alumnado aprende otra muy distinta. Suele pasar, pero en este tiempo de pandemia, mucho más, porque no controlamos ni conocemos las circunstancias en las que se encuentra cada cual. Los maestros y maestras nos lanzamos de cabeza a enseñar para que nuestro alumnado no perdiera el tiempo en este confinamiento, igual que muchas personas se lanzaron a los supermercados a comprar papel higiénico, sin pensar. Ya llegó el momento de la calma, tiempo de reflexión y de balance provisional. Veamos pues si hemos perdido el tiempo o hemos aprendido algo en estos momentos educativos inusuales.

Pues resulta que llevamos mucho tiempo en los centros educativos con programas TIC (Tecnologías de la Información y el Conocimiento) y en apenas dos meses hemos asimilado más del uso de las tecnologías que en todos los años anteriores. Y es que se aprende cuando hay necesidad. Es la función la que crea el órgano. Tanto el profesorado como las familias y los niños y niñas hemos aprendido a escribir textos en Word y presentaciones en PowerPoint, a editar imágenes, crear carpetas para organizar el trabajo, entrar en Classroom para las clases, dominar el correo electrónico, comunicar por WhatsApp, Hangouts, Facebook o Instagram, hacer videoconferencias por cualquiera de los programas que la cultura digital nos ofrece y mil cosas más.

Las familias, el alumnado y el profesorado nos hemos puesto las pilas porque *un bicho* nos picaba. Los maestros y las maestras nos hemos reciclado en pocos días y hemos sido capaces de hacer videoconferencias de Equipos Docentes, Claustros, Consejos Escolares, Reuniones de ciclo, Tutorías y clases online. Hemos realizado cientos de blogs, periódicos y revistas educativas digitales, hemos seleccionado contenidos educativos de la red, conectando con diferentes programas con las familias, etc. En definitiva, hemos teletrabajado, algo que solo vislumbrábamos en personal privilegiado de grandes corporaciones internacionales.

Los niños y niñas, que estaban enganchados a los videojuegos y a historias intrascendentes de YouTube o TikTok, han empleado por primera vez el móvil para algo más productivo aprendiendo las mil posibilidades que la tecnología nos brinda.

En solo dos meses, además de los contenidos académicos trabajados a distancia, hemos conseguido el objetivo de hacer funcionales las tecnologías de la información y comunicación. Por ello, no debemos pensar que hemos perdido el tiempo. No sabemos hasta qué punto hemos aprendido cosas que no teníamos previstas.

Pero no solo hemos aprendido contenido tecnológico, también hemos comenzado a valorar cosas que antes teníamos y no le dábamos importancia. Hemos descubierto la necesidad de conectar con los demás. Y tanto alumnado, familias y profesorado nos hemos comunicado de manera esencial, por necesidad y con deseo.

También hemos aprendido el valor de la solidaridad, las profesiones más importantes para vivir, que la unión hace la fuerza, que el estado y los poderes públicos se deben ocupar de lo público, del bien común, que la familia es siempre el sostén básico de la sociedad y que siempre hay quien para salir del pozo sigue cavando hacia abajo en vez de ayudar, pero a esos no hay que hacerles caso.

Por eso creo que, aunque queden lagunas de lengua o matemáticas, seguro que hemos aprendido algo muy esencial que no teníamos previsto: que no se pierde nunca el tiempo si se gana para la vida.

¿Tareas para casa?

Una ola de angustia virulenta reina sobre nuestras cabezas y se ha instalado especialmente en el alma de la infancia.

La información navega sin control por los hogares, dejando una sensación de desasosiego que también atemoriza a nuestros escolares y que debemos atender. Nuestras funciones como educadores es transformar información por conocimiento y emociones derramadas en sentimientos pensados.

Pero resulta que las autoridades gubernamentales han decretado el teletrabajo y nos han asignado la tarea de continuar nuestra labor docente a distancia. Sin pensarlo demasiado, hemos trasladado la escuela a casa, enviando deberes, temas del libro de texto y una variedad de actividades a través de las numerosas plataformas tecnológicas que la sociedad moderna nos ofrece.

Sin embargo, no hemos tenido en cuenta que existen cientos de familias que carecen de acceso a internet, no disponen de ordenador o impresora, o incluso se han quedado sin tinta. Además, la mayoría de las personas no están familiarizadas con las tecnologías, a pesar de que llevan tiempo interactuando con sus móviles. En resumen, muchos son consumidores digitales analfabetos.

Cada aprendizaje tiene sentido en el contexto en que se desarrolla. Y no tiene sentido hacer actividades de lengua en el salón de la casa. Primero porque pierden todo sentido y significatividad. Mejor sería escribir cartas a sus tutores y tutoras o los amigos que están confinados. Pero también porque muchas familias trabajan y no pueden ayudar, algunas no saben y otras no pueden estar con sus hijos las 5 horas de escuela en casas. Además, como en las familias hay confianza es donde se manifiesta el rechazo a la escuela, muchos niños y niñas luchan contra los padres y madres para no hacer las tareas que a regañadientes hacen en el aula.

Toda crisis nos invita a pensar y cambiar. Reflexionemos pues para intentar mejorar. Estamos perdiendo una oportunidad única: romper los muros de la escuela y llevar la educación a la vida real.

Para poder aprender primero hay que quitar la angustia. La pirámide de las necesidades de Maslow así nos lo muestra: primero comer, en segundo lugar tener seguridad para perder el miedo y, por último, viene el aprender. Para ello, la primera actividad que debemos proponer el profesorado de cualquier nivel educativo es afrontar la angustia que genera el coronavirus y hablar de ello: redacciones, poemas, preguntas, dibujos, debates, investigaciones…, todo tipo de tareas que sirvan para mitigar el miedo. En todas ellas se aprenden las competencias clave, no nos preocupemos. Para ello contamos con motivación sobrada porque es un tema de plena necesidad e interés. Aunque no es bueno estar todo el día con el tema. Solo lo necesario para responder a las preguntas que se generan y apaciguar el miedo.

En segundo lugar es una posibilidad única que podemos aprovechar para no hacer nada, para aburrirnos, para dejar la mente en blanco, para descansar. Es necesario resetear nuestro acelerado cerebro. Dejarlo en calma. No tiene sentido llenar la agenda en días de conflicto emocional porque bajarán nuestras defensas y estaremos más propensos a pillar cualquier bicho, y no solo el susodicho coronavirus.

En tercer lugar, como estamos en casa, es el momento para educar en todos esos contenidos transversales que tanto nos cuesta trasmitir en la escuela porque no es el contexto adecuado: la salud, la higiene, la alimentación, el descanso, las horas de sueño, la colaboración en tareas domésticas, las relaciones familiares, los juegos en familia, los afectos, etc. Es el momento de mandar como tarea hacer la cama, ayudar a la comida, limpiar la casa, recoger... Así no habrá que tratarlo el día de la paz, de la mujer o en el programa de coeducación. También podemos trabajar la necesidad de lavarnos las manos, porque siempre debemos luchar contra los agentes patógenos que están siempre a nuestro lado. Es el momento y el lugar para trabajar los hábitos de higiene en el contexto adecuado para aprenderlo. ¡Y qué decir de una alimentación sana! Es preciso comprender lo de la nutrición, las defensas, la alimentación saludable, la lucha que en el cuerpo siempre se produce entre salud y enfermedad y en la que podemos ganar la partida si nos aplicamos.

Muy importante para el desarrollo de la infancia es el juego. Ahora tenemos tiempo de ello. Una actividad tan terapéutica, tan necesaria, tan rica para el aprendizaje y que nunca tenemos tiempo durante el curso con tantas actividades y tareas programadas. Así que podemos utilizar el tiempo para jugar, cantar, bailar, disfrazarnos o hacer teatro.

Y por último y más importante, con las iniciativas comunitarias que abundan en las redes sociales podemos aprender solidaridad. Que no estamos solos en el universo. Que somos parte de un todo. Que solo juntos podemos ganar a cualquier contrariedad que nos amenace. Y podemos mandar agradecimientos a tanta gente que nos está ayudando para que estemos sanos: personal sanitario, de limpieza, transportistas, dependientes, etc.

En conclusión, dejemos de mandar tantas tareas escolares para casa. Quizás nuestro mejor consejo para los chicos y chicas que están en casa sea que se dediquen a las artes: la creatividad, la música, la pintura, la escritura, el teatro, el cine, el baile... Porque solo el arte puede mitigar tanta angustia.

Por diez minutitos de nada

Desde hace años, trabajando en Educación Infantil, yo entraba al colegio diez minutos antes de lo estipulado para organizar mi clase y mi mente inquieta. Abría las ventanas para que entrara la luz del nuevo día, ordenaba un poco el espacio y me acomodaba a la dura tarea que me esperaba bregando con veintitantas criaturitas de tres, cuatro o cinco años, durante cinco horas seguidas, que tiene su dificultad.

Esos diez minutitos que llegaba antes al aula permitían conectarme con la realidad: saludaba a las niñas y niños de la clase de uno en uno y dialogaba con las familias, que me contaban las incidencias de la noche, cómo se encontraban emocionalmente o cualquier contrariedad que necesitaran compartir. Cuando llegaba la hora establecida, nos íbamos a la asamblea despacito para ponernos a trabajar. El alumnado había tenido tiempo de aclimatarse al nuevo espacio, saludar a sus amistades, mitigar la angustia del cambio tan profundo que supone pasar del cálido hogar a una fría institución escolar, y yo apaciguaba mi alma para la incertidumbre que siempre produce la tarea de educar.

Estos diez minutitos de nada no fueron bien vistos por algunas compañeras y compañeros de mi colegio. Buscaron mil argucias para criticarlo: *porque aún no era la hora estipulada, porque las familias no deben entrar a la escuela, porque el alumnado tiene que ponerse en fila como siempre se hizo, que si el timbre no ha sonado, que «si patatín, que si patatán».* Muchos conflictos supusieron defender mis criterios pedagógicos, acordes con el respeto a la infancia, contra las costumbres anquilosadas en la organización escolar.

Pero, ¡mira por dónde!, después de treinta años de lucha, llegó una pandemia y el protocolo oficial obligó a que todo el profesorado estuviera diez minutos antes en sus clases para que el alumnado entrara con distancia de seguridad. Y sin criterio pedagógico alguno, solo por motivos sanitarios, empezó a cambiar la escuela gracias a esos diez minutitos de nada que ahora eran de obligado cumplimiento.

La primera consecuencia fue que los familiares no se aglutinaban, todos a la vez, en la puerta del centro, esperando la hora exacta de entrar, aparcando en cualquier sitio, provocando un sinfín de problemas de tráfico que ponían nerviosas a las familias y, por consiguiente, a sus hijas e hijos, que entraban al cole con el mal humor provocado por un caos monumental.

Lo bueno que pasó fue que las niñas y niños entraron al centro de uno en uno, que saludaban y decían buenos días, que se mostraban tranquilos y que en la puerta del colegio ya no se producía conflicto alguno porque el tráfico fluía con normalidad. Además desaparecieron las filas y el timbrazo antes de entrar.

Los centros educativos, como cualquier organización social, son resistentes a experimentar cambios en su funcionamiento, porque las liturgias y costumbres se osifican en sus estructuras resistiéndose a ser demolidos. Son como organismos humanos que crean mecanismos de defensa ante cualquier agente patógeno extraño amenazante.

Muchas rutinas y prácticas de las escuelas, quizás, fueron necesarias en su momento, pero hace tiempo que perdieron su función. No obstante, perduran, hoy día, en la mayoría de los centros educativos y son muy difíciles de cuestionar. Y es que asumimos hábitos mentales imposibles de erradicar. Entre ellos están: la sirena como reclamo temporal, la fila en la entrada, el sentarse de uno en uno, el no poderse levantar, el libro de texto como axioma, las asignaturas con sus rígidos horarios… y muchas costumbres más.

Esperemos que los cambios que ha traído la pandemia en los colegios, a pesar de tantos males, se queden para siempre, porque han mejorado la humanización de las escuelas, aunque haya sido de forma casual. ¡Merece la pena, un cambio profundo en la escuela por diez minutitos de nada!

6. Conexión

A corazón abierto

Dice Eduardo Galeano que «*todos somos mortales hasta el primer beso y la segunda copa de vino*». A partir de ahí, la sensación de trascender la propia existencia y transitar la eternidad se apodera de la persona. Es una sensación peligrosa, pero sumamente agradable y creativa. Es una sensación de inmortalidad que te hace bajar la guardia, vivir más intensamente y ser alguien esencial.

Vivir parapetado no es vida. Porque educamos si nos mostramos tal cual somos, si nos damos, si dejamos expresarse al alumnado y oímos sus dificultades y deseos desde la escucha atenta de personas adultas sensibles y sinceras.

Solo educaremos si nos mostramos como seres humanos sintientes. Porque la educación va de conexiones amorosas, de navegar en mar abierto, de darse, de trasmitir sentimientos, conocimientos emocionales y deseos.

Pero ¡cuidado!, que navegamos, a menudo, en un mar social traicionero. Debemos abrir la mente en contextos inapropiados. Hay inconvenientes atrincherados que buscan nuestra vulnerabilidad en todo momento.

Sufrí el acoso de algunos colegas y de direcciones de colegios, que me percibieron como peligroso porque trabajaba de otra manera. Aunque sufrí por ello, siempre comprendí que fui un agente patógeno que amenazaba lo establecido. Poner en cuestión al sistema supone sufrir las embestidas lógicas de defensa del sistema. Así funcionan las organizaciones sociales. Es lo que hay. Pero seguí trabajando a corazón abierto.

Siempre tuve de mi lado a las familias para educar a sus vástagos. Pero una vez sufrí a un padre en contra de mi labor docente. Estaba en una lucha ideológica para poner uniformes a todo el alumnado en un centro público; y, como no estuve de acuerdo, embistió contra mi persona. Buscó todos los resortes del sistema para desprestigiarme. Menos mal que yo siempre ayudé a su hijo en sus dificultades, y no entré en pugna política. Siempre mostré mi preferencia por la diversidad del alumnado, y apoyé a quienes tenían dificultades, a pesar de sus familias.

Tuve una alumna que siempre estaba retando. El «no» era su primera opción, nada le venía bien. De ella aprendí que para decir sí había que tener los pies, muy estables, en la tierra. Y ella volaba por mil planetas insatisfechos. Mi posición educadora no podía ser la confrontación, sino ser un mar de amor amortiguando las embestidas con mis plácidas olas.

Conviví con un alumno que no sabía lo que quería y siempre me retaba. Su familia andaba conspirando junto a la dirección del centro, intentando justificar sus peculiaridades, no asumiendo las dificultades de su hijo. Mientras, yo me mostraba humano en el aula, intentando indagar en las dificultades de ese niño que me retaba. Pronto descubrí que estaba excesivamente empoderado por unos padres que no aceptaban los desequilibrios de su hijo y buscaban una justificación desesperada fuera de su vástago.

Siempre hubo quien me aconsejó que me parapetara, que no siguiera mostrándome, exponiéndome tal cual soy. Esa era la mejor solución para no sufrir demasiado. Pero yo continué luchando a corazón abierto. Amé a ese alumnado díscolo una y otra vez, mostré mi sonrisa más sincera a las familias, aún sabiendo que me hacían mal. Siempre creí que debemos mostrar lo que somos a pesar de las amenazas. Solo así podremos educar.

Ya sé que contradice la perspectiva psicológica de moda: mostrar seguridad, simular fortaleza, fingir, empoderarse, no admitir debilidades… Pero solo educaremos si nos mostramos tal cual somos, a corazón abierto, para que nuestro espejo refleje en la infancia una imagen ética y verdadera.

Así que, sírvanse un par de copas: una de vino y otra de abrazos. Quiero decir que para educar debemos mostrarnos tal y como somos, y conectar con el alumnado a corazón abierto. No hay otra posibilidad educadora, aunque tengamos que soportar los lógicos inconvenientes de quienes tienen miedo a que algo cambie y algunas embestidas a destiempo.

Si luchas a contracorriente debes asumir los envites de quienes se resisten, de la tradición, de lo que se hizo siempre, de organizaciones que se defienden contra toda amenaza de cambio.

Para educar debemos mostrar lo que somos, compartir sentimientos, conectar… Pero teniendo cuidado, para que nadie nos dañe, para, así, poder seguir educando. Porque solo, a corazón abierto, podemos educar.

Cuestión de miradas

Un cuento es una buena forma de entrar en el malestar de la infancia e indagar en sus desasosiegos. Los cuentos clásicos se contaron de generación en generación, durante siglos, porque servían para dar sentido a los desvaríos del alma. Eran narraciones sobre mitos ancestrales que daban respuestas, en lo más íntimo de las personas, a sus miedos, retos, deseos e inquietudes. Porque los cuentos encierran un talismán curativo para muchos males del alma.

Requirió de mi experiencia, aunque ya estoy jubilado, una compañera maestra de un aula de Cuarto de Primaria. Tenía dificultades con un chico con desajustes familiares, que pegaba y creaba mucha alteración en el aula. Después de explicarme los problemas de su alumno, me pidió un consejo. Muchas veces, el principio de la solución es un cuento. Porque cuando encuentras la fábula adecuada entras en el alma de la infancia para curar las heridas que provocan sus desajustes.

El caso es que fui a contar a su colegio el cuento *Resdán*, de *Paco Abril*. Es una historia que nos narra la historia de un niño llamado Andrés, que se siente mal porque, tanto en el cole como en casa, le insultan, castigan y empequeñecen por su conducta disruptiva. Cuando narro el principio de la desoladora historia, en donde el protagonista siente un dolor inmenso en su alma por todo lo que le insultan, este alumno díscolo se muestra interesado, se identifica y comienza a preguntar y conectar con la historia.

Resulta que el chico del cuento se llamaba Andrés, y ante tanto insulto, provocado por su mal comportamiento (nunca se sabe si es primero el mal comportamiento o este es producto de su herida) se pone a dibujar para tranquilizarse. Y dibuja un monstruo con las peculiaridades que menos le gustan de él, y de las que sus semejantes hacen burlas.

La cuestión es que, no se sabe bien por qué (cosas que pasan en los cuentos) el monstruo dibujado sale del papel y, tímidamente, comienza a conversar con Andrés. Al dibujo lo llama Resdán, que es su nombre cambiando las letras. Porque algo de él había en ese garabato que salió del papel y le interpelaba.

Después de leer el cuento invité al alumnado a que escribieran sus nombres y alteraran sus letras hasta formar un nombre de un supuesto monstruo que se escondía dentro de sus almas. Luego les invité a que hicieran un dibujo con las cosas que no les gustaban de su persona o que les hicieron sufrir en algún momento.

Resulta que este chico con dificultades de comportamiento dibujó un monstruo todo de rojo, con la cara metida entre rejas. Mucho de su familia se mostraba en el dibujo. Me acordé de *Melania Grein*, quien, en el siglo pasado, investigó que el lenguaje de los niños no era la palabra sino del dibujo y el juego.

He de decir que este chico problemático se mostró, durante toda la sesión, concentrado, participativo, equilibrado y trabajador. El cuento le había llegado hasta lo más profundo de su alma, de su herida.

Cuando me despedí de la clase, en la que conté ese cuento tan especial, me vino este alumno con dificultades y me dio un abrazo esencial. Me costó desprenderme de él para irme. Algo había conectado en su alma a través del cuento *Resdán*. Y es que hay cuentos, introspectivos, esenciales, saludables, curativos… que son capaces de cambiar un destino.

Mi compañera maestra, tutora de este niño tan especial, me escribe después de la experiencia y me dice:

Desde que tú pusiste tus manos en mi alumno, yo lo vi de otra manera.

Quizás todo sea una cuestión de miradas.

Asombrar

La función principal de una maestra, de un maestro, de una profesora o profesor de instituto o de universidad, es asombrar: llevar al alumnado a ese lugar mágico en donde habitan las estrellas, dejarlos perplejos, entusiasmados, con ganas de más. Ahí radica el secreto de la educación.

Pero asombrar no es hacer un castillo con cajas de cartón para ilustrar un proyecto educativo sobre La Edad Media, mientras que en el aula se realizan actividades rutinarias de colorear o copiar. He visto demasiados educadores que se desviven en hacer *fuegos artificiales* en las efemérides y luego aburren al alumnado con fichas rutinarias, tareas para casa y exámenes. Cuando hablo de asombrar me refiero a despertar en el intelecto esa llama que prende cuando la vida nos cuestiona.

Los contenidos que deberíamos aprender, en este mundo tan complejo, son infinitos; por lo que tenemos dos opciones a la hora de enseñar. Una es elegir los pocos conocimientos básicos que creemos esenciales y memorizarlos. Eso hacen los currículos oficiales y los libros de texto: reducir la realidad a trocitos de contenidos para enseñar. La otra opción es educar la mente para que aprenda cualquier información que les llegue y sepa contextualizar, digerir, escudriñar, contrastar, criticar, inferir, sentir y reflexionar en este mundo tan saturado de estímulos.

Solo he conocido y experimentado un método de aprendizaje, basado en una teoría científica del conocimiento, que deja al alumnado asombrado y con ganas de aprender: **el constructivismo**. Lo he experimentado cientos de veces. Básicamente, trata de extraer las *ideas previas* del alumnado, lo que saben, compartir esa información con los demás, estructurarla, ver contradicciones y resolverlas dialogando para, a partir de ahí, crear interrogantes (*inclusores*) que generen el deseo de buscar respuestas a *las disonancias cognitivas* que nos producen nuevos conocimientos. Así se crean *mapas conceptuales,* que son estructuras de conocimiento por los que nuestro pensamiento puede navegar.

Cuando nos enfrentamos a cuestionamientos que chocan con las hipótesis que creemos evidentes, sufrimos un desasosiego que dispara nuestro interés y nuestra atención, y buscamos respuestas que nos apacigüen. Es lo que ocurre cuando contemplamos un truco de magia que no comprendemos, que nos despierta una emoción desorbitada por aprender una explicación que nos tranquilice.

Son un *camelo,* por tanto, los llamados *mapas conceptuales* que vienen en los libros de texto, porque no se han construido con las ideas previas del alumnado concreto del aula. Una vez más, se cogen conceptos de teorías científicas y se prostituyen. Es una contradicción metodológica dar un *mapa conceptual,* ya elaborado, para que el alumnado lo estudie. Eso sustituye a *los cuadritos amarillos* de antaño, que resumían lo que había que aprender de memoria para poner en el examen. Pues este fraude es permitido por las autoridades educativas, que acreditan unos libros de texto contrarios a las teorías científicas. Porque un *mapa conceptual* es un concepto de la *teoría constructivista*, que consiste en la construcción del conocimiento que hace el alumnado a partir de preguntas bien orientadas y actividad dialógica entre sus iguales.

La Didáctica siempre fue la hermana pequeña de la Pedagogía. Pero hoy quiero elevarla a lo más alto de la educación. La Didáctica es la disciplina que se encarga de desarrollar técnicas y materiales para un mejor aprendizaje de cada una de las materias. Y debemos reconocer que el profesorado tiene muchas carencias sobre cómo dar las clases de forma adecuada en las diferentes asignaturas. Gran culpa de ello la tiene la dependencia de los libros de texto. Pongo dos ejemplos de prácticas constructivistas para ilustrar la verdadera construcción del conocimiento, uno de Matemáticas y otro de Ciencias Sociales.

Ejemplo uno. Entro en una clase de tercero de Primaria como especialista en Pedagogía Terapéutica para ayudar a una chica que tiene dificultades en esa aula. Pero, esta vez, intuyo que la que tiene dificultades es la maestra. Como es tan generosa me permite que participe en su explicación y se lo agradezco. Están dando las unidades de medida y lleva un rato leyendo la definición del libro de lo que es un metro, un decímetro, un centímetro, etc. Yo miro al alumnado y sé que no se enteran. Porque la maestra explica desde el libro y no desde los conocimientos previos del alumnado. Entonces intervengo preguntando: ¿qué es un metro? (buscando las *ideas previas*). Es entonces cuando las niñas y niños del aula se ponen a pensar. Nunca le habían hecho una pregunta tan simple pero esencial. Y comienzan a decir que *es una cosa que sirve para medir, que es de madera o metal, que si mi padre tiene uno porque es albañil…*

Afino el cuestionamiento: *poned las manos mostrando la distancia que creéis que es un metro.* Todo el alumnado sitúa sus manos mirando de reojo a diestra y siniestra para corregir la posición en función de quien sabe más o saca mejores notas. Saco una regla de un metro y la voy comparando con las distancias de separación de sus manos. Todos van corrigiendo. En el celebro de cada chica o chico de clase, se está produciendo en ese momento una ruptura epistemológica, un rompimiento de sus hipótesis sobre el concepto de metro. Están motivados, y van construyendo y comprendiendo que un metro no es algo material sino un espacio vacío, una distancia, una dimensión espacial. Y es que el contenido de las magnitudes requiere de una ruptura de las hipótesis infantiles que tienen en sus mentes. Miles de circuitos neuronales se mueven y se acomodan al nuevo descubrimiento.

Luego les planteé que con el metro no podemos medir cosas pequeñas. Así surgió la necesidad de dividirlo en diez partes que son los decímetros, etc. El tema es plantearles cuestionamientos, *rupturas epistemológicas* para que ensanchen su mente. Este es el camino para volvernos más inteligentes.

Ya está bien de enaltecer la memoria, que sirve para el examen y olvidamos al otro día. Cuando construimos un saber verdadero perdura toda la vida. Porque la llamada memoria a corto plazo es para algunas cosas básicas, pero no para generar nuevos conocimientos. Recordamos a largo plazo cuando lo aprendido se ha fijado en nuestra mente en circuitos cerebrales de forma permanente. Y a eso se llama *aprendizajes significativos,* que se producen mediante *inclusores,* a partir de *rupturas epistemológicas.*

Ejemplo dos. Entro en un aula de sexto curso de primaria, como especialista en Pedagogía Terapéutica, para ayudar a una alumna diagnosticada que tiene ciertas dificultades. Pronto detecto que es el maestro el que tiene problemas para explicar la materia. Están dando el tema de *los Descubrimientos del Nuevo Mundo*. Pero veo que leen el libro como si fuera La Biblia. Verdades que hay que memorizar para luego vomitarlas en un examen. Como el maestro es un cielo, aunque lo suyo no es la Didáctica, me pide que intervenga. Eso lo hace grande. Pocas personas reconocen sus carencias. Cambio de tercio. Pregunto al alumnado: ¿Por qué creéis que Colón fue a América? Muchos tenían claro que fue *para descubrirla*. En esas respuestas denotan que sus mentes no distinguían entre causas y consecuencias, entre objetivo y resultados. Tenían un esquema de memorización, el que había aprendido en la escuela. Son sus *ideas previas* y de ahí hay que partir. Nadie los había puesto a pensar. Entonces les di un dato: *en esa época no había electricidad ni, por tanto, frigoríficos para conservar la comida. ¿Cómo lo hacían para guardar los alimentos durante tiempo?* Después de muchas intervenciones construimos la necesidad de conservar las carnes y los pescados con las especias venidas de Asia. Fue entonces cuando aprendimos las rutas de las especias, tan necesarias para Europa en ese momento. Le di un plano de la época, en donde, evidentemente, no estaba América, porque aún no sabían los europeos que existía. Y fueron descubriendo entre todos, poco a poco, lo cerca que estaba Asia de España por el mar en vez de recorrer toda la ruta de Marco Polo. Y, de pronto, alucinaron. Se dieron cuenta, y por tanto aprendieron, que el descubrimiento de América fue un hecho fortuito causado por necesidades humanas. Después de esa actividad toda la clase me aplaudió. Habían sentido en sus carnes la emoción de aprehender un nuevo conocimiento. ¡Habían descubierto América!

Y es que el verdadero aprendizaje debe ser *significativo* y *funcional*. Ya sé que todo el mundo argumenta con estos conceptos sus proyectos educativos en las oposiciones y en las programaciones de aula; pero suelen ser palabras vacías que se contradicen con las metodologías que llevan a cabo en el aula. Y es que hay que saber de dónde provienen los términos que utilizamos, conocer las teorías científicas y cómo llevarlas a la práctica. No basta con nombrar a Piaget, Vigotsky, Ausubel o Bruner para justificar nuestra ignorancia. Hay que vivir en nuestras carnes la práctica educativa en la que el alumnado es el centro del aprendizaje. Ya sé que mucha culpa está en la legislación educativa, en la formación inicial, en La Universidad, en los planes de estudios del futuro profesorado, en los libros de texto y en las oposiciones.

En conclusión, hay que saber asombrar, pero no desde el espectáculo embaucador, sino desde el soliviando intelectual que nos provoca una disonancia cognitiva. Necesitamos de asignaturas, actividades, másteres, cursos, congresos…, que nos enseñe la Didáctica de cada materia y las prácticas reales de contenidos concretos. Porque creo que educar es asombrar, tanto cognitiva como emocionalmente. A ahí puede estar una de las claves de la innovación educativa.

Educando nos ponemos en juego

Conocí a un maestro que siempre andaba regañando a las niñas más vistosas. Entraba en cólera cuando una chica mona no le hacía caso. Se enfadaba cuando alguna lo desconcentraba. Indagué sobre el tema. ¿Cómo un maestro de infantil podía humillar a una niña, de esa manera? Descubrí que este educador pasaba por dificultades de identidad de género no asumidas. Tenía un problema con las mujeres y otros conflictos que intuyo, pero no acabo de entender. El caso es que proyectaba su malestar con algunas de sus alumnas, vaya usted a saber por qué.

Y es que a la escuela hay que venir habiendo elaborado lo que somos y lo que sentimos. No podemos intervenir con el alumnado desde nuestros desequilibrios y frustraciones. Es difícil educar emocionalmente sin asumir nuestras debilidades. Por eso, el profesorado debe estar muy bien formado, tanto intelectual como emocionalmente.

Conocí a una maestra que humillaba al alumnado que tenía dificultades de aprendizaje: que si la letra, que si el orden, que si faltas de ortografía, que si los acentos... Especialmente, a los niños. Indagué sobre el tema porque me interesaba investigar las causas por las que una maestra rechazaba a los más desvalidos. Buscaba una explicación para tan horrible comportamiento de una educadora. Y descubrí que ella era gordita de pequeña y en su cole la maltrataban. Y volvió al mismo lugar donde le produjeron ese dolor: la escuela. Y se hizo maestra para intentar solucionar ese trauma y, como no encontró la manera, lo proyectó con los niños que más se parecían ella. Por eso el profesorado debe estar muy bien formado, tanto intelectual como emocionalmente, para no proyectar sus carencias.

Recuerdo, hace años, a una maestra que se llevaba al alumno más travieso al baño, con ella. Decía que no se fiaba de dejarlo en el aula sin vigilancia y necesitaba tenerlo muy cerca para controlarlo. Y sin querer queriendo, lo abrazaba y le decía lo mucho que lo quería. El caso es que existe un limbo indeterminado entre el deseo insatisfecho de la profesora y el amor al alumnado. No quiero acusar de nada a esta maestra porque no hizo nada inmoral, que yo sepa. Tampoco quiero que nos centremos en este caso concreto. Solo quiero decir que al cole hay que venir equilibrado emocionalmente. A la escuela hay que ir con el trabajo de introspección hecho. Para que no salgan, sin querer, todas las heridas que tenemos. De lo contrario, se nos escaparán, sin que nos demos cuenta, todos los males que nos inquietan por dentro.

Para ser educadores debemos trabajarnos emocionalmente, para no echar nuestra inmundicia al alumnado. Porque puede que necesitemos un amor en nuestras vidas y no lo tengamos; o estemos faltos de abrazos o de expresar nuestra ira; o es posible que de pequeños fracasáramos en el colegio... Y entonces, sin querer, demos a las niñas y niños de nuestro cole más achuchones de los debidos o más regañinas de la cuenta.

Es necesario dar los abrazos justos que la infancia necesita y no los que nosotras y nosotros necesitamos. Al cole hay que ir amados para poder dar amor. Ni demasiadas reprimendas ni más abrazos de la cuenta; solo los que cada niña y niño demanden. Para eso hay que formarse, no solo intelectualmente sino emocionalmente.

Todo esto lo aprendí de mi experiencia. Fueron muchos años analizando lo que me disgustaba de mi actuación en el aula: los enfados desmedidos, los nervios a flor de piel, el no soportar a cierto alumnado, mis prisas y mis agobios... Somos humanos, y en el cole nos mostramos tal como somos en lo más profundo de nuestro ser. Estos desajustes personales pueden servir de acicate para mejorar, pero debemos trabajarlos.

En la formación de futuras maestras y maestros habría que tratar este tipo de cuestiones, buscar espacios para interrogarnos, para elaborar nuestras frustraciones. Es muy importante instruir al futuro profesorado para que eduque desde el equilibrio emocional. Y para ello, lo primero es mirarnos por dentro y elaborar nuestros desajustes emocionales, para no proyectarlos a los demás. Debemos ser personas equilibradas emocionalmente para educar de forma adecuada. Porque, cuando enseñamos, siempre nos ponemos en juego. Porque ya se sabe que educamos más con lo que somos que con lo que sabemos.

Educar las emociones

La educación emocional está de moda. No hay libro, congreso, jornada o programa de perfeccionamiento actual, que no verse sobre el tema. Es una muestra de la influencia de la Psicología sobre la educación. Es conveniente que el profesorado aprenda sobre las emociones, pero en la práctica didáctica no debe ser trabajada como contenido, sino sentirlas y hablar de lo que nos pasa por dentro. He visto, demasiadas veces, a niñas y niños en el aula coloreando dibujos de caras tristes y alegres mientras se aburrían como una ostra.

En mi grupo de trabajo de infantil, desde hace treinta años, nunca hicimos actividades para educar lo emocional. Siempre creímos que la emoción debía de estar enredada en cualquier proyecto o actividad de aula de manera transversal y omnipresente. Porque somos seres emocionales, no hay otra posibilidad. No es un contenido que enseñar de forma específica, sino algo transversal que debemos tener presente en todo momento. Lo escribí hace muchos años en mi libro *Atando sentimientos con palabras*[1].

Siempre buscamos proyectos en donde lo emocional estaba presente. Porque la emoción no es un tema que aprender, sino una fuerza interior que nos conmueve e incita a devorar conocimientos relevantes en la infancia. Por eso tratamos temas como *Los monstruos*, porque sabíamos que los miedos estaban agazapados, levantando emociones en los primeros años de vida. También trabajamos muchos cuentos, porque en ellos están implícitos los conflictos emocionales de la vida. Más tarde diseñamos el proyecto «*Mi casa, mi calle, mi pueblo*», lo conocido, vivido y sentido cada día. Y, además, investigamos sobre *Nuestros países*, pensando en el alumnado que nos venía de fuera, porque sabíamos que necesitaban conectar emocionalmente con sus orígenes. Siempre estudiamos sobre cuestiones donde lo emocional surgía de forma natural. Nunca nos dedicamos a la emoción como un contenido aislado. Porque la emoción no es un tema de estudio, como está ocurriendo en muchos colegios, sino un estado de ánimo que nos invita a aprender de forma ávida y deseosa. Porque la educación es transitar por un camino emocional sobre las cuestiones importantes para nuestras vidas.

No creemos que trabajar las emociones se pueda hacer de forma aislada, con una actividad o desde una disciplina, y luego pasar a clase de Matemáticas o Lengua sin tenerlas en cuenta. Lo emocional está siempre presente, por lo que debemos formarnos para integrarla en cualquier materia, en todas las activida-

---

1   Gómez Mayorga, C. (2004): *Atando sentimientos con palabras*. Ed. MCEP, Sevilla.

des, en las relaciones personales, en la diversidad de circunstancias que se dan en la escuela. Pero no solo en el contenido está la emoción presente, también en la metodología, en las relaciones sociales que se establecen el aula, en la relación con las familias...

Por tanto, es necesario realizar actividades que afloren las emociones: juegos grupales, canciones, teatro, cuentos, magia, pintura, bailes y toda expresión que implique conectar con el cuerpo y el alma. Es imprescindible que todo estado emocional del alumnado sea tenido en cuenta: alegrías y penas, miedos, pesares, tristezas, satisfacción, ira, sosiego y paz. Y tratarlo en las asambleas de clase, en el patio, en el pasillo... en cualquier circunstancia. Hablar de lo que nos pasa, sentimos o nos inquieta. Poner palabras a nuestras emociones derramadas. Así nos vamos construyendo como personas equilibradas y sanas.

El vuelo de las mariposas[2]

La mayor falacia educativa, en la que se sustenta la enseñanza tradicional, consiste en trasmitir contenidos académicos de forma magistral, realizar actividades sobre lo explicado y comprobar si se ha aprendido mediante un examen; dando por supuesto que todas las personas son iguales y aprenden lo mismo al mismo tiempo. Se supone que si el alumnado no adquiere los contenidos exigidos es que no se esforzó lo suficiente o carece de interés.

Es necesario desmontar este sofisma tan arraigado con experiencias prácticas en las que se evidencie la diversidad del alumnado: las diferentes capacidades, necesidades del alumnado y las distintas maneras de aprender. Por eso apostamos por actividades vivenciales y experiencias prácticas que permiten el desarrollo de las necesidades personales de cada niña y niño del aula, aceptando su diversidad.

Como maestro de Pedagogía Terapéutica, cada semana doy una sesión de psicomotricidad al alumnado de Educación Infantil que muestra ciertas dificultades. Nunca me llevo solo a quienes tienen diagnóstico de necesidades educativas especiales. En coordinación con las tutoras, reúno un grupo de niñas y niños a quienes esa sesión específica de psicomotricidad puede beneficiarles de alguna manera.

A un alumno le viene bien desarrollar su capacidad simbólica mediante el juego porque tiene ciertas carencias en ese aspecto. A otro chico lo elijo porque tiene poco lenguaje, y creo que *quien mueve el cuerpo suelta la lengua*. Una chica viene para, en pequeño grupo, atreverse a conquistar su excesiva timidez. A un chico le faltan límites claros y, como le gusta tanto venir al taller de psicomotricidad, le permito que venga o no, en función de su comportamiento en clase y en el propio taller. Una niña necesita superar sus dificultades del sentido vestibular y de equilibrio, y suele venir encantada para experimentar nuevas proezas.

Cada cual tiene características muy diferentes, pero esta actividad de grupo, en la que realizamos juegos de movimiento y expresión, le ayuda de forma específica a cada persona.

Al comenzar la sesión de psicomotricidad propongo algunas actividades dirigidas: circuito, baile, teatro, movimiento, corro, equilibrio, danza o actividad grupal. Luego siempre dejo juego libre con materiales.

---

2   Gómez Mayorga, C. (2021): «El vuelo de las mariposas». *Márgenes, Revista de Educación de la Universidad de Málaga*, 2 (1),

Hace tiempo descubrí que en la actividad libre cada cual elige hacer lo que necesita. La chica con falta de equilibrio suele pasar el tiempo subiendo a un banco de madera y andando sobre él. El chico con dificultades en el juego simbólico siempre busca jugar con la bici a que le echa gasolina. El niño con dificultades de comportamiento suele montar algún altercado con un compañero, buscando un límite contundente que le ayuda a equilibrarse. La chica que no habla en público sube al escenario y canta frente a un auditorio imaginado, como estrenando su voz sin que nadie la vigile.

Pasado un rato suele ocurrir, de forma espontánea, que se unen en un juego grupal: comunicando, negociando, interactuando, asumiendo roles, desarrollando juego simbólico..., socializándose en suma, aprendiendo a convivir.

La sesión de psicomotricidad es la misma para todo el alumnado, pero cada cual aprende cosas diferentes. Cada quien va desarrollando sus deseos y carencias.

Por eso, no programo actividades específicas a la carta, aunque cada niña y cada niño sean diferentes y tenga distintas características. Suelo plantear actividades grupales llenas de posibilidades que permiten que cada cual crezca en aquello que necesita.

En la enseñanza tradicional se pensaba que todo el alumnado aprendía lo mismo, al mismo tiempo, con las mismas actividades. Pero creemos que esto no es así. Debemos plantear actividades abiertas en las que cada cual pueda desarrollar sus capacidades, porque todas las personas somos diferentes y aprendemos de diferente forma, cosas diversas, a distinta velocidad. Porque como dijo Philip W. Jackson «El aprendizaje se parece más al vuelo de una mariposa que a la trayectoria de una bala».

Somos espejos[3]

Quienes ejercemos la labor docente somos, irremediablemente, espejos para los educandos. Siempre somos modelos que imitar. Tenemos, por tanto, la gran responsabilidad de ser buenas personas. Solo así educaremos. Para ello, debemos mirarnos por dentro. Porque siempre educamos con lo que somos.

Los cuentos clásicos son mitos que interrogan lo más profundo de nuestra alma. Siempre me inquietó el relato de *Blancanieves* y, con el tiempo, comprendí el porqué de mi desazón. La clave estaba en el concepto de espejo. La madrastra buscaba reconocimiento preguntando quien era la más bella del reino. Creo que todas las personas nos hacemos la misma pregunta. Siempre andamos buscando nuestra identidad; queremos saber quiénes somos. Desde pequeños deseamos ser únicos, importantes, especiales; necesitamos ser, al menos, alguien. Y, para ello, como la madrastra del cuento, solemos mirarnos en las personas cercanas, que hacen de espejos.

Vivimos en una interacción de vínculos entrecruzados, en una maraña de conexiones, en un juego de espejos reflejados. Vemos en las demás personas lo que no nos gusta de lo que somos y, allí fuera, en la imagen reflejada, intentamos mejorar. Cuando criticamos a los demás estamos proyectando algo de lo que somos. Por eso rechazamos y criticamos a los demás o valoramos la imagen del espejo, sin percatarnos de que, en la figura reflejada, hay mucho de nuestra esencia como ser humano. Por consiguiente, cada vez que enjuiciamos a las demás personas, deberíamos mirarnos por dentro: nuestras heridas, nuestros prejuicios, nuestras limitaciones o nuestros valores. Miramos con nuestra forma de ver. No hay otra posibilidad: vemos con lo que somos.

Pero no debemos asumir toda la responsabilidad. También la sociedad y la cultura en que vivimos entran en juego. Hoy día, las pantallas son los más influyentes espejos. La publicidad y las redes sociales nos muestran una realidad distorsionada. Nos devuelven la imagen que proyectan nuestros deseos de ser especiales, y recibimos miles de reflejos irreales que completan nuestras imperfecciones y nos quieren agradar. El mercado nos ofrece modelos estereotipados que nos embaucan pero, al no parecernos a ellos, nos frustramos. Así que andamos entre depresivos y soliviantados en este mundo virtual. Estamos construyendo personalidades bipolares, esquizoides, enfermas: mitad realidad, mitad deseo. Estamos partidos por la mitad.

---

3   Gómez Mayorga, C. (2022): «Somos espejos». *Márgenes.* Revista de Educación de la Universidad de Málaga, 3(2), 158-160.

Para la construcción de una adecuada identidad, individualidad y autoimagen son necesarias personas queridas que hagan de espejos fieles y sinceros. Somos en función de alguien que nos diga sinceramente quiénes somos. Así nos construimos como personas. De ahí la importancia de que las educadoras y educadores seamos buenos espejos, que muestren una imagen adecuada para construir seres humanos equilibrados. Pero, ¡cuidado!, no podemos dar una imagen demasiado fea ni demasiado bella a nuestro alumnado. Hay que decir lo adecuado, ofrecer un modelo fiel a quienes se miran en nuestro espejo educador. Ahí radica la dificultad de la educación. Un exceso de elogios crea personas con excesiva autoestima, egocéntricas, soberbias, egoístas, empoderadas, sin empatía, carentes de solidaridad. Una excesiva crítica construye a seres inertes, miedosos, sin deseos, sumisos, carentes de identidad. La clave está en ser un buen modelo, que dé una imagen verdadera, que no distorsione demasiado la realidad.

Debemos tomar conciencia del mundo que nos ha tocado vivir, que ha generado, con las redes sociales, una imagen distorsionada de lo que vemos. Debemos mirarnos en los demás sabiendo que la imagen reflejada es mucho de lo que somos, y nos brinda la posibilidad de mejorar lo que nos disgusta de lo que somos; así seremos mejores educadoras y educadores y, quizás también, cambiaremos el mundo que vemos. Pero, sobre todo, hay que tomar conciencia de que los profesores y las profesoras, aunque no tengamos conciencia de ello, somos modelos y referentes para las niñas y niños que educamos. Por eso es necesario asumir nuestra responsabilidad de ser buenos espejos.

Somos cuentos[4]

Los cuentos nos prestan estructuras narrativas y contribuyen a la construcción de nuestra mente ayudándonos a digerir todo lo que sentimos y anhelamos: temores, deseos, miedos y esperanzas.

Érase una vez, en un país muy lejano... Tiempo y espacio indefinidos nos invitan a entrar en los cuentos. Esa es la esencia de estas pequeñas historias que contamos a la infancia desde tiempo inmemorial. Son relatos enigmáticos que se cuelan en nuestras almas y husmean en lo que nos pasa. Porque cuando escuchamos un cuento ponemos mucho de lo que somos en él.

Los cuentos, igual que la mitología, nos regalan mitos que las sociedades transmiten a las siguientes generaciones para desentrañar los conflictos vitales que vivimos los seres humanos. Estas historias nos invitan a soportar los desajustes de nuestras emociones ante la complejidad de la vida.

Así es como el cuento de *Los tres cerditos* nos empuja a crecer. Al principio nos identificamos con el cerdito pequeño, que es todo deseo; para luego comprender que es mejor ser el cerdito grande que ya tiene capacidad de trabajo y espera. En la madrastra de muchos cuentos proyectamos la ira hacia nuestra madre cuando nos pone límites. También hay cuentos que nos hablan de que el amor nos eleva, como *Pinocho*, un muñeco de madera al que el deseo de ser padre de Geppetto lo convierte en un niño de verdad. Hay cuentos que nos ayudan a crecer; otros, a soportar la vida, la muerte, la separación, los celos..., o a desear ser alguien, conquistar tesoros, dominar el mundo o ser felices.

En mis clases de Educación Infantil siempre hay un cuento en la punta de la lengua. Todos sentados en la alfombra haciendo un corro, luz tenue, silencio y con las orejas tiesas. Es muy importante la liturgia para acontecimientos sagrados como es escuchar un cuento.

Recuerdo cuando contamos *La bella durmiente*. Hicimos teatro para meternos dentro de la trama. Luego pasamos mucho tiempo discutiendo sobre la diferencia entre estar dormido y estar muerto, o entre resucitar o despertar. Porque las niñas y niños de Infantil hacen filosofía y discuten sobre la esencia de la vida que plantea cada historia.

Otro día narramos *El pájaro del alma*, un precioso cuento de Mijal Snunit. En él se cuenta que el alma está llena de cajas con las diferentes emociones, y

---

4   Gómez Mayorga, C. (2020): *Revista Lazarillo*, n.º 42, págs. 42-43. Revista de la asociación española amigos del libro infantil y juvenil.

que hay que aprender a abrir y cerrar cada caja para que no se nos derramen por el cuerpo.

Nadarín, de Leo Lionni, nos enseñó el valor de estar unidos ante el peligro y la adversidad. Siempre hicimos teatro con él y se nos metió muy adentro.

Juul, de Gregie de Maeyer y Koen Vanmechelen es un cuento muy especial, que nos ayudó a desarrollar nuestra identidad. Juul era un muñeco de madera que se iba destruyendo con cada insulto que recibía. Construimos al muñeco protagonista y se convirtió en nuestro compañero durante todo el curso. Y fueron muchas las personitas del aula que diariamente lo acariciaban y mimaban para que no sufriera. Ya se sabe que ayudando a los demás nos construimos nosotros.

Cada vez que comencé con un grupo de Infantil de tres años, que venía al cole por primera vez, conté el cuento *Mua*, de Jez Alborrough. Es un cuento mágico que ayuda en el periodo de adaptación a mitigar la angustia que sufren las niñas y niños que se separan de su familia para ir a la escuela. Porque el protagonista, el monito Gugu, también sufre con la separación de su madre. Pero al final la encuentra y acaba con un abrazo fraternal que mitiga el sufrimiento.

Son muchos los cuentos que nos enseñaron a aceptar las situaciones adversas y a tener esperanza en el futuro, como *El patito feo* de Anderser; y otros muchos que nos ayudaron a soportar los miedos. Porque en los cuentos las emociones se llenan de letras que ponen orden y concierto a lo que sentimos y nos descontrola.

Por último, destacar *Resdán* de Paco Abril. Un cuento que solemos trabajar en mi colegio para reflexionar sobre las emociones que nos desbordan en forma de enfados; y esta historia nos permite sacar fuera, dibujando, el monstruo que todas las personas llevamos dentro.

Cada vez que contamos un cuento en el aula, este pasa a nuestra biblioteca. Y disfruto viendo a mi alumnado repasar sus páginas y revivir las historias aunque no sepan leer. Porque la lectura empieza mucho antes de que aprendan a descifrar las letras. Son los cuentos los que crean el deseo de la lectura, para descubrir el tesoro que encierran.

Y es que los cuentos tienen poder estructurante para nuestra psique. La mente de la infancia se construye mediante la narración. Nos construimos narrándonos. Ponemos orden a nuestras emociones mediante el lenguaje. Y es así como una urdimbre de palabras va tejiendo nuestras mentes y nuestros corazones hasta completar una alfombra mágica que nos hace volar con la imaginación durante toda nuestra vida. Y es que en cada cuento hay una enseñanza que va tejiendo nuestra vida.

EL Monito Gugú. Un cuento para mitigar la angustia de la separación

Hace poco, ya jubilado como maestro, me abordan algunas maestras de Educación Infantil dándome las gracias por *El Monito Gugú*. Es una narración que solía realizar en mi aula para mitigar la angustia que produce la separación de su alumnado con sus familias en los primeros días de escolarización. Me dicen que el alumnado pide a diario que cuente el cuento y le cante la canción, y que todos quieren llevarse el monito a casa.

Es bonito, después de tanto tiempo, recoger los frutos de semillas sembradas. Pues hace veinte años que regalé a los cuatro vientos, en conferencias y jornadas, un cuento con canción y actividades que en mi clase funcionó en el periodo de adaptación. Y mira por dónde, después de años, *el monito Gugú* sigue dando seguridad y cariño a la infancia en esos momentos de desamparo al entrar en una institución como la escuela.

El periodo de adaptación de los niños y niñas que por primera vez van al colegio es uno de esos momentos existenciales que necesitan de la narración para elaborar la nueva realidad.

Y es que «*la narración es un conjunto de palabras ordenadas de tal forma que impregna el alma de los niños y niñas y ata con lazos los sentimientos más desaforados para que no se desboquen*».[5]

En este cuento se trabajan sentimientos como la angustia que produce la separación, el amor, la tristeza, la alegría; y se muestran valores como la aceptación de la diferencia, la capacidad de frustración, la espera, la ayuda, la solidaridad, etc.

El cuento ¡Mua!, de *Jez Alborouch*[6], narra la hazaña de *Gugú*, un pequeño monito que se pierde en la selva y busca a su mamá. La separación de la madre le deja afligido, especialmente cuando ve a los demás con sus respectivas madres. En un largo camino por la selva a lomos del elefante, tropieza con diversas familias de animales, hasta que al fin encuentra a su mamá. El cuento acaba con una maravillosa imagen del abrazo del monito con su madre.

Existen dos formas diferentes de buscar la verdad en función del objeto de conocimiento. Por un lado están las ciencias empíricas que empleamos para las cosas simples, concretas, objetivas y controlables. Pero en la vida nos topamos a diarios con situaciones difíciles que debemos dominar. Para ello contamos con

---

5   Gómez Mayorga, C. (2000): *Antando sentimiento con palabras*. MCEP. Sevilla.
6   Alborouch, J. (2000): *¡Mua!* Ed. Montana. Barcelona.

la narración como una forma rica y compleja de comprender la realidad. Eso nos enseña Bruner en su libro *La educación puerta de la cultura*[7]. Los cuentos son los mitos idóneos para la infancia; son narraciones que representan un conflicto existencial que resuelve de forma simbólica, por lo que pueden ayudar a los niños y niñas a asumir los conflictos vitales que les suponen la adaptación al mundo, la separación de sus familias y la conquista de su autonomía.

7   Brunesr, J. (2013): *La educación puerta de la cultura*. Visor. Madrid.

Ser docente en educación infantil

El aprendizaje humano es un viaje que comienza en el sentir, atraviesa la emoción y desemboca en la razón. Al principio, somos puro instinto, un mar de sensaciones que nos envuelve, nos moldea, nos conecta con el mundo sin mediaciones. Luego llegan las percepciones y, con ellas, el despertar de las emociones. Para ello, es imprescindible la comunicación de un ser humano que oriente esas primeras impresiones. La lógica y el intelecto, esa brújula que nos guía, tardan en florecer. Por tanto, la función educadora de los primeros años es acompañar emocionalmente a la infancia en su desarrollo sensorial y motriz.

Pero para educar en la primera infancia hay que despojarse de las máscaras, abrir el alma y permitir que las emociones fluyan libres. Las niñas y los niños son un espejo que nos reflejan con total claridad, un radar que capta la verdad oculta tras cada gesto. Perciben lo que somos y desnudan lo impostado como educadores. Por eso, el primer pilar de la educación infantil es la conexión. Sin ella, toda enseñanza carece de sentido.

Conectar significa mirar con el corazón, escuchar con la piel, tocar con la ternura de quien sabe que cada infante es un universo. Es entregarse a la complicidad de los afectos, a la magia de una mirada cómplice que dice más que mil palabras. Es reconocerse en lo que uno es, en sus miedos y fortalezas, en sus certezas y dudas. Desde ese reconocimiento sincero, surge la verdadera educación. Porque, en estas edades tempranas, no educamos con lo que sabemos sino con lo que somos.

Cada niña y cada niño crecen a su propio ritmo, danzan al compás de su evolución. Respetar su tiempo, comprender sus procesos y acompañar sin imponer es el segundo requisito para educar. En cada clase hay tantos estilos de desarrollo como personas. Debemos ser guía sin imponer un único camino.

La cultura es el tercer horizonte. Comprender sus luces y sombras nos permite transmitir saberes que nutren, pero también cuestionar hábitos que limitan. La cultura también desempeña un papel fundamental en la educación infantil. Desde una perspectiva sociocultural, los conocimientos transmitidos deben favorecer el pensamiento crítico, permitiendo que los niños desarrollen habilidades para evaluar y cuestionar las normas establecidas. En la infancia, la piel, el movimiento, la voz y el juego son los verdaderos maestros. Cantos, cuentos, rimas y espacios de libertad creativa valen más que cualquier pantalla brillante.

Finalmente, la diversidad y la inclusión son pilares fundamentales: ese océano de matices donde cada ser es único, donde el respeto a cada cual no es un acto sino una esencia. Escuchar a cada pequeña voz y acoger su identidad en la comunidad es sembrar las semillas de un mundo más justo. La aceptación de la diversidad no solo tiene un impacto social positivo, sino que también desarrolla la autonomía, la autoestima, la identidad y, en última instancia, la felicidad.

Comprender la interrelación entre emoción, cognición y contexto social es clave para diseñar estrategias educativas que fomenten un desarrollo integral en la infancia. Por eso, aunque el intelecto reclame su trono en la adultez, las emociones nunca abandonan el aprendizaje, porque en la infancia son la raíz y el cielo de todo saber.

7. Referentes educativos

Soy un maestro antiguo

Cada curso, me invitan a dar charlas en la Universidad de Málaga al alumnado que estudia el *Grado de Educación Infantil.* Este año, después de explicar mi metodología, práctica y filosofía educativa, un futuro maestro de Educación Infantil me dice que las innovaciones educativas que practico son buenas y necesarias pero, difíciles de generalizar hoy día. Yo le digo que no son teorías y prácticas nuevas. Que yo soy un maestro antiguo; que sigo las metodologías de Freinet, de Freire, Montessori, Loris Malaguzzi y otros educadores antiguos. Se produce un bloqueo cognitivo en toda la clase. Traen a un maestro supuestamente innovador y resulta que se define como maestro que reivindica la tradición.

Y es que la dicotomía *antiguo o moderno* no es acertada. No siempre lo contemporáneo es lo mejor. Siempre hubo magisterios progresistas y conservadores allende los tiempos. La historia se construye con pasos hacia adelante y hacia atrás. La cuestión está en quienes dan los pasos más largos y con más sentido.

Me considero un maestro antiguo. Creo, como Freinet, que el alumnado debe crear sus textos, generando pensamiento a partir de sus vivencias. Aprendí de Freire su compromiso con la sociedad y la educación emancipadora. De Montessori, integré en mi práctica el desarrollo sensorial de la primera infancia, con piedras, palos y texturas (algunos materiales Montessori que nos venden en los grandes almacenes no están en sus textos, es solo una moda que el mercado se ha apropiado). Me enamoré de la filosofía de las escuelas de Reggio Emilia, centrada en la consideración de los niños como seres humanos, que poseen capacidades para desarrollarse como sujetos de derecho, y aprenden y crecen en relación con las demás personas.

Me consta que en las Facultades de Educación se estudian estas personalidades que transformaron la escuela en tiempos pasados, como yo lo estudié en su momento. Pero siento que así no se mejora la escuela. Una cosa es enseñar y otra aprender. Lo que no se ha experimentado no se integra en lo que sabemos. Es imprescindible experimentar en carne propia las metodologías de otros tiempos. No habrá aprendizaje en el futuro profesorado si las teorías enseñadas no se sienten en el alma.

Disfruté viendo la película *El maestro que prometió el mar* de Patricia Font y me sentí identificado. Creo que la mayor revolución educativa ya se hizo. Ahora solo debemos llevarla a la práctica. Y eso hice en mi aula: poner oreja al alumnado, dejar que se expresaran, que pensaran y conversaran; editar textos construidos por ellos, realizar correspondencias con otros lugares y culturas y tener respeto a las personas que, aunque pequeñas, ya son identidades pensantes y sintientes.

Valoro al profesorado universitario que reconoce a las maestras y maestros de Educación Infantil y les cede un hueco en sus enseñanzas. Creo que la teoría y la práctica o van de la mano o pierden su credibilidad. Mil gracias al profesorado universitario que se atreven a llevar a su aula a un maestro antiguo, porque aún tiene algo que aportar a la educación del futuro. Porque antigüedad y modernidad, teoría y práctica, lo de aquí y lo de más allá, deberían ir de la mano para mejorar la educación del futuro.

«El mestro que prometió el mar»

Reconozco como referentes a esas maestras y maestros que realizaron la primera innovación educativa en España en tiempos de la República, que fueron silenciados por la dictadura posterior. Como ejemplo, **Antoni Benaiges**, maestro catalán, que practicó la metodología Freinet en un pueblo de Burgos, que acabó torturado y asesinado por las hordas falangistas, que fue rescatado por la memoria histórica mediante el libro y la película *El maestro que prometió el mar*.

Cuando una película remueve a un tiempo los corazones y el intelecto da en la diana. Eso ocurre con «*El maestro que prometió el mar*», de Patricia Font.

Una película se construye con elipsis (es obvio que no podemos narrar toda la historia en una hora y media de proyección). Pero es una buena película cuando las elipsis sugieren una época compleja a partir imágenes precisas que simbolizan todo un universo. Este es el caso de este filme. Mediante un sinfín de anécdotas, símbolos y secuencias certeras, narra de forma magistral la escuela que pudo ser y que se truncó por desavenencias históricas.

Un maestro promete el mar a una chiquillada de un pueblo de Burgos en la España del año 1934. Pero las circunstancias históricas cortan de forma violenta el buen propósito. El mar es una metáfora de la inmensidad de un mundo por conquistar, de la amplitud de mira, de la vivencia de la naturaleza y, sobre todo, de crecer como personas libres u auténticas, el propósito que toda educación debe tener. Es una historia pasada que debemos traer al presente.

En un primer momento la película nos recuerda a *La lengua de las mariposas* de José Luis Cuerda, por la escenificación de un maestro republicano que se topa con una España rural analfabeta y sometida. La luz de Antoni, el maestro catalán protagonista de la historia, llena toda la película. Pero no solo trata de educación, lo esencial que narra es la necesidad de transmitir la memoria de nuestros antepasados a las próximas generaciones, como ya vimos en la película *El olivo* de Iciar Bollaín. Además, sugiere la convulsión que produce en una organización, como es un pueblo, la entrada de un ser que desestabiliza el sistema y que pone en guardia a los poderes fácticos del lugar. Me vino a la memoria la película Chocolat, de Lasse Haliström, en donde la protagonista lleva a una comunidad insípida los placeres de la vida mediante el chocolate, igual que el maestro de esta película transmite un aprendizaje vivencial y sabroso a este pueblo anquilosado, provocando la resistencia de los poderosos de una comunidad analfabeta, indefensa y muerta de miedos.

Siempre hay escuelas que prometen a su alumnado el mar, pero suelen toparse con resistencias que lo dificultan. *El mar es ancho, grande, profundo*, como narra el alumnado de esta película en sus textos, pero las fuerzas vivas del pueblo son estrechas de miras, superficiales y pequeñitas, aunque dominan el alma de la gente.

Frente a la imprenta de Freinet, que genera narraciones creativas en el alumnado de esta escuelita, aparece el fuego que quema sus escritos. Ahí radica una de las claves de la película: muerte o vida, retroceder o avanzar, tradición o innovación.

La película narra la necesidad de desenterrar los huesos de la memoria, para llenar el hueco que nos dejó la generación de nuestros padres con sus silencios sellados, a cal y canto, por el miedo que inocularon los poderes despóticos de tiempos pasados.

Es necesario que la memoria fluya por el río de la vida, de generación en generación. El fluir de la memoria fue cortado por un dramático muro de contención construido con miedo, silencio y terror; y se necesitan nuevas generaciones que lo hagan fluir de nuevo. Por eso es necesaria la visualización de esta película por las nuevas generaciones, para desenterrar el pasado y que siga fluyendo la vida. Porque ya se sabe que un pueblo que no conoce su historia está condenado a repetirla.

Creo que la película no habla solo del pasado, sino que nos interpela, hoy día, en una cuestión que las nuevas generaciones no suelen preguntarse, porque perdieron información en un eslabón sometido y silenciado: ¿acaso la educación tiene una dimensión política?

El maestro de la película practica una metodología Freinet, creando textos con una pequeña imprenta, con la correspondencia escolar, el descubrimiento de la naturaleza, la asamblea escolar y mirando al alumnado a los ojos. Pero hace más que eso. Este maestro simboliza a todo el profesorado que, antes y ahora, educa partiendo del respeto a la infancia, poniendo oído a sus pensamientos, opiniones y miradas sobre la vida. Porque la metodología no es solo una técnica para transmitir un contenido académico, sino que debe ser un propósito emancipador. Y este maestro republicano lo hizo.

Y es que de eso va también la película. O perpetuamos situaciones sociales existentes o luchamos para construir un futuro prometedor en el que todas las personas puedan disfrutar del ancho y profundo mar.

Alas de ángel[1]

En mis primeros años de maestro me sentía inseguro, dudaba de todo, estaba abrumado por la dificultad que suponía la tarea de enseñar. Menos mal que encontré narraciones que me hicieron volar alto por el cielo de la educación. ¡Alas!, eso me dio Ángel Pérez con sus textos pedagógicos. Estamos tan necesitados de personas que nos ayuden a lidiar con la complejidad de la escuela que siento agradecimiento por encontrarme en la vida con este ser tan especial.

Me nutrí de saberes esenciales en sus publicaciones, en donde encontré aprendizajes y placeres a partes iguales. Me regaló teorías precisas en las que sustentar mi práctica y me dio la posibilidad de seguir indagando en la aventura de educar.

Al comienzo de mi inexperiencia, me sostuvo con su libro *La enseñanza: su teoría y su práctica*, junto a Gimeno Sacristán, en donde me mostró las más importantes aportaciones a la educación de autores contemporáneos referentes en el campo pedagógico. Luego, con *La cultura escolar en la sociedad neoliberal*, nos ofreció una visión sistémica de la enseñanza con el concepto de *cultura escolar*, que me ayudó a tener una concepción holística sobre la escuela. Y, al final de mi vida profesional, nos obsequió con *Educarse en la era digital*. Entre todo lo que leí de él, destaco estos tres libros, que tengo subrayados profundamente en mi mente y en mi alma, porque dieron soporte teórico a mis tanteos innovadores. No son unos textos más de pedagogía sino una profunda reflexión, a partir de las aportaciones de diferentes disciplinas, con las que dio fundamentación teórica y sugerencias prácticas a un profesorado necesitado de formación científica.

Más tarde lo conocí personalmente, y fue entonces cuando comprendí que esas alas que me permitieron volar por los cielos de la innovación educativa eran de un ángel. Su personalidad me provocó sentimientos paradójicos: grandeza y humildad, intelectualidad y generosidad, crítica radical desde la bondad más absoluta y, sobre todo, amor. Ha pasado de ser mi referente pedagógico a un amigo; porque, con el tiempo, he comprendido que, con su generosidad, regala amistad y cariño además de investigaciones científicas y libros.

Nadie duda de que Ángel Pérez Gómez sea un referente indiscutible en el mundo educativo, pero, al mismo tiempo, es de las personas más humildes que he conocido. Una vez le dije que *cómo me felicitaba por mi trabajo si casi todo lo*

---

1   Gómez Mayorga, C. (2022): «Alas de Ángel». *Márgenes*. Revista de Educación de la Universidad de Málaga, 3(3), 236-239.

había aprendido de él. Me contestó que, *sin los maestros y las maestras, el profesorado de universidad no sería nada.* Me alegró descubrir que éramos importantes y necesarios para mejorar la sociedad. Me lo había dicho mi maestro, nada que discutir.

He tenido el honor y el placer de asistir a sus clases, congresos, jornadas, conferencias y encuentros. Además, compartí con él la visita al colegio El Martinet, esa escuela catalana que lleva a la práctica mucho de su ideario educativo. Pero el recuerdo más emotivo ocurrió en la presentación de mi libro *Pensando en la Infancia.* Me emocioné cuando vi a mi admirado catedrático entrar al Rectorado de la Universidad de Málaga y sentarse humildemente en el patio de butacas para escucharme. La persona más grande en educación asistiendo a un acto de un simple maestro que había escrito un pequeño libro de su experiencia. Eso es generosidad y coherencia. Siempre se implicó en la mejora de la escuela.

Ángel ha realizado la *crítica más radical* a la educación desde la bondad más absoluta. Ha escrito, y nos ha regalado, profundas reflexiones sobre los conceptos esenciales de la educación actual: currículum, cultura escolar, neoliberalismo, complejidad, posverdad, incertidumbre, competencias, sentido ético de la educación… Pero, en su crítica radical, siempre subyace la mejora pacífica, pausada, eficaz y bondadosa de la práctica educativa. Nos transmitió que la educación es una tarea, no solo intelectual sino, sobre todo, de generosidad, ética y amor. Cuando navego en esos volúmenes, tan densos y profundos, me es difícil imaginar las horas de dedicación que nos ha regalado. Por ello afirmo que, no solo es uno de los más grandes intelectuales del mundo pedagógico sino, el más generoso.

Y es que Ángel es todo amor. Poca gente me ha abrazado como él: un ratito ahí parado, pecho con pecho, sintiendo, hasta que los corazones se acompasen. Fue entonces cuando comprendí que teoría y práctica deberían fundirse en un eterno abrazo.

Gracias, Ángel, por darnos alas para volar en el complejo mundo educativo. El profesorado innovador te debe sus altos vuelos.

Modelando el aire. A mi maestro Miguel Ángel Santos Guerra[2]

Miguel Ángel Santos Guerra, mi maestro, dijo que los educadores éramos los únicos profesionales que no trabajábamos con material tangible. El objeto de nuestra labor es la actitud, los sentimientos, el deseo, las expectativas, los conceptos, la afectividad, los valores, el conocimiento, etc.; de ahí, la dificultad de su modelado, la imposibilidad de su finitud.

No enseñamos, sino que nos damos. Nos derramamos cada día sobre un mar de alumnos y alumnas sin oídos, a pesar de lo cual nos empeñamos en modelar con palabras. Los niños y niñas no oyen el discurso, como mucho, perciben el tono, sufren el volumen, captan las miradas. No, no oyen lo que decimos, sólo ven lo que somos, lo que hacemos, lo que sentimos.

Disfruté y aprendí como alumno de Miguel Ángel cuando estudié Pedagogía, luego tuve el honor de ser partícipe de su grupo de investigación (todo un lujo). Me enseñó que, en el proceso educativo, más que enseñar o instruir, uno se da, y que uno no puede dar lo que no es. Por eso me dedico a estudiar ética, filosofía, teorías de la comunicación, sociología, antropología y demás ciencias de lo etéreo.

Creo que se educa a alguien cuando se ocupa un lugar en su deseo, en el deseo de su madre o de su padre o de su amigo. Aquí reside el secreto, que no es poco. Me he convertido sin saberlo, como tú, Miguel Ángel, en un escultor del aire. Es bueno saberlo ahora que corren malos vientos.

Hace tiempo que siento la brisa educativa de Miguel Ángel Santos Guerra, escultor de Alisios y Monzones, mi maestro.

Gracias de todo corazón, no sólo por lo que me enseñaste, que fue mucho, sino por lo que me hiciste sentir.

---

2   Gómez Mayorga, C.: Presentación de la ponencia «La escuela que aprende», de Miguel Ángel Santos Guerra, en el Congreso Educar en Málaga. Mayo de 2002.

Contigo aprendí, Mari Carmen

Conocí a Mari Carmen Díez Navarro leyendo su mítico libro *La oreja verde en la escuela*[3]. Digo que la conocí, aunque no la había visto, porque en su escrito vislumbré a una persona especial a la que desde entonces le tuve aprecio. Recuerdo cómo leyendo esa joya quise ser maestro de Educación Infantil como ella. Cada mes esperaba con entusiasmo la revista Cuadernos de Pedagogía, en donde escribía asiduamente las cositas de su escuela. Desde entonces no he parado de seguirla en todo lo que hace. Luego tuve el honor y el placer de compartir con ella muchas experiencias: encuentros, jornadas, escritos y *pescaitos* fritos junto a la playa.

Comencé a trabajar en la escuela siguiendo sus enseñanzas y me dio por escribir lo que comenzaba a experimentar de sus aportaciones. ¡Y mira por dónde! Me publican mi primer artículo, titulado *Libros que hablan de cuerpo y el alma*, y me escribe de puño y letra para felicitarme. La maestra que más admiro se digna a comunicarse con un maestro principiante a quien no conoce. Ahí aprendí que la gente grande es humilde. Desde entonces soy su amigo.

En todos sus escritos nos presenta una escuela en la que el protagonista ya no es el señor cuadrado, ni el otoño, ni la t de teja, sino, como escribió Miguel Hernández, nos muestra la escuela del amor, la de la muerte, la de la vida; en la que trabaja temas como los monstruos, los novios, el miedo o los dinosaurios; en donde aparecen cajas de tesoros o de recuerdos; en la que se realizan libros-libres sobre sueños, poesías, cuentos, canciones, trucos; en donde la vida entra en forma de araña, caracol, jilguero, abuelos o padres peluqueros.

En su libro *Proyectando otra escuela* nos descubrió que los maestros y maestras no enseñamos, sino que nos damos, que en la escuela ponemos en juego todo lo que somos. Porque, como ella dice, «*a la escuela vamos a aprender y a aprendernos*»[4].

En su libro *Un diario de clase no del todo pedagógico*, anunciaba uno de sus aportaciones más importante: trabajar dándole sitio a «*ese piso de abajo que tenemos cada cual, y que es donde se cuecen los afectos...*»[5] Pero fue en *El piso de debajo de la escuela*[6] donde baja a las profundidades de nuestra profesión docen-

---

3   Díez Navarro, M. C. (1995): *La oreja verde en la escuela. Trabajos por proyectos y vida cotidiana en la escuela infantil*. Ediciones de la Torre. Madrid.
4   Díez Navarro, M. C. (1996): *Proyectando otra escuela*. Ediciones de la Torre. Madrid.
5   Díez Navarro, M. C. (1999): *Un diario de clase no del todo pedagógico*. Ediciones de la Torre. Madrid.
6   Díez Navarro, M. C. (2002) *El piso de abajo en la escuela*. GRAO. Barcelona.

te y nos muestra ese sotanillo oculto que todas las personas llevamos dentro, describiendo de forma profunda y poética los afectos y las emociones en el día a día de la escuela infantil.

Con su peculiar estilo narrativo, más cercano a la poesía que a la prosaica pedagogía, nos describe las últimas experiencias de su aula, que hablan de serpientes, dinosaurios, piedras preciosas, piratas, linternas, patines o teatro. A la vez, nos muestra cómo en cada uno de estos proyectos vitales afloran asuntos del piso de abajo como la identificación sexual, el miedo, la confusión realidad-fantasía, la necesidad de apoyo en el compañero, el deseo de crecer, de ser fuertes, de mandar, de transgredir las normas, las emociones y las ganas de divertirse.

Y es que Mari Carmen tiene la virtud de hacer fácil lo complejo, a la vez que vislumbra la complejidad del alma humana en lo cotidiano. Tiene la virtud de entrever los sucesos matemáticos enredados en la vida cotidiana, hablando de las familias o estudiando los elefantes. Porque lo importante no es enseñar matemáticas, sino mirar con ojos matemáticos la vida diaria, y mirar en la abstracción absoluta nuestro piso de abajo, nuestros sentimientos más profundos. Nos enseña, desde su práctica, que lo esencial para el aprendizaje de la lectura y la escritura no es el método sino el deseo: «Se aprende con palabras sentidas».

El piso de abajo no es privilegio de los niños y niñas. Los maestros debemos ser conscientes de nuestro sotanillo, y Mari Carmen desnuda su alma en un gesto de sinceridad que le honra y en el que todos nos vemos reflejados: «Me veo rehuyendo el papel (necesario) de controladora, de señaladora de límites, de frustradora de deseos, de detectora de problemas...» Un piso de abajo en el que se cuecen nuestros aconteceres afectivos en la tarea educadora: «Miedo a no saber, a fracasar, a equivocarnos, a ser demasiado autoritarios, o permisivos, a la racionalización, a la espontaneidad, a los conflictos con los compañeros, con el director, con los padres, con los niños...»

Mari Carmen me contaba que algunas personas veían, en esta sinceridad al mostrar sus dudas y contradicciones, un recurso literario. Nada más lejos de la realidad, simplemente es sincera como pocas. Sabemos cuánto de verdad existe en sus palabras y gracias a ello nos llega muy dentro: «En la escuela, como en la vida, hay días nublados, en los que se tuerce el corazón a golpe de desastres, de inseguridades, o de errores solemnes. Y días claritos, en los que se te espabila el alma sin poder evitarlo».

En cualquiera de sus libros, Mari Carmen nos habla de lo esencial de la vida, que debe de ser también lo esencial de la escuela, «ser buscadores infatigables de placer, pero sin negar el dolor inevitable».

Mari Carmen en los títulos de sus libros resume de forma magistral el tipo de escuela en la que enseña: *Proyectando otra escuela, Un diario de clase no del todo pedagógico, Coleccionando momentos, Emociones, Mi escuela sabe a naranja, Los pendientes de la maestra...*

Es de agradecer, en estos tiempos que corren, libros que nos descubren la maravilla de ser maestras y maestros de Educación Infantil y valoran el privilegio de asistir al comienzo de la toma de conciencia de sí mismos, a las primeras relaciones con los demás, a la construcción de los valores, al conocimiento del mundo y, en definitiva, al desarrollo de la identidad.

Además tiene otras publicaciones de poesía y arte, dos de sus pasiones, y una multitud de artículos en infinidad de revistas. Últimamente me deleito con sus columnas educativas tituladas *Niños de hoy*, en un periódico de Alicante.

Pero mi maestra y referente educativo, además de amiga, me ofreció dos regalos que me hicieron mucha ilusión, prologar sus últimos libros educativos: *10 ideas claves. La Educación Infantil*[7] y *Contigo aprendí*[8]. El primero resume lo importante de la educación en esta etapa con claridad pero sin perder de vista la complejidad e interacción entre las ideas básicas. Y el último muestra por qué es sabia, y es que describe cómo fue aprendiendo de todo lo que le rodeaba desde pequeña: familias, vecinas, panaderos... y de las niñas y niños del aula. Y es que ella tuvo siempre esa *Oreja verde* que dio título a su primer libro.

Gracias por tanto, Mari Carmen. Fue una suerte encontrarte en el camino, porque *Contigo aprendí...*

7   Díez Navarro, M. C. (2013): *10 ideas clave. La Educación Infantil*. GRAO. Barcelona.
8   Díez Navarro, M. C. (2024): *Contigo aprendí*. Ediciones de la Torre. Madrid.

Carta a mi primera asesora educativa

Querida Mariló:

El tiempo no lo borra todo, aún te llevo muy dentro. Hace más de treinta años me dieron mi primera plaza de maestro de Educación Infantil en el colegio Arco Iris, de Álora, y me cambió la vida. Lo recuerdo como si fuese ayer. Fuiste responsable de mi comienzo como formador docente y te lo quiero echar en cara en el momento de tu jubilación: mil gracias.

Yo tanteaba, torpemente, mis inquietudes educativas cuando tú viste algo en mi trabajo de maestro, o en tu hija feliz en mi aula; y me regalaste la posibilidad de impartir mi primer curso en el Centro de Profesorado de Coín. Siempre tuviste una mirada profética a largo plazo. O, quizás, tenías la sabiduría de proyectar en el futuro *profecías de autocumplimiento*. El caso es que esa charla que impartí al profesorado, cuando yo solo era un insignificante principiante con ilusión de cambiar la escuela, me dio alas para involucrarme en el perfeccionamiento del profesorado y acabar dando un centenar de cursos en mi vida profesional, escribir una treintena de artículos en revistas educativas y algunos libros, a pesar de mi timidez y baja autoestima.

Siempre se recuerda el primer curso impartido, como el primer beso, y a la persona que creyó en ti para darlo. Desde entonces fuiste parte de mi vida. La proyección hacia el futuro de una persona nace de alguien que cree en ti, aunque no lo merezca, y eso me dio alas para poder innovar y proyectar un cambio educativo esperanzador. Que quede constancia que me diste el primer empujón para volar. Por eso, mil gracias.

Además de asesora, eras la madre de una de mis alumnas. Aún recuerdo mi amor hacia Irene, tu hija. Porque, siempre ejercí como maestro amando a cada una de las niñas y de los niños de mi aula. Y, sin pretenderlo, comencé a querer a cada familia de mi alumnado. Pronto aprendí que las familias siempre entran en el aula en las mochilas de sus vástagos, y que la educación se produce cuando todas las personas implicadas vamos en el mismo barco.

En las dificultades, ya sabes que las tuve, porque un maestro innovador suele tener obstáculos para poder cambiar la escuela (eso lo aprendí después), siempre estuviste ahí como madre, como parte integrante ineludible del sistema educativo, para alentar las mejoras necesarias en la tarea de educar.

Mariló, siempre fuiste un pilar imprescindible para mi resiliencia y aprendizaje en los primeros años de maestro. Ya sabes que educa toda la tribu. Yo lo aprendí contigo y con las demás madres (no había padres, en esos tiempos, implicados en la educación de sus vástagos, y educadores infantiles, muchos menos). Me veía como un bicho raro en una actividad tradicionalmente femenina, pero me sentí arropado por el apoyo incondicional de todas las madres de mi alumnado, siempre lideradas por ti. Algo va cambiando, lentamente, en las escuelas de este país; ya se ven algunos padres y algunos buenos maestros en infantil. Esto va lento, pero avanzamos.

Hoy, en tu jubilación merecida, quiero darte mil gracias, porque fuiste un ser excepcional: la mejor madre, la mejor profesional en tu labor orientadora y la mejor persona que nunca conocí.

No solo compartimos vida sino también la muerte de nuestra amiga Toñi, que ha venido conmigo a celebrar tu fiesta de despedida. Ya sabes que la muerte, lamentablemente, es el mejor de los aprendizajes. Por eso, el amor de una persona querida que se nos fue nos unió irremediablemente para toda la vida.

Espero que disfrutes esta nueva etapa de júbilo con mucha paz, con equilibrio, con recuerdos de amistades y con mucho amor.

Te quiero en la distancia, que ya es querer. Abrazo enorme, Mariló, de tu querido compañero y amigo Cristóbal, el maestro de tu Irene. El maestro que fue gracias a ti.

Tres hitos en mi historia personal y profesional con el maestro Manolo Alcalá

En mis estudios de magisterio y pedagogía leí doctos tratados sobre didácticas, investigación, psicología, epistemología, sociología... Montones de saberes iban ocupando espacio en mi memoria almacén por si algún día me pudiera hacer falta en el aula. Yo creí que ese era el proceso de aprendizaje de un maestro. Pero Manolo Alcalá, mi maestro referente, ahora amigo me enseñó de forma esencial en tres momentos de mi vida.

Primero. Un buen día, leo un libro de un tal Manolo Alcalá, *Otras matemáticas, otra escuela*. Descubro que trata sobre el más humilde de los contenidos escolares: la suma y la resta. Es el primer libro que me habla sobre la realidad cotidiana de la educación desde la más profunda reflexión. Gracias, Manolo, porque supuso un cambio paradigmático en mi formación. Comencé a ver la teoría pedagógica sólo como luz que alumbrara la realidad humilde y cotidiana de la escuela.

Segundo. Renovación Educativa Malagueña, charlas en el Pimpi (famosa taberna de Málaga por sus vinos y tertulias). Dialogar alrededor de una copa; sacar el saber de la liturgia escolástica y llevarla a la sintaxis pueblerina de la feria de pueblo, en donde la educación deja de ser un elixir reservado a los doctos y se convierte en vino peleón que calienta la boca y el alma. Allí nos reuníamos estudiantes, maestros o catedráticos de universidad, todas las personas dedicadas a educar charlando en torno a la misma mesa. Lo emocional no estaba en el discurso sino en los dedos que chocan al coger unas aceitunas, mientras nos contamos penas y alegrías de nuestra labor educativa. Tú fuiste el alma de aquello, Manolo. Gracias por realizar el penúltimo intento de salvar la renovación educativa.

Tercero. Madrid 2004, dos catetos del Rincón de la Victoria nos encontramos como ponentes de un Congreso Internacional en El Palacio de Congresos y Exposiciones de Madrid. Quién me iba a decir que compartiría ponencia con un maestro esencial en mi carrera, un honor. Fuiste, Manolo, el único experto que no llevó «*pen drive*», ni ordenador, ni cañón, para sus explicaciones, sino chapas de botellas. De nuevo, la profundidad en lo cotidiano. Algún día seré como tú y dejaré la tecnología como amuleto. Ya estoy coleccionando chapas.

Añadir algo sobre tu persona sólo serviría para violentar tu intimidad en estos momentos tan especiales. Sobran las palabras. No es necesario exaltar lo campechano porque dejaría de serlo. En los pueblos hablamos con el cuerpo, así que:

Un abrazo.

Presentación del libro «El catalejo. Miradas de infancia»

Vemos desde la perspectiva que nuestros ojos y cerebro nos permiten. Sin embargo, hay personas que ven más allá, personas que tienen incorporado en sus ojos un catalejo. Son capaces de adentrarse en los sentimientos de esas criaturas que tenemos en la escuela y de vislumbrar *«Miradas de infancia»*.

«EL CATALEJO. MIRADAS DE INFANCIA». Así titula este maravilloso libro mi amiga y compañera Gema Atencia. El término catalejo se compone de las palabras «catar» y «lejos». Catar, según la Real Academia Española, significa tanto probar, degustar y saborear, como mirar, observar, examinar y otear. Y es que la autora de esta hermosa obra tiene la habilidad de ver con su catalejo a las niñas y niños de su aula, observándolos muy de cerca. Mostrándonos cómo la infancia es un período clave en la formación de nuestra identidad y en la construcción de nuestra visión del mundo.

Para educar de manera efectiva es esencial tener la capacidad de ver el alma de las personas: sus sentimientos, necesidades y sueños. ¿Qué cómo se adquiere? Recordando nuestros deseos de la infancia y volviendo a escuchar a esa niña o niño que fuimos. Solo así podremos comprender los comportamientos, emociones y sentimientos de la niñez.

Este libro aborda precisamente esta cuestión. Gema, como maestra reflexiva y emocional, ha explorado su propio interior y se ha recompuesto. Gracias a ello, tiene una mirada capaz de ver de cerca el alma de la infancia a través de su catalejo vivencial. Educamos con lo que sabemos, pero también con lo que fuimos y con lo que somos. Gema alberga en su alma recuerdos, emociones, sentimientos y conocimientos suficientes para educar de forma amorosa, ya que fue una niña disfrutona que creció en un ambiente amable y feliz. Y nos presenta un libro redondo, donde muestra sus vivencias infantiles y sus experiencias educativas con una base científica que sustenta toda su práctica.

En su escuela, proyecta juegos y actividades que la hicieron feliz en su niñez, pensando que beneficiará a su alumnado: el escondite, tan necesario para resguardarnos del complejo mundo que nos espera; la magia de jugar a mezclar mejunjes; la importancia de la tierra y el agua para disfrutar de sensaciones; la música que acompasa nuestras almas para crecer en armonía; construir para construirnos, porque todo lo que hacemos hacia afuera nos reconstruye por dentro; el micrófono que nos da la voz necesaria para ser, porque cuando nos expresamos construimos identidades; cocinar para alimentarnos en cuerpo y alma; jugar con el lenguaje, con las palabras, con las rimas, con las metáforas, para crear pensamientos y disfrutes; el movimiento, imprescindible en estas edades; los tesoros como búsqueda de la felicidad para crecer, porque no hay crecimiento sin búsqueda de un deseo; los cuentos, que nos prestan sus narraciones para convertirse en pensamientos necesarios para la vida; el baile como forma de expresión que nos hace ser y sentir, dibujando, con nuestros cuerpos, figuras en el aire; la utilización de herramientas reales para no infantilizar a la infancia; las pompas de jabón y los juegos de sombras, necesarios para sentir la magia emocional; el teatro como recreación de la vida; el compromiso social con la naturaleza y su disfrute. Y de fondo, la libertad, para que cada persona se desarrolle según sus necesidades y deseos.

Este libro retrata, con excelentes ilustraciones, estas experiencias y emociones de manera poética, invitándonos a evocar nuestra niñez y a mejorar la educación de la infancia. Un hilo de color amarillo recorre cada imagen invitándonos a recuperar los juegos de nuestra niñez para hacer algo con ello. Porque, solo desde lo que fuimos, podemos educar.

Este libro tiene magia, ¡siempre nos sorprende esta maestra! Al final, encontramos un agujero, como en *Alicia en el país de la maravilla*. A través de un código QR, podemos adentrarnos en su aula, con fotografías alusivas a cada capítulo del libro. Esto da sentido a su texto mediante *evidencias* prácticas.

Disfrutemos, pues, de este poético texto que nos ofrece en cada capítulo tres regalos: invitarnos a descubrir nuestra niñez, mostrarnos saberes imprescindibles para educar e interpelarnos para mejorar la educación de la infancia.

Gracias, amiga, por plasmar tus experiencias en esta bella obra que ayudará, sin duda, a mejorar la Educación Infantil. La escuela está necesitada, hoy más que nunca, de narraciones educativas cercanas, emocionales y profundas; de miradas sinceras, que vislumbren los deseos de la infancia para, a partir de ahí, ofrecer una escuela infantil más amable y respetuosa.

Prólogo del libro de mi alumna preferida: miradas que conectan[9]

Dos ojos claros, preciosos, con una sonrisa puesta, llegan de prácticas a mi colegio, El Romeral. La portadora se llama Sandra Martín Trujillo. Nada más verla, vislumbré que tenía potencial para mejorar la escuela. Intuí que detrás de esos ojos y esa sonrisa se vislumbraba una visión innovadora de la educación.

La conexión es la mayor cualidad que debe tener un ser humano que pretende dedicarse a la educación. Y hay personas que con la mirada conectan los corazones de las demás. Desde que la vi, supe que podía contar con ella en mi labor como especialista en Pedagogía Terapéutica. Resulta que en la clase de infantil de tres años, a la que llegó de prácticas esta alumna de magisterio, había un chico diagnosticado de cierta desconexión. Así que, ya que la tutora estaba desbordada con atender a más de veinte criaturas demandantes y, a pesar de su disponibilidad, tenía pocas posibilidades, sugerí a esta chica de prácticas que intentara, con sus ojos mágicos, conectar con ese alumno.

Y esta futura maestra, ya especialista para mí, supo clavar sus bellos ojos en el alma de este chico y alentar su desarrollo: jugando, mimándolo, abrazándolo y mirándolo con amor. Y mira por dónde, se produjo el milagro: llegó a la Educación Primaria sin el diagnóstico prescrito. Estamos necesitados en Educación Infantil de personas como Sandra, que conecten con el alma de infancia para, a partir de ahí, poder educar.

Pues esta maestra, ya mi amiga, ha escrito un libro: «MIRADAS QUE CONECTAN». Ya vislumbré sus posibilidades detrás de sus bellos ojos y de su generosa sonrisa. Sandra Martín, además de ejercer de maestra en academias, colegios y allá donde la dejan ejercer, se ha dedicado en cuerpo y alma a crear recursos y materiales para mejorar la educación de la infancia. Generosamente lo comparte en sus redes sociales, en donde da consejos y muestra nuevos materiales educativos tras un revelador nombre: «Consquilleando la docencia». Ahí radica la esencia de su mirada educativa. Porque educan las caricias que provocan risas, alegrías y amor.

En esta publicación se recoge una mirada amorosa sobre la infancia. Lo hace a través de un «hilo rojo» que conectan todos los elementos importantes para educar: el profesorado, las familias, el alumnado, la metodología, la cultura, los juegos, la música… y un sinfín de actividades y materiales.

---

9   Martín Trujillo, S. (2024): *Creando vínculos en la infancia.* Saralejandría ediciones. Págs. 5-7.

En cinco capítulos trenza sendos hilos: un hilo invisible, en donde explica la importancia del vínculo como motor del aprendizaje y el desarrollo; jugando con los hilos, resaltando la importancia del juego como herramienta de conexión y aprendizaje; los hilos del aprendizaje, explicitando las metodologías vinculantes; hilvanando corazones, mediante actividades, recursos y juegos para conectar; y, por último, no podía faltar, un hilo inclusivo para trabajar desde la diversidad.

No solo hace un planteamiento teórico esencial, mostrando lo importante de la labor docente, sino que nos regala múltiples sugerencias de actividades y materiales didácticos, que pueden ayudar tanto al futuro profesorado de Educación Infantil como a quienes ejercen en educación y necesitan un soplo de aire fresco en su práctica diaria.

Porque Sandra es una esponja que ha absorbido todo lo que aprendió en su vida educativa, lo ha pasado por su cabeza y por su corazón y nos lo regala en forma de un magnífico libro de experiencias sentidas, que conecta de forma amorosa con quienes nos dedicamos a esta noble tarea de educar a la infancia.

Gracias, Sandra, por tu trabajo. Después de leer tu libro, todos sabrán que hay un gran tesoro escondido detrás de tus bellos ojos y tu sonrisa inmensa. Algo esencial para ser una buena maestra.

Vélez-Málaga, 1 de marzo de 2024.

Bibliografía

ALBOROUCH, J. (2000). *¡Mua!* Editorial Montena, Barcelona.

ALCALÁ, M. (1986). *Otras matemáticas, otra escuela.* Autor editor, Granada.

ARSUAGA, J. L. y MARTÍNEZ, I. (1998). *La especie elegida.* Editorial Booket, Barcelona.

ARSUAGA, J. L. (2012). *El primer viaje de nuestra vida.* Editorial Temas de Hoy, Barcelona.

ATENCIA, G. (2023). *El catalejo. Miradas de infancia.* Editorial Con M de mujer.

BRUNER, J. (1997). *La educación puerta de la cultura.* Editorial Visor, Madrid.

CALDERÓN, I. y HABERGGER, S. (2012). *Educación, hándicap e inclusión. Una lucha familiar contra una escuela excluyente.* Octaedro, Granada.

DÍEZ NAVARRO, M. C. (1995). *La oreja verde en la escuela. Trabajos por proyectos y vida cotidiana en la escuela infantil.* Ediciones de la Torre, Madrid.

___. (1996). *Proyectando otra escuela.* Ediciones de la Torre, Madrid.

___. (1999). *Un diario de clase no del todo pedagógico.* Ediciones de la Torre, Madrid.

___. (2002). *El piso de abajo en la escuela.* GRAO, Barcelona.

___. (2013). *10 ideas clave. La Educación Infantil.* GRAO, Barcelona.

___. (2024). *Contigo aprendí.* Ediciones de la Torre, Madrid.

DURHEIM, E. (1987). *La división del trabajo social.* Editorial AKAL, Madrid.

ECO, Umberto (1994). *La búsqueda de la lengua perfecta.* Editorial Crítica, Barcelona.

ESTIVILL, E. (1999). *Duérmete niño.* Editorial Planeta, Barcelona.

ESLAVA GALÁN, J. (2009). *El catolicismo explicado a las ovejas.* Editorial Planeta, Barcelona.

GALEANO, E. (1989). *El libro de los abrazos.* Siglo XXI Editores, Madrid.

GÓMEZ MAYORGA, C. (1999). «Libros que hablan del cuerpo y del alma». *Cuadernos de pedagogía*, n.º 281, junio, págs. 15-20.

___. (2004). «Atando sentimientos con palabras». Editorial MCEP, Sevilla.

Gómez Mayorga, C. (2007). *Nuestros países, una geografía sentimental. Cooperación Educativa. Kikirikí.* MECEP, Sevilla.

___. (2014). «Un aula abierta al mundo». *Revista: Didáctica. Uruguay.* Año 1, n.º 4, págs. 28-33: Un aula abierta al mundo.pdf - Google Drive.

___. (2020). «Malentendidos en Educación Infantil». *Márgenes, Revista de Educación de la Universidad de Málaga*, 1(2), págs. 172-174.

___. (2020). «Somos cuento». *Revista Lazarillo*, nº. 42, págs. 42-43. Revista de la asociación española amigos del libro infantil y juvenil.

___. (2021). «Un bicho cambió la escuela». *Márgenes, Revista de Educación de la Universidad de Málaga*, 2(2), págs. 136-138.

___. (2021). «El vuelo de las mariposas». *Márgenes, Revista de Educación de la Universidad de Málaga* 2 (1).

___. (2022). *Pensando en la infancia.* UMA Editorial, Málaga.

___. (2022). «Repartiendo responsabilidades». *Márgenes, Revista de Educación de la Universidad de Málaga* 3(1), 139-141. https://doi.org/10.24310/mgnmar.v3i1.13599.

___. (2022). «Somos espejos». *Márgenes, Revista de Educación de la Universidad de Málaga*, 3(2), págs. 158-160.

___. (2022). «Alas de Ángel». *Márgenes, Revista de Educación de la Universidad de Málaga*, 3(3), págs. 236-239.

___. (2023). «Mi mejor amiga». *Márgenes, Revista de Educación de la Universidad de Málaga*, 4(1), págs. 157-159.

___. (2023). «La pasión por educar», *Márgenes, Revista de Educación de la Universidad de Málaga*, 4(2), 157-159.

___. (2024). «Nadie es normal». *Márgenes, Revista de Educación de la Universidad de Málaga*, 5(2), Págs. 193-195.

Marina, J. A. (2022). *El deseo interminable.* Ariel, Barcelona.

Martínez Mínguez, L. (2023). *Psicomotricidad, Pkler, Lapierre, Aucouturiel y UAB Diderencias conectadas.* Editorial GRAO.

Martín Trujillo, S. (2024). *Creando vínculos en la infancia.* Saralejandría Ediciones.

Missé, A. (2023). «Explosión de la riqueza de papel». *El País*. 5-6-2023. Pág. 46.

Morin, E., & Vallejo-Gómez, M. (1999). *Los siete saberes necesarios para la educación del futuro: Edgar Morin.* Traducido por Mercedes Vallejo-Gómez. UNESCO, Francia.

Pérez Gómez A. I. (2012). *Educar en la era digital*. Ediciones Morata, Madrid.

___ ; Soto Gómez, E.; Serván Núñez, M. J. (2015). «Lesson Studies: re-pensar y re-crear el conocimiento práctico en cooperación». *Revista Interuniversitaria de Formación del Profesorado*, n. 84.

Popkewitz, T. (2021). *La impracticabilidad de la investigación práctica*. Editorial Octaedro, Barcelona.

Santos Guerra, M. A. (1984). *Coeducar en la escuela. Por una enseñanza no sexista y liberadora*. Editorial Zero Zyx.

___. (2000). *La escuela que aprende*. Ediciones Morata, Madrid.

___. (2014): *La casa de los mil espejos y otros relatos para la Educación Inicial*. Editorial Homo Sapiens.

Winnicott, D. W. (1971). *Realidad y juego*. Barcelona. Editorial Gedisa, Barcelona.

Web: https://creemoseducacioninclusiva.uma.es/w/9ef0fa79-b648-48fc-8a09-860d1cd578f3

Web: https://cgomezmayorga.wixsite.com/website